Der Hintern
Geschichte eines markanten Körperteils

Jean-Luc Hennig

Der Hintern

Geschichte eines markanten Körperteils

Aus dem Französischen von
Sabine Lorenz und Felix Seewöster

Die Deutsche Bibliothek – CIP-Einheitsaufnahme
Hennig, Jean-Luc:
Der Hintern : Geschichte eines markanten Körperteils / Jean-Luc Hennig.
Aus dem Franz. von Sabine Lorenz und Felix Seewöster. –
Köln : vgs, 1998
Einheitssacht.: Brève histoire des fesses <dt.>
ISBN 3-8025-2572-8

Da Redewendungen und Slangausdrücke nur in seltenen Fällen wortgetreu übersetzt werden können, wurden in dem Kapitel »Leck mich am Arsch« (S. 167) einige Passagen umgeschrieben und französische Idiome durch deutsche ersetzt.

Erstveröffentlichung bei Éditions Zulma, Cadeilhan
Titel der französischen Originalausgabe: *Bréve histoire des fesses*
© der französischen Originalausgabe: Éditions Zulma, 1995

2. Auflage 1999
© der deutschsprachigen Ausgabe: vgs verlagsgesellschaft, Köln 1998
Alle Rechte vorbehalten.
Bildredaktion: Katharina Tilemann
Redaktion: Susanne George
Satz: Greiner & Reichel, Köln
Druck: Clausen & Bosse, Leck
Printed in Germany
ISBN 3-8025-2572-8

Für Patrick Gourvennec

Inhalt

Lucy oder die Evolution des Hinterns   9

Der Blick durchs Schlüsselloch des Badezimmers   21

Ein Kuß, der blind macht   26

»Du rundlicher Popo, so wohlgestalt …«   35

Ein Hintern, für den man bezahlt   43

Der Po unter dem Messer   46

»Ich liebe alles Runde«   49

Das Pferd als Ideal des Menschen   59

Der Tanz ist »der Funke der Lust«   68

Ein intimes und unverwechselbares Juwel   73

Ständig entzieht er sich uns   80

Die sanfte Vertiefung am Rand des Abgrunds   84

Unter dem brennenden Hagel der Schläge   94

Die schönen Begleiterinnen der Venus   108

Aus Marmor geschlagene Fülle   114

Ein Hintern so groß wie die Welt   122

Der öffentliche Auftritt 122

Miss O'Murphy, die sich vollkommen ungeniert gab ... 137

Die großen Schwämme feuchten Fleisches 142

Eine Frage des richtigen Anfassens 145

Michelangelo und die Apotheose des männlichen Gesäßes 150

More ferarum oder die Kehrseite unserer Persönlichkeit 161

»Leck mich am Arsch!« 167

Die Karriere der liegenden Odaliske 172

Ein äußerst angenehmer Anblick 177

Das Sterben der Gesäße 184

Das »Ausführen« des Hinterns 190

Hinreißende Witwen in hinten offenen Spitzenhöschen 195

Das Laster wider die Natur 200

»Das lebendigste aller Löcher« 209

Der unruhige, frivole Blick des Voyeurs 216

Register 227

Bildnachweis 231

Lucy oder die Evolution des Hinterns

Beginnen wir diese Geschichte eines markanten Körperteils ganz am Anfang, sozusagen bei der Geburt des Hinterns.

Als sich unsere Vorfahren entschlossen, den aufrechten Gang für sich zu entdecken und in Zukunft auch beizubehalten, lösten sie jenen Initialschub innerhalb der Evolution aus, der einen wesentlichen Beitrag zum Wachstum unserer Gesäßmuskulatur geliefert hat. Unter den 193 existierenden Primatenarten sind einzig der menschlichen Gattung zwei als Halbkugeln beschaffene, aus dem Körper hervorragende Pobacken zu eigen. Übrigens haben einige mit dieser Materie vertraute Gelehrte wiederholt darauf hingewiesen, daß das Anden-Lama mit einem in seiner äußeren Erscheinung ähnlichen Gesäß aufwarten kann. Wie dem auch sei, Schimpansen jedenfalls hat man beim Vergleich mit dem Menschen als »Affen mit flachem Gesäß« beschrieben, was ein Widerspruch in sich ist, da dem Hintern nun einmal eine markante Ausprägung zugeordnet wird. Es war also vor allem der aufrechte Gang, mit dem die Entstehung des Gesäßes einherging, und folgt man dem Anthropologen Yves Coppens, geschah dies vor drei oder vier Millionen Jahren, also genau zu der Zeit, als der *Australopithecus afarensis* die Region bevölkerte, die heute durch die politischen Grenzen Äthiopiens und Tansanias umschlossen wird.

Wie Yves Coppens darlegt, dürfte dieser Entwicklungsschritt in die lange Trockenperiode fallen, die der Entstehung des Gebietes östlich des Ostafrikanischen Grabensystems folgte, das sich vom heutigen Djibouti bis zum Malawi-See erstreckt. Entlang dieser von Vulkanen gesäumten Linie begann sich der Kontinent in zwei

Klimazonen zu teilen. Im Westen blieben dem tropischen Afrika mit seiner hohen Luftfeuchtigkeit und den regelmäßigen Niederschlägen die großen Waldgebiete erhalten, so daß für die Affen keinerlei Notwendigkeit bestand, die Bäume zu verlassen. Der Osten dagegen trocknete aus, der Wald wich allmählich der Savanne, und unsere Vorfahren sahen sich gezwungen, ihren Lebensraum zu Fuß zu erkunden. Daraus folgte jedoch auch, daß sie nun die Hände frei hatten. Zudem veränderte sich die Stellung des Schädels zur Wirbelsäule, was wiederum die Entwicklung des Gehirns ermöglichte. Führen wir uns diesen interessanten Gedanken in aller Deutlichkeit vor Augen: Das Gesäß des Menschen ist in gewisser Weise für die Entwicklung seines Gehirns verantwortlich. Einer neueren Hypothese zufolge war der *Australopithecus* nichts weiter als ein großer Affe, dessen Entwicklung durch die Modifikation eines Gens unterbrochen oder verzögert wurde. Das Hinterhauptsloch, an dem die Wirbelsäule ansetzt, sei möglicherweise noch fest mit der Schädelbasis verbunden gewesen (wie dies auch bei jungen Schimpansen der Fall ist), neue Muskeln hätten sich im Beckenbereich gebildet und zur Rundung des Gesäßes geführt. Festzuhalten bleibt in jedem Falle, daß *Australopithecus* zwar aufrecht ging, sein Gesäß aber noch kaum Ähnlichkeit mit dem unsrigen hatte. Es sollte noch viel Zeit vergehen, bis sich der haarige und nicht sehr ansprechende Hintern des Urmenschen zu dem nackten, weichen und zarten Po entwickelte, wie wir ihn schätzen.

1974 fand man im äthiopischen Afar-Gebiet »Lucy«, die berühmteste uns bekannte (in vieler Hinsicht aber immer noch zahlreiche Rätsel aufgebende) Vertreterin des *Australopithecus afarensis*. Ihr Alter wird auf etwa drei Millionen Jahre geschätzt, und der Fund erlaubt uns, eine ungefähre Vorstellung von jenen zu entwickeln, die das Vorrecht genossen, die ersten Gesäße der Welt spazierenführen zu dürfen. Allerdings muß der Genauigkeit halber hinzugefügt werden, daß Lucys Hintern lediglich okkasioneller Natur war, denn noch immer kletterte sie auf Bäume, um Nahrung zu suchen, zu schlafen oder Verfolgern zu entkommen; und um sich im Geäst behende bewegen zu können, zog sie ihre Gesäßbacken ein, man könnte sagen, ihr Körper verschluckte sie geradezu. Auf dem Boden dagegen benutzte sie zur Fortbewegung ausschließlich die Hinterbeine, was ihr nur aufgrund des veränderten Körperbaus sowie des vorgeschobenen Beckens mit seinen geneigten Hüftknochen möglich war. Lucy war eine außerordentlich kleine Frau. Obwohl sie zum Zeitpunkt ihres Todes etwa zwanzig Jahre alt gewesen sein muß, war sie kaum größer und schwerer als ein fünf- oder sechsjähriges Kind unserer Tage (bei einer Größe von 1,05 Meter wog sie 30 Kilogramm). Mit ihren kräftigen Armen und kurzen Beinen, dem kleinen Schädel, einem beinahe platten Gesicht und hervorstehenden Augen dürfte sie dabei recht plump und unbeholfen gewirkt haben. Die Zeit vertrieb sie sich damit, ihr Fell nach Läusen abzusuchen, Termiten auszugraben, zu dösen und immer wieder Schreie und wimmernde Laute auszustoßen. Denn man kann davon ausgehen, daß sie ein lautes Organ hatte, auch wenn die Stellung der Stimmbänder ihr wahrscheinlich noch nicht erlaubte, artikulierte Laute hervorzubringen (eine Frage, über die sich die Wissenschaftler allerdings noch streiten). Da wir nur ihr Skelett kennen, lassen sich begreiflicherweise keine genaueren Aussagen über die Beschaffenheit ihres Gesäßes machen. Vermuten läßt sich jedoch, daß es den zwei Hälften einer Kokosnuß glich – eine Vorstellung, die an die Tatsache erinnert, daß eine auf der Seychellen-Insel Praslin anzutreffende Gesäßvariante mit dem Namen »Kokosnußpopo« belegt wird. Kurz gesagt, bis aus dem noch provisorischen Hintern des *Homo habilis* das definitive Gesäß des *Homo erectus* wurde, mußte noch gut eine Million Jahre vergehen.

Die Affen hingegen, die es bekanntlich vorzogen, auf den Bäumen zu bleiben, mußten auf die rundliche Ausformung ihres Hinterteils verzichten, was sie allerdings nicht sonderlich störte. Wenn ein Affenweibchen einem Männchen ein »sexuelles Signal« übermitteln will, bemerkt der Verhaltensforscher Desmond Morris, wendet sie ihm demonstrativ ihren Hintern zu. Und das aus gutem Grund: Die Weibchen zahlreicher Affenarten verfügen über ein Hinterteil, das in hellem Rot zu leuchten beginnt und anschwillt, wenn sich der Zeitpunkt des Eisprungs nähert. Die Paarung fällt in der Regel mit der Phase der größten Empfängnisbereitschaft zusammen, wenn das Weibchen aufgrund der ausgesandten sexuellen Signale zugleich am attraktivsten wirkt. Es präsentiert sich derart unwiderstehlich, daß das Pavian- oder Schimpansenmännchen ein Großteil seines Lebens damit verbringt, von einem roten Hintern zum nächsten zu laufen. Mit dem Weibchen der Gattung Mensch dagegen verhält es sich anders. Das Gesäß der Frau schwillt im Laufe des Monatszyklus nicht an, sondern bietet sich stets als ein nicht zu übersehendes Merkmal dar. Folglich ist die Frau theoretisch immer bereit für den Mann und kann sich selbst dann mit ihm paaren, wenn sie nicht empfängnisbereit ist – eine Tatsache, die der katholischen Kirche lange Zeit Kopfzerbrechen bereitet hat.

Desmond Morris macht darüber hinaus darauf aufmerksam, daß die Weibchen einer bestimmten Pavianart, der Gelada-Babuine, auf der Brust ein getreues Abbild ihres Hinterteils zeigen. Wie der schwellende, rote Hintern anderer Affenarten erscheint auch diese Kopie des von weißen Papillen gesäumten rosa Genitalbereichs mit seiner blutroten Vulva im Zentrum nur in der Zeit des Eisprungs. Das Gelada-Weibchen verfügt also während seiner fruchtbarsten Momente über eine doppelte Vulva, was zwar verwirrend wirken mag, ihm aber die Aufmerksamkeit der Männchen sichert. Ein ähnlicher Vorgang, so fügt Morris hinzu, scheint sich auch beim Weibchen der Gattung Mensch zu vollziehen. Müßte sie den männlichen Mitgliedern der Spezies ihr entblößtes Hinterteil darbieten, würden diese ein paar rote Lippen, umgeben von zwei geschwollenen, fleischigen Halbkugeln sehen. Doch daß eine Frau ihren Po derart den Männern präsentiert, gehört nicht unbedingt zu den heute üblichen Gepflogenheiten. Aufgrund des aufrechten Ganges ist aus den Körperteilen, die beim Tier nach unten weisen, die Vorderseite des Menschen geworden, auf der sich die sichtbarsten und zugleich zugänglichsten sexuellen Signalzonen befinden. Daher überrascht es keineswegs, daß wir an der Vorderseite des weiblichen Körpers einer ähnlichen Form genitaler Mimikry begegnen wie beim Gelada-Weibchen: Die Schamlippen werden durch bemalte Lippen, die runden Gesäßbacken durch Brüste nachgeahmt.

Die Behauptung, daß die weibliche Brust eine Nachahmung des Hinterns sei, hat einige kritische Stimmen auf den Plan gerufen. Ihr Einwand besteht im wesentlichen darin, daß die Brüste zu weit hinunterhingen und daher nur unvollkommen die Rundung des Gesäßes wiedergäben. Dies jedoch, so entgegnet Morris, treffe schließlich nur auf Brüste zu, die nicht mehr in der Blüte der Jugend stehen. Eine Frau erreicht den Gipfelpunkt ihrer sexuellen Reife mit 23 Jahren, und *vor* diesem Zeitpunkt sind ihre Brüste voll und fest. Zugleich bedienen sich viele Frauen immer häufiger gewisser Kunstmittel, um ihren Busen anzuheben oder aufzufüllen und ihm damit eine Form zu geben, die seinem tatsächlichen Alter nicht entspricht. Doch selbst ohne den Rückgriff auf derartige Hilfsmittel ist die Ähnlichkeit zwischen Brüsten und Pobacken groß genug, um die Übermittlung eines äquivalenten sexuellen Signals zu gewährleisten. Die Mimikry, so Morris, muß nicht vollkommen sein, um sich als wirkungsvoll zu erweisen. Zudem sind Brüste nicht die einzigen Körperteile, die dem Hintern gleichen: Auch Schultern sowie runde, fleischige Knie erinnern an Pobacken, vor allem, wenn die Knie geschlossen sind und die Schultern gehoben werden, so daß sie die Wange berühren. Derart überzeugend sind die Ähnlichkeiten, daß der Schluß erlaubt sein mag, die menschliche Spezies sei die einzige Gattung der Primaten, bei der das Weibchen am ganzen Körper Hintern ist.

In seinem *Dossier de l'œil pinéal* gibt der französische Schriftsteller Georges Bataille der Verwunderung über die Unterschiede Ausdruck, die im Hinblick auf den Hintern zwischen Menschen und Pavianen bestehen. Dies, so schreibt er, müsse der Grund sein, warum sich kleine Mädchen in den Zoos um die Affenkäfige drängen und fasziniert auf die äußerst lasziv dargebotenen Hinterteile der Paviane starren – eine Erkenntnis, die Bataille an einem Julitag des Jahres 1927 überfiel, als er sich im Zoologischen Garten in London aufhielt. Die Nacktheit dieser analen Projektionen versetzte ihn »in einen Zustand ekstatischer Roheit«. Die schamlosen, Kot ausscheidenden und Schädeln gleichenden Schwellungen mit ihren schillernden, von leuchtendem Rot bis zu einem matten Violett reichenden Farben, die obszöne Zurschaustellung des unbehaarten, wie ein Furunkel aufplatzenden Anus, diese riesige anale Frucht aus rohem rosigem Fleisch machte auf ihn den Eindruck »grandioser Komik und erstickender Widerwärtigkeit«: kurz, das Gesäß des Affen erschien Bataille »so grell wie eine Sonne«. Und er führt weiter aus, daß sich diese Obszönität im Laufe der Evolution bis zu einem Punkt gesteigert habe, an dem sich die am weitesten entwickelten Affen schließlich ihres Schwanzes entledigten, der schon lange nicht mehr in der Lage war, die fleischige Gesäßspalte zu bedecken. Diese Freisetzung der analen Kräfte ereignete sich, Bataille zufolge, zeitgleich mit dem Ausbruch von Vulkanen. Auf jene unerklärliche, sich in der feuchten Finsternis der Wälder entladende Kolik der Natur habe die Erde unter dem fröhlichen Donnern ihrer Eingeweide mit dem Ausspeien unwahrscheinlich großer Mengen Lava geantwortet. Und Bataille kommt zu dem kühnen Schluß, daß »der Erdball von Vulkanen übersät ist, die ihm als Anus dienen«.

Welche Bedeutung aber hat dies nun für den Menschen? Ganz einfach, sagt Bataille, wir sind Zeugen des eigenartigen Phänomens einer Verschiebung vom Anus zum Kopf geworden: Was bis dahin die anale Öffnung hatte knospen und entflammen lassen, wurde plötzlich auf das Gesicht und den Bereich des Halses übertragen. Der Grund dafür ist in der Aufrichtung des Menschen zu sehen, dessen Kopf nun einen Teil der Ausscheidungsfunktionen übernahm, die bis dahin allein dem entgegengesetzten Ende vorbehalten waren: Der Mensch spuckt, hustet, gähnt, rülpst, putzt sich die Nase und niest nicht nur intensiver als jedes andere Tier; er hat sich vor allem die eigenartige Fähigkeit des Weinens und lauten Lachens angeeignet. Bataille zufolge liegt daher die Vermutung nahe, daß die Technik der farbenprächtigen Zurschaustellung, die vielen Tieren von Natur aus eignet und fast immer im Bereich des Kopfes oder Halses stattfindet, bei den Affen auf das entgegengesetzte Ende gerichtet wurde, während unser Anus, dieser glanzvollen Möglichkeiten beraubt, zum dunklen Zentrum jener schmalen Spalte wurde, die die Gesäßbacken teilt – eine, wie man zugeben wird, insgesamt eher pessimistische Einschätzung des menschlichen Hinterns.

Bleibt eine letzte, allerdings besonders heikle Frage: Hatte die prähistorische Frau einen ausgeprägt stattlichen Po, dessen Hälften zwei spitz zulaufenden Kegeln glichen? Verfügte sie über einen kühn hervortretenden Steiß, der einem Zuckerhut ähnelte – und nicht wie das Gesäß heutiger Frauen einem umgedrehten Herz-As? Anhand der Skelettfunde läßt sich darüber – bedauerlicherweise – keine Aussage machen. Primitive Statuetten aus dem Paläolithikum, vor mehr als 20.000 Jahren mit der Hand geformt und kaum größer als das Kerngehäuse einer Frucht, legen allerdings den Schluß nahe, daß zu Beginn der Menschheit Frauen mit einem ausgeprägten Hintern eine nicht unbedeutende Rolle spielten. Anschauliche Beispiele für diese These liefern die Venus von Willendorf (Österreich), die Frau ohne Kopf von Sireuil (Dordogne, Frankreich) und die Venus von Kostienki (Rußland). Die seltsamste dieser uns bekannten Frauenfiguren, die einen starken Fettansatz am Steiß aufweisen, ist zweifelsohne die Venus von Lespugue (Haute-Garonne, Frankreich), die aus einem einzigen Stück Elfenbein geschnitzt wurde: Eine wahre Herausforderung an die Gesetze der Anatomie, gibt die Statue, die mit ihren glatten, polierten Rundungen eher einer übermäßig aufgegangenen Brioche gleicht, dem Betrachter einige Rätsel auf. Als geradezu verwirrend muß die Tatsache angesehen werden, daß man sich nicht einmal sicher sein kann, ob sie über vier Gesäßbacken verfügt oder Brüste und Hintern sich zu einer einzigen großen Drüsenmasse verbunden haben, zu einer Anordnung praller, voneinander abgeschnürter Kugeln. Einer hängenden Traube gleich, erinnern die schwellenden Rundungen der Figuren an ein Modell der am Beginn alles Lebens stehenden Zellteilung, so daß man sagen könnte, sie verweisen weniger auf die Entwicklung des Fleisches als auf dessen Vorgeschichte. Dessen ungeachtet dürften diese riesigen, gierigen Hintern, diese vor Eitelkeit schwellenden, die aggressive Stärke einer Bulldogge ausstrahlenden Gesäße auf die Männer jener längst vergangenen Epoche einen nicht unbeträchtlichen verführerischen Reiz gehabt haben.

Welchen Grund hat diese übermäßige Vergrößerung der Hinterteile? Entsprach sie der anatomischen Realität, oder hatte sie eine Funktion als Jagd- beziehungsweise Fruchtbarkeitszauber? Viele Prähistoriker deuten die Gesäße dieser aus Ton, Stein, zerstoßenen Knochen, Kohle und Asche gefertigten Statuen als Verkörperung der Mütterlichkeit – eine Interpretation, die um so mehr zu Diskussionen Anlaß gab, da lediglich ein Drittel der aufgefundenen Figuren tatsächlich schwangere Frauen darstellt. Waren diese Frauen Priesterinnen archaischer Religionen? Oder repräsentierten sie eine »unkeusche« Venus wie die Statuetten von Laugerie-Basse, Grimaldi und Monpazier, rautenförmige Figuren, die in Form und Umriß auf ihre Vulva reduziert sind? Frauengestalten, deren Funktion einzig darin bestand, opulente Formen und Nacktheit zur Schau zu stellen, zumeist in provokativen Posen mit weit geöffneten Schenkeln, gebeugten Knien und einem sich zur Kuppel erhebenden Gesäß? Kurz gesagt: Sind diese aus prähistorischer Zeit stammenden übergroßen Hintern nicht mehr und nicht weniger als Zeugnisse der Lust? Das ist durchaus denkbar, denn in einigen – zugegebenermaßen extremen – Fällen sind die prallen Hüften derart gerundet, daß sie Hoden gleichen, während der langgestreckte Hals das Bild eines erigierten Penis evoziert und damit an einige Zeichnungen von Pablo Picasso aus dem Jahr 1927 erinnert. Allem Anschein nach wurden diesen Statuetten nicht nur Jagd und Fruchtbarkeit betreffende magische Kräfte zugemessen; sie waren auch Votivdarstellungen der Erektion.

Desmond Morris hat eine eigene Hypothese zur Zunahme des Gesäßfettes entwickelt, nach der die Menschen dieser Entwicklungsstufe wie alle Primaten *a tergo* kopulierten und die sexuellen Signale von der Hinterseite der Frauen ausgingen, wie es auch bei den Affen der Fall ist. Je mächtiger der Hintern, desto verführerischer die Frau. Zugleich aber waren die weiblichen Vertreter der menschlichen Gattung bei diesem Akt eingeschränkt. Und zwar in einem solchen Maße, daß die Menschen schließlich zur Kopulation »von vorn« übergingen. Mit wiederum der Folge, daß die weiblichen Brüste anschwollen, um die Gesäßbacken nachzuahmen. Zugleich gewann der Körper der Frau dadurch an Gleichgewicht und Beweglichkeit, nahm also eine Form an, die so erfolgreich war, daß sich an ihr bis heute nichts verändert hat. Bei den Buschmännern Südwestafrikas gibt es auch jetzt noch Frauen, deren Gesäße wie ausgestülpte Kraterkegel geformt sind; und auch auf Felsmalereien in Simbabwe und Südafrika finden sich Darstellungen dieser vorteilhaften Figur. Morris' These ist verführerisch, um so mehr, als man festhalten muß, daß in Afrika die Schönheit einer Frau an ihrem prächtigen Hintern gemessen wird (der zudem die anatomische Voraussetzung dafür ist, daß sie den wiegenden Gang einer Löwin hat). In Mauretanien existierten über einen großen Zeitraum hinweg Einrichtungen, in denen der Fettaufbau bei jungen Frauen gefördert wurde. Unter der Anleitung erfahrener Lehrerinnen erwarben sie sich das erforderliche Maß an Fettleibigkeit, das auf dem »Heiratsmarkt« gefragt war. »Eine Frau von Qualität«, hieß es dort, »ist auch immer eine Frau von Quantität.« In Nigeria, schreibt der Afrikareisende Mungo Park, sollte eine Frau, will sie zumindest als mittelmäßig schön gelten, so fett sein, daß sie sich nur mit Hilfe von zwei Sklavenmädchen fortbewegen kann, die sie beim Gehen unter den Armen stützen; eine vollkommene Schönheit dagegen entspricht der Ladung eines Lastkamels. Schon Darwin hat dieses Phänomen in *Die Abstammung des Menschen und die geschlechtliche Zuchtwahl* (1871) erwähnt: »Sir Andrew Smith ... sah einmal eine Frau, die ihm als große Schönheit beschrieben wurde, und sie war hinten so unglaublich entwickelt, daß sie sich nicht allein erheben konnte, hatte sie sich einmal auf dem Boden niedergelassen. Um aufzustehen, mußte sie erst zu einem Abhang kriechen ... und bei Burton heißt es über die Somali-Männer, ›daß sie ihre Ehefrauen auswählen, indem sie sie in einer Reihe Aufstellung nehmen lassen und dann diejenige heraussuchen, deren Hintern am meisten hervorragt‹.«

Damit wäre zumindest bewiesen, daß der Mann mit den Folgen, die der aufrechte Gang mit sich brachte, durchaus zufrieden war. Einmal überwältigt von der Fülle weiblichen Fleisches, war er bemüht, die Erinnerung daran so lange wie möglich wachzuhalten.

Aber seitdem Frauen es vorziehen, ihre Kurven zu reduzieren und die Gesäße klein zu halten, muß er sich mit Ersatz zufriedengeben. Es war also nur konsequent, daß in der Geschichte der Mode immer wieder Polster und Reifröcke eine Rolle spielten, um die Gesäße der Damen zu betonen und die nostalgischen Sehnsüchte der Herren zu befriedigen. In den 80er Jahren des 19. Jahrhunderts kamen ganz erstaunliche, geradezu luxuriöse Hinterteile auf, die an die Gesäße der Vorgeschichte erinnerten, jedoch im Gegensatz zu diesen reine Kunstprodukte waren: die *tournure* (Gesäßpolster), der *ballon* (der Name allein macht deutlich, welcher Technik man sich bediente) oder der einfachere *faux cul* (auch *cul de Paris* genannt). Als Weiterentwicklung des *vertugadin* (auf den Hüften getragener Wulst) und der *crinoline* war der *faux cul* mit Sicherheit nichts weiter als eine Annäherung an die Idealmaße des Pos, eine aus Metallstreben und verschiedenen Polsterstoffen (vor allem Roßhaar) zusammengesetzte Konstruktion, durch die sich zwar niemand täuschen ließ, die aber doch den Frauen einen zweifellos schmeichelhaften Gesäßersatz verschaffte. Diese Modeerscheinung markierte den Triumph des »montierten« Hinterns, der Polster, Rüschen und des Tands.

Den rechten Blick ließen damals jene vermissen, die so gekleidete Frauen mit fetten Gänsen verglichen, erinnerte deren Entenschnabel-Silhouette in Wahrheit doch eher an einen Schwan. Frauen, diese raffinierten und zarten Geschöpfe, die sich mit den Farben des Himmels, der Skabiose und der Teerose umgaben, wurden der Ästhetik des Flüchtigen geopfert, die Stéphane Mallarmé so begeisterte. Andere fühlten sich an weibliche, ihrer Vorderbeine beraubte Zentauren erinnert, jene Fabelwesen, die kein Mensch je gesehen hatte. In Wahrheit wußte niemand mehr so recht, wem die Frauen denn nun eigentlich glichen, und ob es sich bei ihnen wirklich um Vertreterinnen des weiblichen Geschlechts handelte. Denn ausstaffiert mit Schleifen, Rüschen und in großzügige Falten gelegten Stoffbahnen, ging die Frau nicht mehr, sie schwebte. Ihr überaus blasser Teint tat ein übriges, um sie rätselhaft erscheinen zu lassen, und während der Anblick ihres falschen Hinterns das Auge

Der *faux cul* in einer zeitgenössischen Karikatur

des Bürgers entzückte, so erfüllte er diesen doch auch zugleich mit der bangen Frage, was sich in Wahrheit darunter verbergen mochte. Es war dies eine Epoche der unflätigsten Beleidigungen. Der Dichter Jules Laforgue schrieb, die Frau sei »ein Reifrock des Nichts«, und Edmond de Goncourt nannte sie »eine Null in einer Krinoline«.

Die Frauen entledigten sich schließlich der Turnüre, doch nur um sich sogleich der altbekannten Modetorheit des Korsetts hinzugeben, das den gesamten Oberkörper bis hinunter zum Poansatz einengte. Mit zurückgedrängten Brüsten und flachem Bauch konnten sich Frauen ihres grenzenlosen Hinterns rühmen und jeden Versuch, sie als der menschlichen Spezies zugehörig zu erachten, ad absurdum führen. Jacques Laurent macht in seiner unterhaltsamen Geschichte der weiblichen Unterwäsche (*Le Nu vêtu et dévêtu*) auf die interessante Tatsache aufmerksam, daß zu eben dieser Zeit nicht nur erstmals Unterwäsche dazu eingesetzt wurde, jedem amourösen Angriff standzuhalten, sondern auch Freud seine Theorie der Repression entwickelte und ganz Paris die Vorstellungen von *La Couche d'Yvette* (Yvettes Bett) besuchte, die erste Striptease-Darbietung, bei der sich eine Dame, begleitet von einem Klavier, langsam ihrer Tagesgarderobe entledigte. Der Durchschnittsbürger des Jahres 1905, fügt Laurent hinzu, dürfte mit den

Nerven am Ende gewesen sein. Und in der Tat, so war es auch. Doch wenigstens konnte er sich davon überzeugen, daß der Körper der Frau, die sich da vor seinen Augen entblätterte, zwar in gewissen Details von dem seinen abwich, aber eigentlich doch nicht so fremd war, wie er in Kleidern wirkte. In den zwanziger Jahren kamen die entstellten Silhouetten für eine Weile gänzlich aus der Mode. Das Opfer der Amazonen nachvollziehend, die sich durch die rechte Brust im Gebrauch von Pfeil und Bogen behindert sahen, entledigten sich einige Sportlerinnen beider Brüste und verschonten in ihrem Übereifer auch nicht das Gesäß. In den Jahren von 1925–1930 wurde ein vollkommen neuer, knabenhafter Frauentyp geboren, der Kurzhaarschnitte und männliche Kleidung bevorzugte und so gut wie keine Rundungen mehr aufwies – *la garçonne*.

Und das Roßhaar blieb von da an den Matratzen vorbehalten.

Der Blick durchs Schlüsselloch des Badezimmers

Besondere Aufmerksamkeit wurde und wird dem Hintern ohne Frage beim Waschen zuteil. Nicht nur ein Maler wie Jacob Van Loo setzte sich in seinem Gemälde *Italienisches Nachtlager* (in Anlehnung an *Kandaules und Gyges* von Jordaens) mit dieser schönen Nebenbeschäftigung auseinander, auch und vor allem die Bilder von Künstlern aus der zweiten Hälfte des 19. Jahrhunderts liefern uns ein breites Panorama des Hinterteils im Bad. Nach Erfindung der Toilette, also der intensiven Körperpflege (gegen Ende des 18. Jahrhunderts, als die Benutzung des Bidets und anderer Waschgelegenheiten in eigens dazu eingerichteten Räumen Verbreitung fand), schienen sie nichts Eiligeres zu tun zu haben, als durch das Schlüsselloch des Badezimmers zu blicken und die Geheimnisse der Intimität zu enthüllen. Dies erklärt, warum viele diese Maler als »Voyeure« und selbst als »dreckige Schweine« beschimpften, da sie sich doch allem Anschein nach an der indiskreten Erkundung dieses Aspekts der Weiblichkeit delektierten. Männliche Hinterteile dagegen wurden nur selten im Akt des Waschens oder Badens dargestellt – eine Merkwürdigkeit der Geschichte, die so manchen Anlaß zur Klage gab. Zu den wenigen Ausnahmen auf diesem Gebiet zählen Bilder von Frédéric Bazille, Thomas Eakins und in jüngster Zeit David Hockney.

Sicher, auch vorher hatte es bereits Darstellungen von entblößten Hintern gegeben, doch die Maler dieser mythologisch oder religiös motivierten Ausflüge in die Gefilde lieblicher Gärten waren darauf bedacht, jeden unanständigen Gedanken des Betrachters auszuschließen. Von Faunen beobachtete Nymphen, den Blicken alter Greise ausgesetzte Susannas, Kompanien von im Bade durch Könige überraschte Bathsebas, Schwadronen von Dianas, denen unzählige Actaeons auflauern, zeigten keusche Schamhaftigkeit angesichts allzu aufdringlicher Blicke. Ihre demonstrativ zur Schau gestellte Scheu hinderte sie zwar nicht am Baden, war aber auch ein Garant dafür, daß die moralische Botschaft des Bildes verstanden wurde.

Doch woher rührt die Vorliebe vieler Maler für dieses Thema? Vielleicht, so bemerkt Gilbert Lascault, verdankt sie sich dem männlichen Traumbild von Weiblichkeit, in dem Flüssigkeiten eine große Rolle spielen. Im übrigen sind die Frauen in Wahrheit durchaus nicht immer so keusch verschreckt, wie man auf den ersten Blick glauben mag. Nehmen wir zum Beispiel die *Diana im Bade* (1515) von Clouet. Mitten im Wald, umgeben von sich vergnügenden Satyrn, präsentiert sie kokett und vollkommen ungeniert ihre wohlproportionierten Gesäßbacken. Oder das *Tepidarium* (das warme Bad), ebenfalls aus der Schule von Fontainebleau: Auch hier wurde die Schlüssellochperspektive aufgegeben, und die blanken Hinterteile der Frauen scheinen sich ganz selbstbewußt zu bewegen. Was uns, *en passant*, zu der Beobachtung führt, daß warme Hintern wesentlich attraktiver sind als ein Gesäß, das der Kälte ausgesetzt ist. Frierend scheint es sich zu entziehen, indem es zusammenschrumpft und sich nach innen wölbt. Ein warmer Hintern dagegen ist fähig zu ungenierter Hingabe, rund wie ein vollgesogener Schwamm.

»Die nackte Frau«, sagte Renoir, »wird entweder dem Meer oder dem Bett entsteigen, und ihr Name wird Aphrodite oder Nini sein; etwas Besseres läßt sich nicht erfinden.« Diese Differenzierung gleicht der, die Platon in seinem *Symposion* trifft, wenn er erklärt, daß es nur zwei Arten der Aphrodite gibt, die himmlische und die vulgäre. Dennoch, das muß an dieser Stelle hinzugefügt werden, sind die beiden nicht immer eindeutig voneinander zu unterscheiden. Degas zum Beispiel verfügt über das Talent, hübsche Pobacken in der intimen Atmosphäre eines Badezimmers aufzuspüren und in entwaffnender Natürlichkeit darzustellen. Man hat den

Eindruck, als sei er auf einen Stuhl gestiegen oder habe sich unter einen Tisch gelegt, um die sich seinen Blicken darbietenden Rundungen im besten Sinne des Wortes zu streicheln und ganz außergewöhnliche kurvige Flächen zu schaffen.«Ich zeige Mädchen bar jeder Koketterie«, erklärte er, »in der Pose von Tieren, die sich reinigen.« Doch was genau tun sie? Nun, sie kratzen sich die Zehen, bürsten sich, kämmen ihr Haar, gehen in die Hocke, waschen sich ein ums andere Mal den Rücken, den Hals, mehr oder weniger den ganzen Körper, um dann wieder von vorn zu beginnen. Die Gesäße, über die sie mit ihren Waschlappen fahren, sind nicht dazu da, Anlaß zu wilden Träumen oder neugierigen Blicken zu geben. Sie sind für überhaupt niemanden da. Was eigentlich zu bedauern ist. Denn zu gerne würde man sehen, wie sie sich entspannen, weich und gefühlvoll werden. Aber nein. Diese Hintern zeigen sich weder von ihrer besten Seite noch in einem günstigen Augenblick. Doch es ist ihnen egal, denn das Gesäß einer Venus aus dem Volke hat keine Zeit zu verschenken.

»Ein Bild«, so der Maler Pierre Bonnard, »ist eine kleine Welt, die sich selbst genug ist.« In der Tat. Denn von Bonnard gemalte Hintern wissen, daß sie geliebt werden, und das ist entscheidend. Die Ruhe, die sie ausstrahlen, ist entwaffnend, ihre wie selbstverständlich wirkende Anmut läßt das Schlafzimmer erstrahlen. Unübersehbar sind dies nicht die Hintern von Prostituierten, die ihm Modell gestanden haben, wenn ihre Geschäfte schlecht liefen. Es ist der Hintern von Marthe, seiner Frau. Ein Hintern ohne Geschichte, weich und diskret wie auf dem Bild *Akt vor dem Spiegel* von 1933. Marthe hat einen strahlenden Po, doch mit ihren Gedanken ist sie woanders, während sie sich im Spiegel betrachtet. Warum diese Unruhe? Worüber macht sie sich Sorgen? Ihre Gesäßbacken jedenfalls bieten sich in warmen Terrakottatönen dar, sie zittern und beben wie unter einem Schauer von Granatapfelkernen. Etwas Bemerkenswertes geschieht: Das Gesicht löst sich auf, der Hintern lächelt.

Für die Gesäße, die Gustave Courbet malte, standen ganz offensichtlich nicht Nymphen Modell. Courbet ist eine Naturgewalt, ein Mann der frischen Luft, und die Frauen auf seinen Bildern spiegeln das wider. Man hat ihn schlecht behandelt, den armen Courbet. »Anführer der Schule der Häßlichkeit«, »Maler des Gemeinen« wurde er genannt oder »Fleischfabrikant«, wie Zola sagte. Courbet wollte das Nackte vulgarisieren. Er bevorzugte die Blöße des einfachen Mädchens vom Lande, dessen Po noch jung und zugleich rund, rustikal und voller Grübchen war, wie in *Die Badenden* (1853). Diese jungen Mädchen überlassen sich dem Vergnügen ihrer eigenen Gesellschaft, während ihr weißes Fleisch vom Licht überflutet wird, und voller Ekstase schließen sie die Augen. Das eigenartige, düstere Licht hat sogar etwas Satanisches. Als Kaiserin Eugénie das Bild anläßlich des Pariser Salons von 1853 betrachtete, ließ sie sich jedoch nicht täuschen. Ihr Staunen über die riesigen Hinterteile der Pferde auf einem Bild von Rosa Bonheur bekundend, erklärte man ihr, daß es sich bei diesen um stämmige Percheronne-Pferde handele, die weitaus kräftiger gebaut seien als die schlanken Chargenpferde, die sie aus den kaiserlichen Ställen kannte. Als sie dann vor das Bild *Die Badenden* trat, wies die Kaiserin auf das Mädchen, das gerade im Begriff steht, das Hemd auszuziehen, und dabei sein Hinterteil entblößt. Lächelnd fragte sie, ob dies auch ein Percheronne-Pferd sei. Napoleon III. zeigte sich höchst amüsiert über diesen Scherz und nahm ihn zum Anlaß, diesem herrlichen plebejischen Hintern einen Schlag mit der Reitgerte zu versetzen. Mérimées Urteil fiel noch harscher aus, als er erklärte, das ein Gesäß wie dieses in Neuseeland höchste Anerkennung fände, wo man einen Körper nach der Quantität des Fleisches beurteilte, um aus ihm ein Festmahl für Kannibalen zu bereiten.

Ungerührt von aller Kritik, schockierte Courbet 1868 die Öffentlichkeit erneut mit einem Gemälde, *Die Quelle*. Welch ein Hintern! Außergewöhnlich kompakt, fest und füllig. Die Spalte ist nur angedeutet, und wieder strahlt das Fleisch in hellem Glanz. Die junge Frau auf diesem Bild, die sich gerade ihrer Kleider entledigt hat, bietet dem Betrachter einen Po dar, der in etwa so attraktiv wie ein Blumenkohl ist. Man weiß nicht, ob man ihn für ein Wunder oder eine Monstrosität halten soll. Er ist mindestens zehn Zentimeter zu hoch, was sehr viel für einen Hintern ist. Kenneth Clark spricht von der »Zügellosigkeit eines kolossalen Appetits« und präzisiert: »Die träge Gleichgültigkeit von Courbets Frauen verleiht ihnen eine gewisse altertümliche Noblesse.«

Den von Auguste Renoir gemalten Hintern, den man himmlisch zu nennen geneigt ist, erkennt man unter Tausenden wieder: Er ist fett, das ist wahr, oder, sagen wir, recht ausladend, doch weit entfernt von den grimassierenden Gesäßen, die Rubens dargestellt hat. »Die Haut«, schreibt Clark, »spannt sich bei ihnen um das Fleisch wie das Fell eines Tieres.« Renoir liebte es, seine »geliebten, kleinen Dummköpfchen«, wie er sie zu nennen pflegte, vor der Kulisse des Mittelmeeres zu malen. Sie trocknen sich ab, bespritzen sich gegenseitig mit Wasser, enthüllen ihre Gesäße, aber sie scheinen sich dabei nicht zu genieren. Ganz im Gegenteil, man würde sogar sagen, daß sie tanzen. Sie necken einander, spielen mit ihren Haaren oder Zehen, sie denken an nichts, sie strahlen einfach ein animalisches Glück aus, während sie sich in der Hitze des Sommernachmittages zuwinken. Sie baden nicht im Wasser, sondern im Licht. Im Vergleich zu Courbets Badenden sind sie wesentlich fröhlicher und mädchenhafter. Und zu ihrem Glück haben sie auch nicht den kegelförmigen Hintern der von Cézanne gemalten Badenden. Madame Renoir pflegte sich darüber zu beklagen, daß bei ihnen die Dienstmädchen danach ausgesucht wurden, wie »ihre Haut im Licht wirkte«. Mit Sicherheit ein berechtigter Grund zur Klage, doch kann man sich wohl darauf einigen, daß ein Dienstmädchenhintern durchaus über gewisse Qualitäten verfügen kann. Fassen wir noch einmal zusammen: Auf den Gemälden zwischen 1850 und 1914, grosso modo, wurde der Hintern gewaschen und gebadet. Man glaubte, dies sei mehr oder weniger die einzige Art, sich mit ihm zu beschäftigen. Danach war man dann zweifelsohne der Ansicht, daß er nun genug gewaschen worden war und man sich nicht weiter mit diesem Thema befassen mußte. Folglich kehrte der Hintern ins Bett zurück, an den Ort, der vielleicht schon immer seine eigentliche Bestimmung war.

Ein Kuß, der blind macht

»Wenn das Mittelalter die Nacktheit dargestellt hat«, schreibt Bataille in *Die Tränen des Eros,* »dann, um Abscheu davor zu erregen.« In der Tat, betrachtet man *Das Jüngste Gericht* von Rogier van der Weyden oder *Der Höllensturz der Verdammten* von Dirk Bouts, wird man sich eines Gefühls der Verwunderung nicht erwehren können angesichts der Flut von Gesäßen, die da nackt in die Hölle stürzen – allerdings auch nicht einer gewissen Enttäuschung, sofern es einem schwerfällt, diese Hinterteile als Inbegriff der Sünde anzusehen, verflucht und der ewigen Finsternis geweiht. Was uns zugleich verstehen lehrt, warum der Teufel und der Hintern in einem eigenartigen Verhältnis der gegenseitigen Anziehung stehen.

Lange hat man über die Frage disputiert, ob der Teufel einen Hintern hat oder nicht. Im 13. Jahrhundert ließ der Schriftsteller Cäsarius von Heisterbach im dritten Buch seines *Dialogus miraculorum* die Dämonen sagen, wenn sie Menschengestalt annähmen, hätten sie keinen Hintern, während der Autor selbst bereitwillig sein eigenes Gesäß für die Gestaltung verschiedener Kirchenportale darbot. Noch erstaunlicher mag es erscheinen, daß der Abdruck seines Hinterns in Moisdon-la-Rivière im französischen Département Loire-Atlantique entdeckt wurde. Der Spötter Gottes wollte so offenbar Jesus nachäffen, der, so sagt man, einen Abdruck seines eigenen entsprechenden Körperteils hinter dem Hochaltar der Kathedrale von Reims hinterlassen haben soll. Wir werden uns an dieser Stelle nicht zu einem Vergleich der Vorzüge dieser beiden Gesäße hinreißen lassen. Stellen wir lediglich fest, daß die Tradition des gesäßlosen Teufels, wie Desmond Morris ausführt, eine Erklärung dafür liefert, warum es als probates Mittel erachtet wurde, dem Satan seinen blanken Arsch zu zeigen, wollte man ihn an seine eigene Schwäche erinnern und zwingen, den Blick abzuwenden. Eine Taktik, die im übrigen von Luther oft und gerne angewandt wurde, glaubte sich der Reformator doch ständig vom Teufel verfolgt. Um den gottesfürchtigen Mann zu versuchen, näherte er sich ihm sogar in der Gestalt eines Sukkubus (weiblicher Buhlteufel), und dies nicht nur mit mehr Raffinesse, sondern auch öfter als seine geliebte Gattin Katharina von Bora. Luther sah den Teufel praktisch überall – im Bett, auf der Jagd und selbst in den Affen, Sittichen und Papageien, die sich die Adligen jener Zeit zu halten pflegten. Doch er wußte ihn abzuwehren: »Wenn man den Satan einmal als solchen erkannt hat, kann man seinen Stolz leicht zuschanden machen, indem man sagt: Leck mich im A..., oder: Sch... in die Hosen und häng's an den Hals.« Desmond Morris fügt hinzu, daß es im Mittelalter in Deutschland üblich war, während besonders schwerer nächtlicher Gewitterstürme seinen Hintern zur Tür hinauszustrecken, um Blitze und die Mächte des Bösen abzuwenden.

Desgleichen war man davon überzeugt, daß »der wahre Hintern des Teufels« der Spiegel sei, der die Menschen zu Eitelkeit, Sinnlichkeit und Stolz verleite. Nicht nur die nackte Venus betrachtet sich im Spiegel, sondern auch das Tier der Apokalypse und die Dame Sorglosigkeit aus dem *Roman de la Rose*. Der erste schriftliche Beleg für das Erscheinen des satanischen Gesäßes in einem Spiegel findet sich in einem Buch, das der Chevalier de la Tour-Landry zur Unterweisung seiner Töchter im Jahr 1370 schrieb. In Ulm angefertigte Holzschnitte aus den Jahren 1483 und 1485 zeigen im Fegefeuer sitzende Sünderinnen, denen ein Spiegel vorgehalten wird. Und auf einem Holzschnitt aus Augsburg (1498) sieht eine Frau, die in einen konvexen Spiegel blickt (damals allgemein als »Hexenspiegel« bekannt), Schwanz und Hintern eines jungen Teufels, der sich – Grimassen schneidend – hinter ihrem Rücken windet. Bei Hieronymus Bosch (*Garten der Lüste*, um 1500) versperrt ein Stahlspiegel den Blick auf das Hinterteil eines Wesens mit monströsen Zügen, das unter dem Thron Satans kauert, während eine Frau, zwischen deren Brüsten eine Kröte hockt, angesichts ihres erschreckenden Spiegelbildes mit reglos herabhängenden Armen auf ihrem Stuhl ohnmächtig zusammengesunken ist. Über die wahre Natur des teuflischen Gesäßes kann also ebensowenig ein Zweifel bestehen, wie sich auch die hinterhältige Bosheit von Spiegeln nicht bestreiten läßt. Um so mehr, als der Teufel, der *Di-abolus*, buchstäblich zweiteilt beziehungsweise entzweit. Wie dem auch sei, die Überzeugung, Dämonen seien keineswegs gesäßlos, gewann in der Folge die Oberhand, und in den Gerichtsprotokollen von Hexenprozessen finden sich immer wieder Zeugenaussagen, die von dem besonderen Vergnügen berichten, mit dem der Teufel seinen Jüngern beim Hexensabbat den Arsch darbietet und von ihnen verlangt, ihm durch einen Kuß auf denselben Ehrerbietung zu erweisen. Und noch eine weitere wichtige Information übermitteln uns diese Zeugen, daß sich nämlich nicht nur die Hände und das Sperma, sondern auch der Hintern Satans kalt anfühlen.

Im Küssen des Gesäßes liegt mit Sicherheit etwas Ekstatisches. Denn dieser Kuß findet in völliger Dunkelheit statt: Die Augen werden vom Fleisch verschlungen, geradezu eingesogen von jener dunklen, geheimnisvollen Öffnung. Man muß wohl sagen, dies ist ein Kuß, der blind macht. Darüber hinaus sind die obere und die untere Öffnung – jene, die aufnimmt (der Mund), und jene, die ausscheidet (der Anus) – als voneinander verschieden zu verstehen, was erklärt, warum man den Kuß auf den Hintern als erniedrigend empfand. Und warum der Anus zum großen Ärgernis der Kirche wurde. Die Seele durfte nicht in einem derartigen Kuß bloßgestellt werden, sie sollte sich nicht durch ihn mit dem Gesäß verbinden. Was in der Folge dazu beigetragen haben mag, daß der Kuß auf den entblößten Hintern eine solche Anziehungskraft auf Freigeister ausübte.

Was spielte sich nun im einzelnen ab? Der Teufel, so läßt man uns wissen, nahm Hexen, zu denen auch männliche Hexenmeister

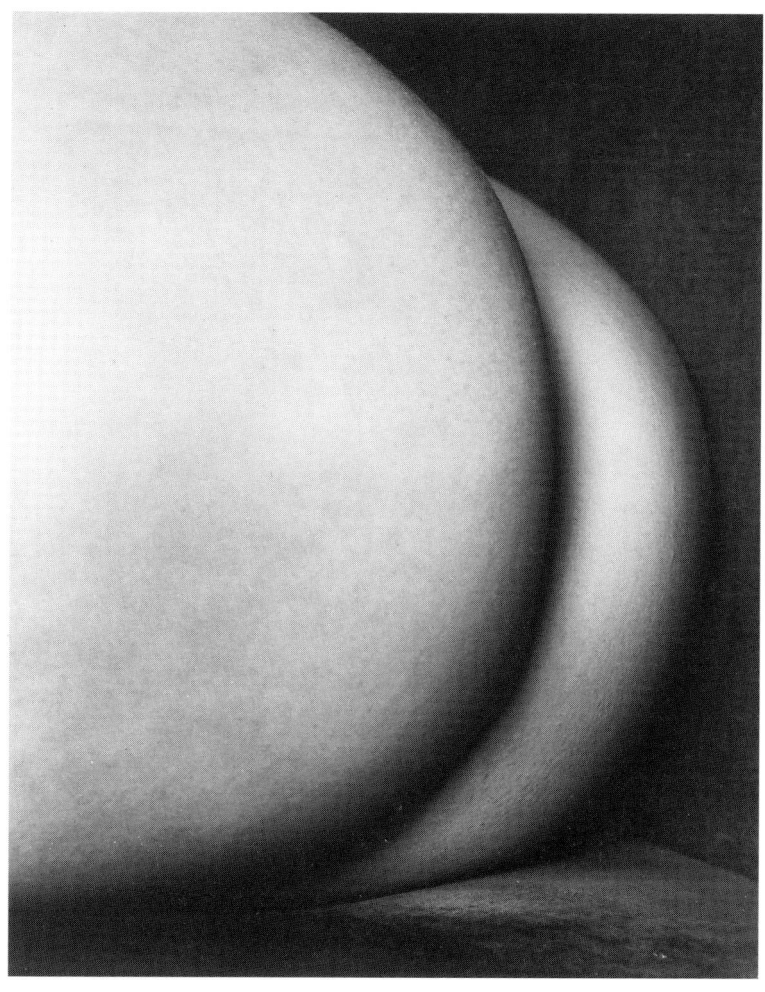

1 »Einzig der menschlichen Gattung sind zwei als Halbkugeln beschaffene, aus dem Körper hervorragende Pobacken zu eigen.« *Nude*, 1934, Foto von Edward Weston

2 Der Hermaphrodit – ein Wesen, das beide Geschlechter in sich vereint und so den »Triumph des schönen Gesäßes« verkörpert. *Schlafender Hermaphrodit*, 2. Jh. v. Chr.

3 »Die Apotheose des Gesäßes, alles scheint in den Hintern geflossen zu sein.« Peter Paul Rubens, *Die drei Grazien*, um 1638–40

4 »Zwischen ihrem und unserem Blick steht ihr Hintern, was erklärt, warum uns dieses Bild mit solcher Begeisterung erfüllt.« Diego Velazquez, *Venus mit Spiegel*, 1651

5 Miss Murphy – »Im Zentrum der Leinwand steht ihr Hintern, die Pobacken wirken träge entspannt.« Francois Boucher, *Ruhendes Mädchen*, 1751

6 »Das Zeigen des blanken Hinterns ist für gewöhnlich ein Zeichen des Protests oder der Auflehnung gegen Autoritäten.«

7 »Über Jahrhunderte hinweg galt das Entblößen des Hinterns als beleidigend und obszön, doch die Zeiten haben sich geändert.«

zählten, die Beichte über »entsetzliche, widerwärtige Sünden gegen die Sittlichkeit« ab und zwang sie, als Zeichen ihrer Huldigung, seinen Anus oder die Maske, mit der er ihn zuweilen bedeckt hielt, zu küssen. Doch Satan schätzte es ebenso, wenn man ihm Neophyten (Neubekehrte) brachte, vorzugsweise junge, die seine Macht stärkten und vergrößerten. Die Dämonen des Hexensabbats, schreibt Sylvain Nevillon, »neigten sich zu jenen, die ihnen ihre Kinder brachten, als wollten sie ihnen danken, und küßten die besagten Kinder auf das Gesäß«. Die Neuankömmlinge wurden dann angewiesen, allen Segnungen der Taufe und des Paradieses zu entsagen, woraufhin der Dämon ihnen einen neuen, häufig lächerlichen Namen gab und mit seiner Klaue auf dem Körper ein mehr oder weniger schmerzhaftes Mal zufügte, vorzugsweise im Bereich der Genitalien – das sogenannte Teufelsmal.

Wie der Richter und Schriftsteller Pierre de Lancre in seinem *Tableau de l'Inconstance* (Tableau der Unbeständigkeit, 1613) bemerkt, zeichnete Satan, um der Justiz und deren Repräsentanten zu entgehen, seine Jünger »häufig an Stellen, die so schmutzig waren, daß man davor zurückschrecken mußte, nach ihnen zu suchen: wie auf dem Gesäß eines Mannes oder an den weiblichen Geschlechtsteilen oder anderen widernatürlichen Stellen, anstatt die würdigsten und kostbarsten Körperteile zu wählen, die jedermann besitzt: wo es unmöglich scheint, einen Menschen zu zeichnen, wie in den Augen oder im Mund«. So gut verstand sich der Teufel auf sein Handwerk, daß sich die Richter immer wieder dem Vergnügen hingaben, selbst an den intimsten Körperstellen nach diesen Malen mit einem Stilett in der Hand zu suchen, nachdem die Haare an den entsprechenden Partien abrasiert worden waren. Jeder Hinweis auf schändlichen Geschlechtsverkehr wurde mit dem Tod durch Verbrennen bestraft. Diese Strafe sühnte ein dreifaches Verbrechen, das der Hexerei, der Sodomie und der Bestialität, da der Teufel über Helfer verfügte, die die Gestalt von Ziegen annahmen.

Antonio de Torquemadas *Hexameron* und zahlreiche Berichte von Richtern, die an Hexenprozessen beteiligt waren, zeichnen ein

Bild der Vorgänge während eines solchen Hexensabbats: Dämonen, Damen der feinen Gesellschaft und Herren aus adligen Kreisen »vereinigten sich auf widernatürliche Weise, um ihre perversen und schmutzigen Gelüste zu befriedigen«. Und die Dämonen zögerten nicht, die Menschen zu verbotenen Freuden zu verführen, auf daß sie zu ewigem Höllenfeuer verdammt waren. Immerhin enthielt sich der Teufel der Entjungferung junger Mädchen, die weniger als zwölf Jahre zählten, und schwängerte auch nur Frauen, die ihn ausdrücklich darum baten. Vor allem schätzte er den Verkehr mit verheirateten Frauen, weil er dadurch sie und zugleich auch ihre Männer zum Ehebruch verführen konnte, so daß aus dem schmerzhaften und eisigen Beischlaf ein doppelter Ehebruch resultierte. Mit jungen Mädchen trieb er Analverkehr, respektierte also ihre Jungfräulichkeit und ersparte ihnen auf diese Weise eine mögliche Schwangerschaft: So erklärt sich, daß sie zwar als Jungfrauen, dennoch aber blutend vom Hexensabbat zurückkehrten. Denn die meisten Zeugnisse, die über die *copula cum daemone* berichten, betonen, welche Schmerzen das teuflische Glied aufgrund seiner außergewöhnlichen Größe und Beschaffenheit verursacht. Einige Frauen, wie Françoise Fontaine in ihrem auf das Jahr 1591 datierten Bekenntnis, sprechen von einem Glied, das »so hart wie ein Kieselstein ist und sehr kalt«, während andere, wie Jeannette d'Abadie, glaubten, es sei »geschuppt wie ein Fisch«, und, wenn vollständig ausgestreckt, »etwa eine Elle lang« (1,82 m), normalerweise aber »gewunden und gedreht wie eine Schlange«. Perry de Limarre fügt hinzu, das Glied des Teufels bestünde »aus Horn oder gleicht jenem doch zumindest: dies ist der Grund, warum es die Frauen derart schreckliche Schreie ausstoßen läßt«. De Lancre, der diese Zeugenaussagen zitiert, versäumt nicht festzustellen, daß die Hexen eine Salbe benutzen, um die Einführung des satanischen Gliedes zu erleichtern. Einige praktisch veranlagte Geister glaubten ohnehin, darin nur einen aus Leder, Holz oder Metall gefertigten Dildo erkennen zu können oder, wie Michelet, ein Klistier. Kurz, das, was der heilige Augustinus als *turpissimum fascinum* beschreibt, war unter Umständen nichts weiter als ein mehr oder weniger sorgfältig gearbeitetes Hilfsmittel, dessen zuweilen rauhe Oberfläche die Verletzungen erklären könnte, die die Frauen an der Vagina und die Männer am Anus davontrugen.

Doch das Mittelalter (bis hin zur Zeit Rabelais') kannte auch eine wesentlich amüsantere, obschon nicht weniger lüsterne Form des Gesäßes – nämlich das, was man das »groteske Gesäß« nennen könnte. Gegenstand des volkstümlichen Witzes jener Epoche waren, wie der Literaturwissenschaftler Michail Bachtin ausgeführt hat, vor allem die Wölbungen, Auswüchse, Beulen und Öffnungen des Körpers: hervortretende Augen, Nasen, Bäuche, ein weit geöffneter Mund, das männliche Glied oder der Hintern. Hier liegt die Wurzel all jener Gesten, mit denen man einen anderen beleidigen, demütigen oder verspotten konnte: Finger an die Nase, eine lange Nase machen, seinen Hintern zeigen, spucken und andere obszöne Gesten mehr. Die einem rollenden Rad gleichende Bewegung des Purzelbaums, der auf Jahrmärkten und im Zirkus vorgeführt wird, löst bei den Zuschauern Lachen aus, da »das Gesäß immer wieder versucht, die Stelle des Kopfes einzunehmen, und der Kopf die des Gesäßes«. Seinen Hintern zu zeigen, wie dies die Sybille von Panzoust in *Gargantua und Pantagruel* vor Panurge und seinen Begleitern tut, oder das Gesäß eines anderen zu küssen, sind berühmte Beispiele für diese Form des Witzes. Der Legende nach soll Rabelais sogar, als er eines Tages vom Papst empfangen wurde, angeboten haben, das rückwärtige Gesicht des Pontifex zu küssen, vorausgesetzt, es sei gründlich gewaschen. Wie dem auch sei, im Vierten Buch jedenfalls versprechen die Papimanen, diesen Ritus auszuführen, sollte der Papst ihnen eine Audienz gewähren.

Wenden wir uns der Handlung einer erotischen Verserzählung zu mit dem Titel *Bérenger au long Cul* (Bérenger mit dem langen Hintern, Garin, 13. Jahrhundert). In der Lombardei hatte ein Ritter die Tochter eines reichen Burgvogts, also eine adlige Dame, zur Frau genommen. Der Ritter selbst war der Sohn eines Bauern, »eines Wucherers, der es zu beträchtlichem Reichtum gebracht hatte«. Wie war es zu dieser ungleichen Verbindung gekommen? Nun, der Burgvogt schuldete dem Wucherer so viel Geld, daß er unfähig war, dessen Forderungen nachzukommen. Also entschloß er sich, statt dessen seine Tochter mit dem Sohn des Gläubigers zu vermählen und »ihn mit eigener Hand zum Ritter zu schlagen«. Die jungen Leute lebten mehr als zehn Jahre zusammen, doch schon bald stellte sich heraus, daß der Ritter faul und gefräßig war (ganz besonders liebte er heiße Pasteten und Fleischkuchen), die Armen verachtete und vor allem entsetzlich feige und weichlich war, eine wahre Memme. »Er hätte noch lieber Heu gewendet, als mit Schild und Lanze umzugehen.« Angesichts eines derart großsprecherischen Gatten erkannte die Dame bald, daß ihr Mann weder ein Ritter noch von edler Herkunft war. Sie machte ihm deshalb Vorhaltungen und zählte ihm die Verdienste ihrer eigenen Familie auf, worauf er entgegnete, er übertreffe sie alle an Mut, Ritterlichkeit und Heldentaten, was er ihr beweisen werde.

In der Morgendämmerung des folgenden Tages ließ er sich seine Waffen bringen, die noch ganz neu und unbenutzt waren, bestieg sein Pferd und machte sich auf den Weg in einen nahe gelegenen Wald. Dort angekommen, hängte er seinen Schild an einen Baum, zog das Schwert aus der Scheide und schlug damit wie ein Wahnsinniger auf den Schild ein. Dann nahm er seine kräftige Lanze und zerbrach sie in vier Teile. Und so kehrte er heim, mit einem Stück seiner Lanze und einem Viertel seines Schildes. Die Dame schwieg, während er mit seinen Heldentaten prahlte. Vom Erfolg seiner Strategie überzeugt, ließ er sich neue Waffen bringen. Doch der Dame war nicht entgangen, daß ihr Gatte weder über Wunden oder Beulen verfügte noch erschöpft wirkte, und auch sein Helm wies keinerlei Zeichen eines Kampfes auf. Deshalb beschloß sie, ihm am nächsten Tag zu folgen, gekleidet und bewaffnet wie ein echter Ritter. Sie verließ das Haus kurz nach ihrem Mann und erreichte ihn, als er gerade dabei war, auf seinen Schild einzuschlagen, wobei er einen Lärm wie hundert Millionen Teufel machte. Als sie genug gehört hatte, gab sie ihrem Pferd die Sporen, ritt auf ihren Mann zu und rief: »Vasall, Vasall, seid Ihr verrückt, / daß Ihr meinen Wald zu Schanden schlagt? / Ich wäre nichts wert, / ließe ich Euch entkommen, bevor ich Euch nicht in Stücke gerissen habe!« Der Ritter war sprachlos, ganz offensichtlich erkannte er seine Frau nicht. »Das Schwert fiel ihm aus der Hand / und er verlor jeden Mut.« Daraufhin stellte sie ihn vor eine grausame Wahl: Wenn er nicht kämpfen wolle, so habe er zu ihr zu kommen und ihr »den Hintern zu küssen, genau in der Mitte und an der Seite«. Die Wahl war schnell getroffen. Die Dame stieg vom Pferd und hockte sich, nachdem sie ihre Hosen heruntergezogen hatte, vor ihn hin: »Sire, legt Euer Gesicht hierhin!«

Verwundert betrachtete der Gatte »die Spalten von Hintern und Fotze: sie schienen ihm eins zu sein«, und sprach zu sich selbst, daß er noch nie in seinem Leben ein derart langes Gesäß gesehen habe. »Dann küßte er es als Zeichen unwürdiger Unterwerfung, / wie ein nichtswürdiger Feigling / gleich neben dem Loch, selbst direkt darauf.« Woraufhin die Dame ihm ihren Namen nannte: Bérenger mit dem langen Hintern, »der Schande über alle Feiglinge bringt«, ließ ihn zurück und kehrte heim. Und da sie eine Frau war, die in jeder Situation einen kühlen Kopf bewahrte, zog sie sich auf der Stelle aus, ließ einen Ritter zu sich kommen, »den sie liebte und der ihr teuer war«, und geleitete ihn frohen Mutes in ihr Schlafgemach, wo sie ihn umarmte und küßte. In diesem Moment kehrte ihr Gatte aus dem Wald zurück. Voller Wut, als er seine Dame mit ihrem Liebhaber überraschte, begann er schreiend Drohungen auszustoßen. Kühl entgegnete sie ihm, er solle doch gehen und sich bei »Monseigneur Bérenger mit dem langen Hintern« beschweren, »der ihn schon demütigen werde«. Da wußte der Gatte, daß er geschlagen und vollkommen besiegt war. Was die Dame angeht, so tat sie in Zukunft, was ihr gefiel, denn sie war weder dumm noch häßlich. Garin beschließt seine Erzählung mit dem Satz: »Wenn der Schäfer ein Schwächling ist, scheißt der Wolf auf die Wolle.«

Und schließlich sei noch ein weiterer Kuß erwähnt, den man den »Kuß der Ruhe« nennen könnte. In *La Fabrique au pré* (Die Fabrik auf der Wiese) beschreibt der Dichter Francis Ponge eine Beobachtung, die sich zuweilen auf einer Wiese machen läßt, wenn sich unter einem Windhauch die Halme beugen, in einer simultanen Welle, in einem einhellige Zustimmung signalisierenden Nicken.

Die Welle, die durch die Wiese geht, kommt einem »ja« gleich. Doch »ja« wozu? Zum Wind, zur Erde, zum Leben, zur Unbeweglichkeit der Wurzeln? Ein »ja« vielleicht zum Schlaf, denn die Wogen des Grases stellen (wie die Kurven des Gesäßes) eine Einladung dar, sich wie auf einem Kopfkissen niederzulegen. Es ist dies ein Gedanke, auf den Jean Genet immer wieder zurückkommt, wenn er die Gesäße seiner Liebhaber für den perfekten Ort des eigenen Sterbens hält. In *Das Totenfest.* (*Pompes Funèbres*) schreibt er mit Bezug auf den »von blondem, gelocktem Haar leicht wolligen« Hintern Paulos, den er soweit wie möglich mit der Zunge erkundet: »Ich suchte mit der Schnauze, ich versank im Dreck, ich biß sogar; ich wollte die Muskeln der Öffnung zerfetzen und ganz und gar eindringen wie die berühmte Ratte bei der Folter, wie die Ratten in den Abzugskanälen von Paris, die meine schönsten Soldaten zerfleischten. Plötzlich blieb mir die Luft weg, mein Kopf rollte zur Seite und verharrte eine Weile an eine Hinterbacke geschmiegt wie an ein weißes Kopfkissen.« Und später, noch immer diesen »Kuß der Ruhe« beschreibend, nun aber mit Decarnin, schreibt Genet: »Meine Zunge wurde weich, vergaß tiefer zu bohren, mein Kopf wühlte sich in die feuchten Haare, und ich sah, wie das Auge von Gabès sich mit Blumen, mit Blättern schmückte und zu einem frischen Laubengang wurde, in den ich kriechend ganz und gar eindrang, um mich auf dem Moos schlafen zu legen, im Schatten dort zu sterben.«

»Du rundlicher Popo, so wohlgestalt ...«

Der Hintern hat im Leben des Menschen eine eher passive Rolle. Nur selten bedarf es transitiver Verben, um einen Hintern zu beschreiben, der außer dem Gebrauch pronominaler oder intransitiver Verben nur wenig für sich einfordert. Man wird sogar sagen können, das Gesäß an sich existiert nicht als Subjekt, sondern wird vor allem in seiner Eigenschaft als Seiendes beschrieben. Viel eher als von seinem Wesen sprechen wir über seine Formen, seine Bewegungen, seine Metamorphosen. Kurz, der Hintern bedarf nur eines einzigen unverzichtbaren Accessoires, des Epithetons. Selbiges, so wird man leicht einsehen, ändert nichts an dem Hintern als solchem. Der jeweilige Hintern ist das Gegebene, doch durch das Attribut wird er von anderen unterschieden. Das Beiwort verleiht ihm Form und Poesie, nicht mehr und nicht weniger. Unter diesen Umständen wird man leicht einsehen, daß einem Gesäß nur mit extremen Gefühlen zu begegnen ist – mit Ekstase, Bewunderung und hingebungsvoller Liebe oder aber mit rachsüchtiger Ironie und Grobheit. So mag es nicht verwundern, daß sich der Hintern quasi von Natur aus als Gegenstand eines literarischen Genres anbietet, das sich vor allem um das Jahr 1535 in Frankreich größter Beliebtheit erfreute: das erotische »Blason«.

Blasons spielten in der Literatur der ersten Hälfte des 16. Jahrhunderts eine große Rolle – es gab kaum etwas, das zu jener Zeit nicht »blasoniert« wurde. Zwei komische kleine Gedichte von Clément Marot, *Das schöne Brüstchen* und *Das häßliche Brüstchen*, sollten jedoch besonderen Einfluß auf die Dichter jener Epoche erlangen. Allenthalben begann man nun, Blasons auf die Schönheit der einzelnen Partien des weiblichen Körpers zu komponieren, der genußvoll zergliedert und bis ins letzte Detail beschrieben wurde. Mit dem ursprünglich aus der Heraldik stammenden Begriff des »Blasonierens« bezeichnet man die fachgerechte Beschreibung der einzelnen Elemente, aus denen sich ein Wappenschild (Blason) zusammensetzt. Doch schon bald erstreckte sich dieser Begriff auch auf andere Bereiche, wobei das Spiel darin bestand, eine Person oder eine Realität in ihre Einzelteile zu zergliedern, um sie zum Thema des Lobs oder Spotts zu machen. Denn die Natur des Blasons ist eine doppelte: »Das Blason«, schrieb Thomas Sébillet 1548 in seiner *Art poéthique français*, »gefällt sich in fortwährendem Lob oder Tadel seines Gegenstandes. Denn es wird ebenso das Häßliche wie das Schöne ausgeschmückt, das Schlechte wie das Gute.« Zuweilen ist von Blasons als reinen Elogen die Rede, während man die Spottgedichte oder Satiren als Kontra-Blasons verstanden wissen will. Doch in Wahrheit hat diese Gedichtform schon immer beides in sich vereint. Mit ihrem Hang zur Sophisterei definiert sie sich vor allem über die Form: ob gelehrt oder populär, im Blason spielen Lob und Tadel ineinander. Der beschriebene Gegenstand ist dabei nichts weiter als ein Vorwand: Die Konzentration auf das Wesentliche machen Tugend wie paradoxe Kunst des Blason-Dichters aus. Marot stellte unter Beweis, daß der menschliche Körper zu ebensoviel Bewunderung wie Häme inspirieren kann, doch vor allem, daß einzig das Detail imstande ist, die Begierde anzufachen und zu fesseln.

Nachdem Marot im Oktober 1534 an den Hof der Herzogin Renée nach Ferrara ins Exil gegangen war, verfaßte er dort, dem Beispiel der italienischen *strambottisti* folgend (die das Blasonieren bis auf den Gipfel der Schamlosigkeit trieben) und unter dem Einfluß der Epigramme der *Anthologie grecque*, sein Blason *Das schöne Brüstchen* und löste damit ein wahres Fieber aus, das sowohl am italienischen wie am französischen Hof Franz I. grassierte. Von da an wurde die Frau vom Kopf bis zu den Füßen bis ins Detail beschrieben. Ein Oberschenkel, ein Seufzer, eine Träne, ein großer Zeh, eine Zunge oder ein Knie – jeder Teil des weiblichen Körpers wurde gewissenhaft aufgeführt. So verdanken wir zum Beispiel Eustorg de Beaulieu ein hübsches kleines Gedicht über den Po.

Popo der Frau, o Mägdeleinpopo!
Du rundlicher Popo, so wohlgestalt,
Um den von Haaren eine Hecke wallt,
Wo du geschloßnen Munds so lange weilst,
Bis du zu dringlichern Geschäften eilst.
Popo, so hübsch gekerbt, so rund und fest,
Ach wie du deinen Partner beben läßt,
Wenn Freund und Freundin zärtlich sich umschließen
Und so das schönste Spiel der Welt genießen ...

Das Gedicht erschien 1537. Gegen Ende seines Lebens jedoch distanzierte sich Eustorg de Beaulieu, der inzwischen das Amt eines reformierten Priesters bekleidete, öffentlich von seinen Ausflügen in die schlüpfrige Dichtung. Der ehemals katholische Organist klagte sich selbst der Autorschaft schamloser Blasons an und publizierte schließlich 1546 reuevoll ein geistliches Blason, in dem er den würdigen Leib Jesu Christi lobpreist. Dieses enthält in der Tat nur noch wenige Schamlosigkeiten. Bleibt noch zu erwähnen, daß Marot, den Erfolg des Genres nutzend, die Idee des Kontra-Blasons entwickelte. Doch sein *Häßliches Brüstchen* fand wenig Gefallen bei dem angewiderten Publikum. Abgesehen davon erschien die Mehrzahl der Kontra-Blasons – unter ihnen auch eines über das Gesäß ° anonym. Allerdings wissen wir heute, daß die meisten aus der Feder von Charles de La Hueterie stammen.

Nur selten, bemerkt Pascal Quignard, wurden in einer Epoche derart detailliert die Schönheitsideale beschrieben, die die Begierden beherrschten, und ebenso selten legten Dichter in aller Offenheit bloß, welche Gefühle des Abscheus und Ekels der weibliche Körper in ihnen hervorrief. Doch wie nun sahen die Kriterien für weibliche Schönheit in der Renaissance aus? Welchen Vorstellungen im besonderen hatte ein schön zu nennendes Gesäß zu entsprechen? Einfach gesagt, definierte sich Schönheit in dieser Epoche vor allem durch Farbe und Konsistenz. Wangen, zum Beispiel, hatten alabasterweiß oder aber »klar und hellbraun« zu sein, weder zu blaß noch zu dunkel und bei passender Gelegenheit auch schon einmal leicht getönt wie eine Pfirsichblüte, ohne allerdings rot oder künstlich gefärbt zu wirken, »rund, jedoch zum Munde abwärts weisend, fest und voll, weder zu dick noch zu mager«. Und wenn ich hier bei einer ausführlichen Beschreibung der Wangen verweile, so nur deshalb, weil diese häufig Aufschluß über die Pobacken geben, und vice versa.

Alles hatte also wohlgerundet zu sein, *rondelet,* wie man damals sagte. Der Mund, um ein weiteres Beispiel zu nennen, war idealerweise klein, korallen- oder rubinrot, lächelnd, mit nicht zu schmalen Lippen, voll und weich. Die Brust hatte fest zu sein, weiß und rosa, eine kleine Elfenbeinkugel, die von einer niedlichen, harten Erdbeere oder Kirsche gekrönt wird. Der Abstand zwischen den Brüsten sollte groß sein, und die Pobacken »ausgeprägt rund«, ihr Fleisch zart und weich, wenn man es berührte. Insgesamt bevorzugte man einen eher breiten Hintern sowie weiße, glatte Oberschenkel, die voll und fest sein sollten, hart wie Marmor, überzogen mit einem feinen, seidenen Film »winziger, silberner Härchen«. Zusammenfassend läßt sich also sagen, daß alles – oder fast alles – am weiblichen Körper weiß zu sein hatte, glänzend, fest, kräftig und beweglich. Ganz offensichtlich verkörperte die Frau der Renaissance folglich nicht den Inbegriff des weich Fließenden, sondern besaß vielmehr die an Dickmilch erinnernden Qualitäten der italienischen Schönheiten. Wangen, Brüste und Pobacken, kurz, alle hervortretenden Wölbungen des weiblichen Körpers sollten voll und unnachgiebig sein, um die Berührung zu provozieren. Das so gezeichnete Bild ist das einer sehr jungen Frau mit einem sich leicht vorwölbenden Bauch und elastischen Gesäßbacken, kurz, einer Frau, der die Ambiguität ihrer Adoleszenz anhaftet.

Die Frage, vor die sich jeder das Gesäß besingende Blason-Dichter gestellt sah, war vor allem die, wie er mit dem Thema umzugehen hatte. Denn ein Gesäß ist nicht nur etwas äußerst Intimes, es ist auch ein extrem flüchtiges und unbeständiges Objekt, Quecksilber vergleichbar. Der Marquis de Sade zum Beispiel tat sich außerordentlich schwer, die Schönheit eines Hinterns zu beschreiben. Man spürt, welche Mühe es ihn kostete, wie er sich wiederholt und stolpert. Abgesehen davon ist für ihn das Gesäß nicht Beiwerk zur Liebe, sondern Objekt der kulthaften Verehrung, er kniet nieder vor jenem anbetungswürdigen kleinen Hintern, dessen Backen er küßt, umarmt, liebkost und öffnet, um in Ekstase zu geraten. Doch wie diese Ekstase beschreiben? Die Ekstase angesichts eines göttlichen Hinterns? Die Ekstase angesichts eines sinnlichen Anus? Sade weiß es nicht. Der Mönch Severino entdeckt an Justine »eine entschiedene Überlegenheit in der Form ihres Hinterns, eine *unbeschreibliche* Wärme und Enge im Anus«. Die Vollkommenheit des Gesäßes ist also nicht in Worten auszudrücken. Immerhin drei wichtige Merkmale weiß Sade zu nennen: Der Hintern muß weiß und ansprechend sein, zuweilen auch mit einem leichten Hauch Röte, von dem bisher noch nicht die Rede war; er muß jung, rund und voll sein; und er muß schließlich fest und von angenehmer Form sein. Was das »Arschloch« angeht, so vergleicht Sade es häufig mit einer Erdbeere, einem knospenden Loch oder einer kleinen Rose, charmant, aber ausweichend. Genau besehen ist es weniger die Verwirrung der Sinne, die Sade zur Flucht in die Sprachlosigkeit zwingt, es liegt vielmehr einfach daran, daß die Schönheit, selbst die eines Hinterns, immer *langweilig* ist. Und die Eloge ein dümmliches Genre.

Andererseits fühlt sich Sade offenbar viel eher in seinem Element, wenn es darum geht, einen häßlichen Hintern zu beschreiben – wie die hängenden, vom Laster ausgelaugten Gesäßbacken unersättlicher Liebhaber oder die widerwärtig zerstörten Hintern der in die Jahre gekommenen Kupplerinnen. Denn es ist nicht schwer, ein Gesäß in den düstersten Farben zu beschreiben, um sich an seinem Zerfall zu ergötzen. Ein verschrumpelter, durch Schläge gezeichneter Hintern; gealtert und mit dem Aussehen gekochten Leders oder eines schmutzigen Stoffetzens; rauh, zerkratzt, an Sandpapier erinnernd; durch Wunden verunstaltet; von Abszessen zerfressen; derartig abgemagert und faltig, daß man die

Zeitgenössische Illustration zu Sades *Juliette*

Haut um einen Stock wickeln kann; alt, von Furchen durchzogen, wie das Euter einer in die Jahre gekommenen Kuh; ein Vulkankrater, veritabler Abtritt, ekelerregende Kloake: Hintern erreichen ihre Apotheose im Verworfenen und ihre Größe in der Infamie.

Ganz anders dagegen der Dichter Paul Verlaine, der sich in seinen *Œuvres libres* als jemand erweist, den ein Hintern zugleich bewegt und überwältigt. Immer wieder greift er das Thema auf, sichtbar geblendet von Hintern »herrlich, strahlend, / Derart gewaltig, / In ihrer kindlichen Ausgelassenheit« (aus: *Filles*) oder jenem »verborgenen Mignon, sanftes kleines Ding / Kaum ein Schatten zarten Goldes, / Dich in einer Apotheose mir öffnend / Der ich rauh und stumm begehre« (aus: *Femmes*). Doch vor allem ist er von der Macht des Hinterns überwältigt, für immer besiegt von der kolossalen Schamlosigkeit und dem Triumph des Fleisches. Dieses Gefühl des Ausgeliefertseins empfindet er sowohl angesichts des weiblichen wie des männlichen Gesäßes, auch wenn Verlaine bei allen Göttern schwor, daß das eine dem anderen tausendmal vorzuziehen sei (und vice versa). Vor allem aber wird der Nachwelt in Erinnerung bleiben, in welch einzigartiger Weise Verlaine unseren Blick auf die anale Öffnung lenkte (bei weitem nicht die geringste poetische Innovation des Dichters). Denn Verlaine begrub sein Gesicht darin. In den Tiefen der Körperhöhlungen ist er auf der Suche nach Düften, nach Gerüchen, die fermentiert wie stehendes, von der Sonne aufgeheiztes Wasser sind. Er taucht ein in diesen Hinterhalt der Dunkelheit und würzigen Gerüche. »Ich bin verloren. Du hast mich besiegt. / Nichts bleibt mir als dein großer Hintern / So sehr geküßt, geleckt, eratmet ...« (*Femmes*) Er verliert sich in diesem »besonderen Schweiß / Zugleich riechend Gutes und Schlechtes ...«. Die Zunge erkundet und durchstöbert die geheimnisvolle Öffnung, sie läßt sich betören von jenem Duft, der »herb und frisch, wie ein Apfel« ist, sie wird fröhlich, gierig und befindet sich in einem Taumel, sie ist verliebt.

Doch der Kuß, dies hat uns Proust gelehrt, ist immer trügerisch. Folglich hat für manchen das Gesäß die Gestalt eines Phantoms angenommen. Und einen phantomhaften Hintern zu beschreiben ist eine komplizierte Angelegenheit.« »Wenn ich Ihnen sage«, bemerkt Patrick Grainville in *Le Paradis des orages* (Stürmisches Paradies), »daß dieser Hintern größer ist, jener klein und zierlich, daß der eine schmal und gelblich ist, der andere aber rosa, mit wunderschönen Grübchen und vollen, runden Backen, stolz gespalten, schamhaft verschlossen ... so transportieren diese Worte keinerlei Wirklichkeit.« Was also tun? Grainville befreit sich aus der Klemme der Gesäßspalte und bedient sich einer zufälligen Verdunkelung, um Môs Hintern zu beschreiben. Eines Tages bietet sich ihm die Möglichkeit, sie im Licht eines Blitzes im Badezimmer zu beobachten. »Sofort schloß ich die Tür wieder, denn Mô kann schrecklich wütend werden, wenn sie sich beobachtet, genommen, verloren fühlt.« Doch dieses Erlebnis gestattet ihm, sich den Hintern Môs als einen Farbklecks vorzustellen. »Er ist weiß-grau. Die Farbe ist von größter Wichtigkeit. Gebrochenes Weiß. Leuchtendes Weiß ist alles überragend, doch ein blasseres Weiß, nur ein wenig trüber, macht das Fleisch noch fleischiger, verleiht ihm einen Hauch von Begierde. Man könnte sagen, es ist wie Schnee, doch von einem kaum wahrnehmbaren rauchigen Schleier überzogen, wie ein Beben kalten Graus über den Gipfeln der Haut.« So erweist sich, daß letzten Endes das Blason auf den Hintern weniger eine chirurgische oder fetischistische Operation ist als vielmehr der traurig unvollkommene Versuch, das Objekt wenigstens annäherungsweise zu begreifen und sich zugleich darüber hinwegzutrösten, daß wir ihm nie ganz auf den Grund werden gehen können.

Ein Hintern,
für den man bezahlt

Als sich Henri de Toulouse-Lautrec 1882 am Montmartre niederließ, war er zwar erst achtzehn Jahre alt, wurde jedoch bereits »Petit Tyran« genannt. Gemeinsam mit seinen Freunden bildete er eine kleine Gruppe, die, angeführt von Émile Bernard, fest entschlossen war, alle Freuden zu genießen, »die einem das Wasser im Munde zusammenlaufen lassen«. Vor allem die Damen des leichten Gewerbes mit ihren roten und gelben Unterröcken, die am Élysée-Montmartre die Quadrille tanzten, hatten es ihnen angetan: La Goulue, Nana-la-Sauterelle, Grille-d'Égout, die beim Lachen ihre Zahnlücken zeigte, oder Rosa-la-Rouge, die Toulouse-Lautrecs Lieblingsmodell wurde und ihn mit Syphilis ansteckte. Doch auch andere Frauen suchte er auf, die sogenannten »Bordellhuren«. Man kannte bereits Manets *Olympia* und *Nana*. Und auch Degas hatte um 1879 schon die schemenhaften Umrisse der nackten Mädchen gezeigt, die sich ihren Freiern präsentieren. Doch erst Toulouse-Lautrec quartierte sich tatsächlich 1893 in der Rue des Moulins ein, und zwar in einem vornehmen Etablissement am rechten Seineufer, wo man ihn mit »Monsieur Henri« ansprach. »Ständig höre ich das Wort Bordell«, beklagte er sich. »Na und? Es gibt keinen Ort, an dem ich mich so zu Hause fühle wie dort.«

Von den noch 1856 in den amtlichen Registern aufgeführten gut zweihundert »Hurenhäusern« waren in den neunziger Jahren des letzten Jahrhunderts kaum noch sechzig übriggeblieben. Die Institution des Bordells schien vor dem Untergang zu stehen. Eine gewisse Naivität vorausgesetzt, könnte man meinen, das Bordell sei der Ort, an dem sich der weibliche Po am besten studieren ließe.

Doch weit gefehlt. In Toulouse-Lautrecs Bildern steht die Darstellung des Gesäßes keineswegs im Vordergrund. Und zwar nicht, weil die Mädchen sich vor dem Maler schämten, im Gegenteil, sie mochten ihn, seine Gegenwart störte sie nicht weiter. Er konnte sie mit geschürzten Röcken auf einer Treppe sitzend überraschen oder wenn sie zu zweit im Bett lagen, sich gierig küssend, oder mit einander zugewandten Gesichtern – unter der Decke eng aneinander geschmiegt – fest umschlungen im Halbschlaf dämmerten. Denn lesbische Liebe war nicht ungewöhnlich, vor allem unter jenen Frauen, die jahrelang im Bordell gelebt hatten. Was Toulouse-Lautrec vor allem an den Mädchen gefiel, war ihr Hang zum Sentimentalen und ihr Gefühl der Verlorenheit. In seinen Bildern verstecken sie sich nicht, stellen sich aber auch nicht zur Schau. Man sieht sie nur gleichsam im Vorübergehen, in Bewegung zwischen zwei Türen, zwischen zwei Spiegeln, zwischen Salon und Schlafzimmer, zwischen einem Mann und dem nächsten. Sie strecken sich auf Sofas aus, hüllen sich in das Gelächter liederlicher Weibsbilder, sie spielen Karten und vertreiben sich die Langeweile. Anders als etwa der Fotograf Brassaï in den 30er Jahren unseres Jahrhunderts, zeigt Toulouse-Lautrec die Mädchen nie mit einem Freier auf ihren Zimmern. In ihren Schlafzimmern sind sie allein oder mit einem anderen Mädchen zusammen. Auf manchen Bildern überraschen wir sie nackt, teils mit dem Gesicht, teils mit dem Rücken zum Betrachter, doch es ist die Rückenansicht, die am meisten anrührt, wenn die Mädchen in ihr Spiegelbild versunken scheinen. Es sind dies rasch und – von den Mädchen unbemerkt – mit flüchtigen Strichen angefertigte Skizzen. Und da Toulouse-Lautrec eine besondere Vorliebe für rothaarige Frauen mit blasser Haut hatte, bildete er sie alle auf diese Weise ab.

Der Hintern im Bordell ist ein Hintern, für den man bezahlt. Ein müder, erschöpfter Hintern. In Toulouse-Lautrecs Bildern erscheint er oft ein wenig schief, doch nie aufgedunsen oder träge wie bei Rouault. Immer vermitteln diese Gesäße den Eindruck von Wachheit und Behendigkeit. Es sind Hintern, die nichts mehr zu verlieren haben, man spürt, daß ihnen alles egal ist, daß sie sind, was sie sind, und nichts dagegen haben, wenn man sie zeichnet. »Lautrec malt das Milieu der Freuden in den Farben der Gruft«, sagte ein Kritiker mit Hinblick auf den *Tanz im Moulin-Rouge*. Als »Goya der Freudenmädchen« wurde der Maler bezeichnet. Er male »Schlampen, deren Fleisch wie mit Gips überzogen aussieht, ordinäre Huren auf roten Sofas«, und man wittere »Unzucht selbst in seinen Farben, männlichen Farben, stark und scharf wie Pfeffer«. Doch *Die nackte Frau vor dem Spiegel* (1897) zum Beispiel, die sich ihre Strümpfe noch nicht ausgezogen hat, während das Hemd auf dem Boden liegt, ist weit davon entfernt, den Triumph der Unzucht zu repräsentieren. Ihr Körper ist prächtig, der Hintern voll, die Brüste glühend von Fieber. Eine Frau aber, die sich so lange selbst betrachtet, kann nicht umhin, gewisse Schlüsse zu ziehen. Und diese Schlüsse sind immer die gleichen: Das Fleisch ist herrlich, sie befindet sich auf dem Gipfel ihrer Schönheit und wird doch bereits vom Tod unterwandert. Wie Cocteau einmal bemerkte, auf jeder Fotografie einer schönen Frau sieht man bereits den Tod am Werk, emsig wie die Bienen in einem Bienenstock aus Glas. Und selbstverständlich sieht die Frau ihn auch.

Andererseits fragt man sich, warum Toulouse-Lautrec seine *Femme rousse nue accroupie* (Kniende nackte Rothaarige) malte. Es ist nicht zu übersehen, daß sie für das Bild posierte. Für ihn. In schreienden, brennenden, harschen Farben, die Lautrec auf der unbestreitbaren Wölbung ihres Gesäßes konzentriert. Sie ist zuvorkommend, kniet auf allen vieren auf einem Bett, ein Laken sorgfältig unter sich ausgebreitet. Selbst den Rücken verrenkt sie, um ihr im Zentrum des Interesses stehendes Hinterteil noch besser zur Geltung zu bringen. Doch all das hat nichts mit einem Mädchen zu tun, das sich in seinen Träumen verliert. *Er* ist es, der wie in Trance ist! Darum geht es in diesem Bild, dessen eigentliches Thema lautet: die Nymphe und der Klumpfuß. Die Milchstraße durch das Teleskop des Krüppels betrachtet.

Der Po unter dem Messer

Manche Hintern bewahren sich sehr lange ihre jugendliche Form. Zumindest hat es zuweilen den Anschein, als ob sie nicht im gleichen Tempo alterten wie der restliche Körper: Die Linie des Rückens und auch die Oberschenkel mögen noch sehr schön sein, doch der Bauch ruiniert den gesamten Eindruck. Die hervorspringende Wölbung der Gesäßbacken und der Übergang vom Po zu den Hüften – jene Falte, die wie ein heimliches Lächeln wirkt – können einen Menschen auch im Alter durchaus verführerisch erscheinen lassen. Es gibt Hintern, die zwar alt, aber immer noch weich sind, von sehr zartem Rosa, so wie man sich den Po einer Nonne unter ihrer Kutte vorstellt, erstaunlich glatt und zart. Was auch erklärt, warum manch einer dem Gesäß mehr vertraut als dem Gesicht eines Menschen. Wiederum andere auf diesem Gebiet Bewanderte vertreten die Ansicht, die alterslose Schönheit des Hinterns erkläre die unter vielen Völkern verbreitete Polygamie.

Andererseits gibt es aber auch wenig einladende, schlaffe Hintern, bei denen die gealterte Haut wie eine Tunika oder ein altes Stück Sackleinen in sich zusammengefallen ist. In wieder anderen Fällen wird das in die Jahre gekommene Gesäß von der Last überschüssigen Fettes nach unten gezogen, und die Haut sieht teigig aus. Wie läßt sich der Häßlichkeit schlaffer oder fett geschwollener Gesäße abhelfen? Die Antwort ist einfach: Derart gealterte Hintern müssen »renoviert«, neu aufgebaut werden. So lassen sich viele Frauen, die um ihre Figur besorgt sind, ihr überdimensioniertes Gesäß mittels einer Methode verkleinern, bei der durch eine Kanüle, die ungefähr so dick wie ein Strohhalm ist, das Fett aus den tiefer liegenden Gewebeschichten abgesaugt wird. Zum Mittel des Fettabsaugens greift vor allem – aber durchaus nicht ausschließlich – das weibliche Geschlecht in dem Wunsch, seinem Po Idealmaße zu verleihen. Egal, ob man sich für eine Verkleinerung des ganzen Hinterns oder lediglich für die Bearbeitung einzelner Problemzonen entscheidet, die Herausforderung bei der Anwendung dieser Methode liegt in jedem Fall darin, trotz Reduzierung des Volumens die Rundung des Gesäßes zu erhalten. Während sich so Abhilfe schaffen läßt bei allzu ausladenden, unter übermäßigem Fett leidenden Gesäßen, ist bei zu flachen oder unförmig weichen Hintern ein anderes Mittel angezeigt. Hier bedient man sich des prothetischen Aufbaus des Gesäßes mittels Silikon, der allerdings Narben hinterläßt, oder der Fettinjektion – ein Verfahren, das unweigerlich Rossinis Methode zur Füllung der Makkaroni mit Gänseleberpastete in Erinnerung ruft und von Dr. Pierre Fournier als »Gesäß-Lifting« bezeichnet wird. Das in das Gewebe injizierte Fett stammt selbstverständlich vom Patienten selbst. Einziger Nachteil dieser Methode: Das Fett schmilzt mit der Zeit, so daß auf lange Sicht nur etwa 25 Prozent der weichen Masse an Ort und Stelle verbleiben. Um die erwünschten Rundungen zu erhalten, müssen die Gesäßbacken also etwa alle zwei bis drei Jahre aufs neue vollgepumpt werden.

    Die Behandlung eines Hinterns durch das Messer des Chirurgen birgt allerdings nicht unbeträchtliche Risiken. Vor allem Silikonimplantate verhalten sich äußerst unberechenbar, und es gibt Frauen, die beim Hinsetzen feststellen mußten, daß sich ihre neuen Pobacken in Richtung Oberschenkel verabschiedeten. Anstelle eines ästhetisch gerundeten Hinterteils hatten sie plötzlich gänzlich unattraktive Reithosen. Die korrekte medizinische Umschreibung dieses Phänomens lautet »Silikon-Migration«, mit einfachen Worten könnte man es allerdings auch als »Abwandern des Hinterns« bezeichnen. Das Resultat ist in jedem Falle höchst unerfreulich, da die Form des Gesäßes zwar erhalten bleibt, sich die Pobacken aber nicht dort befinden, wo man sie erwartet. Das Risiko dieser unerwünschten Begleiterscheinungen gehen die Japanerinnen gar nicht erst ein. Die asiatischen Damen, die von Natur aus eine eher röhrenförmige Figur haben, polstern neben ihren Büstenhaltern auch die Schlüpfer mit Schaumstoff aus, was ihnen zusätzlich die Illusion verschafft, sie könnten sich Busen und Po jeden Morgen anziehen.

Die künstliche Aufpolsterung – gleich, ob sie nun von innen oder von außen vorgenommen wird – ermöglicht es dem Hintern, sich auch noch spät im Leben zu entwickeln, was beweist, daß in unserem Körper nicht nur nicht alles gleichzeitig stirbt, sondern auch nicht alles gleichzeitig geboren wird. Im Gegensatz zu anderen Teilen des Körpers – wie dem Herzen oder den Nieren – läßt sich das Gesäß allerdings nach dem Tod des Menschen nicht konservieren, um in einen anderen Körper verpflanzt zu werden. Unser Hintern gehört uns und nur uns. Er ist einzigartig, ein treuer Gefährte. Selbstverständlich ist er dem Alterungsprozeß unterworfen, doch wer wird sich über die kleinen Fehler seines Hinterns beklagen angesichts des gelehrigen und verständigen Charakters dieses Körperteils, der sich noch dazu auf das Angenehmste als äußerst anpassungsfähig erweist?

»Ich liebe alles Runde«

»Alle Formen des menschlichen Körpers sind konvex«, bemerkte Matisse einmal seinem Schüler Dubreuil gegenüber. »Man wird an ihm nicht eine einzige konkave Linie finden.« Eine Einschätzung, die ein wenig vorschnell erscheint, läßt Matisse doch, wie Gilbert Lascault in seinem Buch *Boucles & Nœuds* (Kurven & Bögen) bemerkt, die Achselhöhlen, Grübchen, Ohren, die Spalte des weiblichen Sexualorgans, den Schwung der Taille und anderes mehr außer acht. Ebenfalls unberücksichtigt bleibt die Tatsache, daß eine vollkommene Rundung des Gesäßes erst durch den konkaven Schwung der unteren Wirbelsäule möglich wird. Die Linie der Pobacken selbst zeichnet die Form zweier umgekehrter Bögen nach: Je stärker ausgeprägt die Kurve des Rückgrats ist, desto runder tritt der Hintern hervor. Und, wie bereits Corneille feststellte, »das Begehren steigt mit dem Zurückweichen der Fakten«. Kurz, der Mensch glaubt an die befriedigende Natur der konvexen Linie, und er sucht sie überall zu finden. Doch was er vor allem in der konvexen Linie sucht, ist die Frau.

Deshalb muß man ein mathematisches Genie sein, um in den Umrissen des Gesäßes das Äquivalent eines Gemäldes von Mondrian zu erkennen. Betrachten wir daher zunächst eine unerwartet geometrische Definition des Gesäßes: »Der Teil des Rückens, der sich, wenn ein Mensch steht, zwischen zwei imaginären, parallel zum Boden verlaufenden Linien befindet, wobei die erste oder obere dieser Linien in Höhe des oberen Endpunktes der Trennlinie verläuft, die die beiden Fleischmassen (also die Ausbauchungen, die durch die von der Rückseite der Hüfte bis zur Rückseite der

Schenkel führenden Muskeln geformt werden) teilt. Die zweite oder untere Linie verläuft in Höhe des niedrigsten sichtbaren Punktes dieser Trennlinie beziehungsweise entlang dem Punkt auf der von den Fleischmassen beschriebenen Kurve, der dem Boden am nächsten ist. Zwei Linien, die links und rechts des Körpers zu denken sind, bilden die seitlichen Begrenzungen. Das Gesäß wird also gleichsam eingerahmt von diesen senkrechten und den oben beschriebenen waagerechten Linien, wobei besagte senkrechte Linien bis zu dem Punkt zu ziehen sind, an dem jede der beiden Fleischmassen sich mit der Außenseite der Schenkel vereint.« Einige besonders humorvolle Geister haben sogar guten Glaubens die Ansicht vertreten, daß sich aus den Gesäßen weiblicher Filmstars bestimmte Schlußfolgerungen ziehen ließen, die im wesentlichen auf nicht mehr als den folgenden drei Grundmustern basieren: Quadrat, horizontales Rechteck und vertikales Rechteck. Das Quadrat, Begrenzung des vollkommenen Kreises, ist der klassischen Schönheit vorbehalten (Louise Brooks, Marilyn Monroe); das vertikale Rechteck umreißt Gesäße, deren Form an einen Kürbis oder ein Hörnchen erinnern, ganz hervorragende Hintern, obgleich sie leicht dazu neigen, zu schwer zu werden (Mae West, Jayne Mansfield, Jeanne Moreau, Béatrice Dalle); und schließlich, als bei weitem seltenste Form, das horizontale Rechteck, das vor allem die Pos sehr junger Mädchen oder die knabenhaften Hintern eines bestimmten sportlichen Frauentyps charakterisiert (Brigitte Bardot, Juliette Binoche).

Wir ziehen es vor, uns an eine zweifellos altmodischere, dafür aber um so geläufigere Vorstellung von den Kurven des Gesäßes zu halten, »mal angespannt, mal entspannt, den Saiten der Lyra und des Bogens gleichend«, wie sie sich bereits bei Heraklit findet. Wenn der Po vor allem über seine Rundungen definiert wird, dann deshalb, weil dies der Ästhetik des Barock mit seiner Vorliebe für Wolken und Girlanden, Muscheln, Kuppeln und Schnecken entspricht. Die Heiligenfiguren auf einigen schwäbischen Altären, die von einer unwiderstehlichen Freude erfaßt sind, von einer Art bebendem Jubel davongetragen zu werden scheinen, haben eine unverkennbare Ähnlichkeit mit sich wiegenden Gesäßbacken. Und wenn seit Raffaels *Das Urteil des Paris* die Darstellung weiblicher Nacktheit in der Malerei dominiert, dann wohl vor allem deshalb, weil der Körper der Frau eine elliptische, kreis- oder wellenförmige Linienführung begünstigt (und weniger, weil die Maler sich in jedem Falle zum weiblichen Geschlecht hingezogen fühlten). Überdies, vereinigt nicht das Gesäß all das in sich, was am weiblichen Körper geschwungen und rund ist: Haarlocken, Wangen, Vulva, Augen oder Nägel? Ist es nicht die ideale Metapher für einen von den Hälften einer Muschel umfangenen Körper wie die Mollusken der Lamellibranchiata und zugleich dessen Hyperbel, indem es sich in üppigem Überfluß präsentiert?

»... E, Weiß von Dämpfen und von Zelten, / Speer stolzer, weißer Gletscherkönige, Rausch von Dolden ...« Rimbauds Gedicht *Vokale* erschien Robert Faurisson, besser bekannt durch seine revisionistischen Thesen, derart unverständlich, daß er 1961 in der Zeitschrift *Bizarre* eine erotische Interpretation vorschlug. Für ihn sind die Formen der Vokale Ausdruck bestimmter weiblicher Attribute, und ihre Beschwörung sollte in coïtu stattfinden, vom Ausgangspunkt bis zur Ekstase, vom Beginn des Gedichts bis zu seiner Klimax. Im Hinblick auf den Buchstaben »E«, der Faurisson zufolge als griechisches Epsilon geschrieben werden sollte, bemerkt er: »Brüste, weiß und flüchtig wie Nebel, die langsam anschwellen, um sich dann stolz vorzurecken und schließlich majestätisch zu herrschen, während die Brustwarzen vor Hochmut und Vergnügen erzittern.« Auf diese kühne Analyse – denn schließlich gründete Rimbauds Kenntnis der Materie ausschließlich auf Lektüre – reagierte ein Leser von *Le Monde* mit einer uranistischen Version des Gedichts, also einem Blason auf den männlichen Körper. Für ihn war das »E« nicht mehr und nicht weniger als das »fröhliche Gesäß«, das Verlaine in der geläuterten und göttlichen Form desselben Epsilon beschrieb.

Zur Untermauerung dieser Interpretation, die so dumm nicht ist, braucht man sich nur eine Zeichnung von Matisse aus dem Jahr 1933 anzusehen, die den Titel *Sinuosité* trägt. Der Po der Frau

Pablo Picasso, *Faun, der eine Nymphe aufdeckt* (1930–36)

auf diesem Bild ist nur noch eine Linie, ein bloßes Vibrieren, die Spur, die er in der Atmosphäre hinterläßt. Nur am Rande sei an dieser Stelle bemerkt, daß Desmond Morris irrt, wenn er behauptet, das universale Symbol der Liebe, das stilisierte Herz, sei durch die Umrisse des Gesäßes inspiriert, »des Gesäßes einer Frau, von hinten gesehen«. Zwar ist es richtig, daß im Jargon der Zuhälter des letzten Jahrhunderts das Wort »As« auch für Hintern stehen konnte, doch bezog man sich damit nicht auf das Herz-As, sondern auf die höchste Spielkarte der Farben Pik oder Kreuz Wie dem auch sei, kommen wir noch einmal auf den epsilonförmigen Hintern zurück und lenken unsere Aufmerksamkeit auf eine Pose, die häufig in der modernen Malerei anzutreffen ist, nämlich die einer auf der Seite liegenden Frau, das Gesicht dem Betrachter zugewandt, die Beine in einem Winkel von 45 Grad angezogen, so daß man beide Gesäßbacken sieht, die wie in zwei Etagen übereinanderliegen und die Schamspalte erahnen lassen. So zum Beispiel in Picassos *Faun, der eine Nymphe aufdeckt* (1930–1936). Diese Pose bietet fraglos ein äußerst befriedigendes Erlebnis für das Auge, das mit einem einzigen Blick die Frau in ihrer Gesamtheit erfassen kann: das Gesicht, die Brüste, die Vulva, die kugelförmige, gigantische Masse des Hinterns und die Füße. Darüber hinaus offenbart diese Pose eine Körperpartie, die sonst nur selten zu sehen ist, die Hüfte (als Beispiel mag das 1866 entstandene Gemälde *Die beiden Freunde* von Courbet dienen). Wir haben es hier also mit einer Situation zu tun, die mit dem Übermaß spielt. Aber ein Übermaß des Fleisches ist immer schmeichelhaft.

Zur Geltung kommt die Rundung des Gesäßes jedoch vor allem in der Bewegung. In jenem bebenden Tanz, jener schwungvollen Wellenbewegung, jener eigenartigen Sinuskurve, die den weiblichen Körper wie ein geschwungenes »S« aussehen läßt. Alfred Delvau stellt in seinem 1864 erschienenen *Dictionnaire érotique* fest, daß Frauen die Bewegung des Gesäßes bewußt einsetzen, um die Männer zu reizen. Und Balzac spricht von dem »lasziven Winden« ihrer Hintern. Etwas poetischer behauptet Léo Ferré, »dein Po gibt Aufschluß über deinen Stil«. Als besonders reich auf diesem Gebiet erweist sich der Wortschatz der Umgangssprache, wird doch diese signifikante Aktivität geradezu als Charakteristikum des Weiblichen betrachtet. Mit dem Hintern wackeln, die Pobacken schwenken, Quirlarsch ... – endlos ist die Liste der Begriffe, mit der man eine *tortillette*, also »ein Dämchen, das beim Gehen mit dem Hintern wackelt«, beschreiben könnte. »Sie steuert«, wie Marcel Aymé so treffend resümierte, »einen Zickzackkurs, der nicht unangenehm ist.« Und wenn Rimbaud ohne Umschweife auf das weibliche Gesäß zu sprechen kommt, kehrt er unweigerlich immer wieder zu den besessenen Bewegungen des Beckens zurück. So gesehen sind die Hinterteile Rimbauds wesentlich ordinärer als die von Verlaine beschriebenen, sie hüpfen und flattern. Man sehe sich nur an, was er zum Beispiel 1870 in *Un cœur sous une soutane* (Ein Herz unter einer Soutane) über das Gesäß von Thimothina Labinette schrieb: »... ich sah deine Schulterblätter, die hervorstehend dein Kleid hoben, und war von Liebe durchbohrt angesichts des anmutigen Schwingens der beiden Bögen, in die dein Rücken ausläuft.«

Wie läßt sich diese schaukelnde Bewegung genauer bestimmen? Auf jeden Fall ist sie weder mit dem Hüpfen der Brüste zu vergleichen noch mit jenen hysterischen kleinen Bewegungen, die Tauben machen, wenn sie den Hals vorstrecken und mit dem Schnabel ins Leere picken. Vielmehr ist es ein Wiegen, das von links nach rechts und von rechts nach links geht, vergleichbar der Bewegung, die die Augen, aber auch die Hoden vollziehen können. Letztere sehen übrigens, wenn sie zusammengedrückt werden, wie kleine, zerknitterte Gesäßbacken aus, die sich hin- und herbewegen, was wohl jeden, der zum ersten Mal Zeuge dieses Phänomens wird, in Erstaunen versetzt. Das Wiegen des Hinterns überträgt sich auf den gesamten Körper, und zwar in einem solchen Maße, daß jede Frau, deren Sexappeal vor allem von den Pobacken ausgeht, allemal Aufsehen erregt. Als Beispiel sei Mae West genannt, die mit ihren Hüften und Brüsten allerdings ein wenig übertrieb. Mae West, das war die Wiederkehr runder Formen, ein Geniestreich des weiblichen Gesäßes, die Herrlichkeit und Eitelkeit der S-förmigen Frau. Vom Korsett bis zur Feder an ihrem Hut, von den Stiefeln bis zum Dekolleté war sie ein einziges riesiges Sexualorgan.

Marilyn Monroe dagegen hatte sich den horizontalen oder »Kugellagergang« angeeignet, der sich angeblich der Tatsache verdankte, daß sie grundsätzlich extrem hochhackige Schuhe trug, bei denen ein Absatz immer ein paar Millimeter kürzer war als der andere. Selbstverständlich waren diesem Gang auch Kleider förderlich, die eigentlich eine Nummer zu klein waren, tiefe Rückendekolletés hatten und ihr buchstäblich auf den Leib geschneidert werden mußten, weil der Stoff dünn und transparent war wie die Schale einer Frucht. Es war eben diese Art Kleider, die die Hälfte der Frauen, die Monroes Filme sahen, in Rage brachte. Wie eine sie bewundernde Rivalin in dem Film *Niagara* so treffend feststellte: »Um so ein Kleid tragen zu können, muß man schon mit dreizehn anfangen, darüber nachzudenken.« Paradoxerweise hat man die Monroe – mit Ausnahme einiger Aufnahmen im Bikini in *Nicht Gesellschaftsfähig* (1961) und des mitternächtlichen Bades in dem nicht mehr fertiggestellten Film *Something's Got to Give* (1962) von George Cukor – nie nackt gesehen. Das Kino hat zwar jeden Teil ihres Körpers in Szene gesetzt, vor allem ihre Brüste, Hüften, den Bauch und den Po, sie aber nie ausgezogen. Man hat das Geheimnis dieser idealen Erscheinung zu ergründen gesucht, indem man die Maße der Schauspielerin – 92/57/85 – nach den Regeln der Kabbala reduzierte, und ist so auf die Zahlenreihe 2-3-4 gekommen. Weiter ergab die Subtraktion des Brustumfangs von der Körpergröße 70, eine vollkommene Zahl, die sich aus der Sieben – Anzahl der Wochentage, der Spektralfarben und der Heerführer gegen Theben – und der Zehn – Summe des magischen Tetraeders – zusammensetzt. Die Sieben wäre demnach also die goldene Zahl des Gesäßes. Andere hingegen haben dieses Ergebnis für falsch erklärt und dem entgegengehalten, Marilyns magische Zahl sei vielmehr die Neun gewesen, »die Zahl der Vollkommenheit, der man nichts hinzufügen kann, ohne ins Leere zurückzufallen«. Aber selbstverständlich verdankte sich die Vollkommenheit ihrer Gestalt nicht in erster Linie der Vollkommenheit ihres Gesäßes, sondern dessen harmonischen Proportionen im Verhältnis zu der Gesamterscheinung der Schauspielerin.

Im Gegensatz dazu, schreibt der Filmwissenschaftler Alain Fleischer, kann die Karriere von Brigitte Bardot als eine – in der Tat äußerst vollständige – Serie von Striptease-Szenen gesehen werden, die sich über einen Zeitraum von drei Jahrzehnten erstreckt. Keine Frage, am Anfang dieser Szenenfolge stand ihr Po. In *Gier nach Liebe* (1956) zieht sich die junge, von ihrem impotenten Mann verlassene Frau vor dem Fenster aus. Man sieht ihren Hintern im Gegenlicht, wegen der Nacht suggerierenden Ausleuchtung jedoch nur undeutlich und nicht im Profil. Im selben Jahr drehte Brigitte Bardot *Und Gott erschuf das Weib* ... Der Film hatte kaum begonnen, und schon konnten die Pobacken der Schauspielerin der Versuchung eines Sonnenbades nicht widerstehen, vor Blicken geschützt durch Wäsche, die auf dem Balkon zum Trocknen aufgehängt ist. Zum ersten Mal kreierte Bardot hier das Image eines optimistischen Hinterns, der sich, frei von Scham und allen Tabus, seines Sexappeals nicht bewußt ist. »Ich bin nicht unzüchtig«, sagte sie, »sondern natürlich.« 1958 folgte dann *Mit den Waffen einer Frau*. Bardot, noch immer nur von hinten zu sehen, jetzt aber gut ausgeleuchtet, zieht ihr Kleid hoch und präsentiert sich ihrem Anwalt (Jean Gabin), der allerdings, die Hände in den Taschen seines Zweireihers, recht phlegmatisch bleibt, um ihr dann eine schallende Ohrfeige zu versetzen. Damit war ein Maßstab gesetzt, den zu übertreffen schwierig sein würde. Sie tanzte, wiederum nackt, zur Melodie eines Mambos in *Die Wahrheit* (1960); es folgte in *Die Verachtung* (1969) die berühmte Anfangsszene auf dem Bett, in der Camille beharrlich immer wieder fragt, ob ihr Po nicht hübsch sei. Man weiß, daß Godard diese Szene auf ausdrücklichen Wunsch der Produzenten drehte. Und daß er sie an den Anfang des Films setzte, als ob er sie so schnell wie möglich hinter sich bringen wollte. Wie dem auch sei, den Hintern der Bardot, der perfekt dem Standard der »qualité française« entsprach, kannte man bereits auf der ganzen Welt. Frech, schmollend, animalisch, wie er war, verdrehte er zu jener Zeit allen jungen Leuten den Kopf, für die er zu den Meisterleistungen der Schöpfung zählte.

»Ich liebe alles Runde«, sagte die Künstlerin Niki de Saint Phalle. »Ich liebe Rundungen, Kurven, Wellenbewegungen. Die Welt ist rund, die Welt ist eine Brust.« Auch Dalí hatte eine Vorliebe für runde Dinge, allerdings mit etwas anderem Akzent. »Von allen Schönheiten des menschlichen Körpers«, schrieb er, »machen die Hoden den größten Eindruck auf mich. Bei ihrem Anblick überkommt mich ein metaphysischer Enthusiasmus. Mein Lehrer Pujol nannte sie das Sammelbecken der noch nicht empfangenen Wesen. Daher evozieren sie für mich die unsichtbare und unbestechliche himmlische Gegenwart. Herabhängende Hoden dagegen hasse ich, sie erinnern mich an Bettler. Ich mag es, wenn sie sauber, kompakt, rund und hart wie eine Muschel sind.« All dies deutet darauf hin, daß Brüste, Hoden und Pobacken die Vollendung des Runden darstellen, da sie den Kurven und gespannten Bögen Volumen, das heißt Quantität verleihen. In diesem Sinne bleibt die abendländische Kultur dem Parmenides treu, der das Universum mit einer unfehlbaren Sphäre gleichsetzte, einer »harmonisch runden Sphäre«, die Orpheus seinerseits ein »Ei von strahlender Weiße« nannte. Die konvexe Ausformung des Gesäßes, seine Masse wie sein beklemmendes Gleichgewicht, das an einen über dem Abgrund balancierenden Felsen erinnert, lassen es in der Tat beinahe unerreichbar und zugleich nah erscheinen, dem Himmelsgewölbe vergleichbar. Mit dem einen Unterschied allerdings, daß sich die himmlische Sphäre des Hinterns entlang einer Spalte, einem Riß, einer geheimen Wunde öffnet. In dieser paradoxen Verbindung eines Abgrunds mit einem Gewölbe liegt sein ganzes Geheimnis.

Kurz, der Hintern bereitet Vergnügen. Seine Wölbung hat etwas Fröhliches. Vor allem für schwierige, schwermütige Charaktere. Er tröstet, ermutigt und macht Lust, an die Zukunft zu glauben. »Satt zu werden«, das heißt, sich satt zu sehen, mit beiden Händen den Überfluß zu spüren, bewirkt ein süßes Gefühl der Euphorie. Was mit Sicherheit erklärt, warum seit etwa einem Jahrzehnt das Design von Alltagsgegenständen immer wieder an die Formen des Gesäßes erinnert und damit Glätte und angenehme Rundungen miteinander verbindet. Roland Topor faßte 1979 den Stil dieser Epoche in dem Slogan zusammen: »Es ist glatt, es ist weich, es ist schön.« Und er fügte hinzu, daß das Glatte »seinen transzendenten ästhetischen Wert darüber erhält, daß es – wie Dalí von seinem Rhinozeroshorn sagte – mit der Vorstellung der Penetration verbunden wird.« Das Glatte gefällt also, weil es das Eindringen begünstigt. Unter der Bedingung allerdings, daß es nicht zu länglich oder spitz ist. Nein, das Glatte hat rund oder allenfalls oval zu sein, um einen Schock oder unheilbare Zerstörung zu vermeiden. Und in der Tat, das Runde begegnet uns heute überall. In städtischen Plätzen, die Champignons gleichen, kugelförmigen Staubsaugern oder Karosserien, die an Seifenkugeln erinnern. Das Runde läßt uns glauben, die Welt könne abgearbeitet werden wie ein Kieselstein oder eingesogen wie ein Bonbon. Diese fließenden Formen haben sogar zur Erfindung des Wonderbra geführt, der die Brüste anhebt und so noch weiter von den Füßen entfernt. Das Dekolleté der Frau wird auf diese Weise ihrem Gesäß ähnlich. Dieser elastische Überzug, der die gummiartigen Formen bis zur Grenze ihrer Möglichkeiten anhebt, ließe sich ohne weiteres als pneumatisch bezeichnen. Doch die Erschaffung von Frauen mit vier Pobacken kann den wahren Liebhaber des Hinterns nur erfreuen, denn von jetzt an läßt sich eine Frau mit der gleichen Befriedigung auch von vorne betrachten, was wir der technisch gelungenen Kombination von Drahtbügeln und Schaumstoffpolstern zu verdanken haben.

Das Pferd als
Ideal des Menschen

Haben Tiere ein Gesäß? Oder, anders gesagt, läßt sich im Zusammenhang mit dem Hinterteil bestimmter Tierarten von einem Gesäß sprechen? In den Wörterbüchern herrscht über diese Frage heillose Verwirrung. Dort ist die Rede von der »Kruppe«, dem »Kreuz« oder dem »Hinterteil«, doch wie verhält es sich mit dem Gesäß? Werfen wir einen Blick auf Georges Buffons Definition des Begriffs in seiner *Naturgeschichte der Tiere* (1749–1789): »Das Gesäß, das den untersten Teil des Rumpfes bildet, tritt nur bei der menschlichen Spezies auf; keines der zu den Vierfüßlern zählenden Tiere verfügt über ein Gesäß, denn was man dafür ansieht, sind die Oberschenkel.« Das scheint eindeutig, ist es aber nicht. Denn dem Lexikographen Antoine Furetière (1690) zufolge spricht man bei Pferden durchaus auch von einem Hinterteil, dagegen nicht bei Rindern (bei denen der entsprechende Körperteil Lende oder Kruppe heißt), Schafen (Keule) oder Schweinen (Schinken). Und wer dächte je daran, ein Hinterteil mit einem Schinken zu verwechseln, welch letzterer, wie Madame de Sévigné am 31. August 1689 berichtet, in große, dünne Scheiben geschnitten, dem seligen Monsieur de Rennes als Lesezeichen in seinem Brevier derart gute Dienste leistete, daß »sein Gesicht die ganze Kirche erleuchtete«.

Für Littré und sein *Dictionnaire de la langue française* (1863 bis 1872) besitzen nur der Mensch und der Affe ein Gesäß, was nicht gerade zur Aufhebung der Verwirrung beiträgt. Und Pierre Larousse (*Grand dictionnaire universel du XIXe siècle*, 1866–1876) geht ganz selbstverständlich davon aus, daß auch ein Pferd oder ein Ochse über ein Gesäß verfügt; abgesehen davon gründe die Schönheit eines tierischen Gesäßes in seiner Länge, seiner voluminösen Ausprägung und der Festigkeit seiner Muskeln. »Man spricht daher davon, ein Pferd habe kräftige Beine, ein gut entwickeltes, volles Gesäß.« Nun stellt sich die Frage, warum Pferde über derart opulente Hinterteile verfügen, da sie nur äußerst selten eine aufrechte Position einnehmen. Auch heute bleibt uns dieses Thema noch weitgehend unerschlossen, doch soviel scheint klar: Das Gesäß besitzt einen Hang zum Ökumenischen – ihm haftet kein Tabu mehr an. Man findet es beim Affen wieder, bei der Sau, der Kuh und sogar der Hündin. So preist Colette in *La Maison de Claudine* (Claudines Haus, 1922) die glückliche Gestalt der aus Brabant stammenden Pati-Pati als »breit im Kreuz, mit gut entwickeltem Gesäß und einem Brustkorb wie ein Portikus«, einem kleinen Meerschweinchen nicht unähnlich.

Doch es hat wenig Sinn, derart beharrlich nach dem Gesäß der Tiere zu suchen, hat man sich doch seit dem 11. Jahrhundert darauf geeinigt, ihnen (allen voran Pferden, Ponys und Lamas) eine »Kruppe« zuzugestehen, das heißt ein Hinterteil in Form eines Kropfes, Buckels oder Wanstes, was ohne Zweifel nicht sonderlich schmeichelhaft ist. Ein Jahrhundert später begann man dann, diesen Begriff spöttisch auf Hintern anzuwenden, die sich durch besonders voluminöse Ausmaße auszeichnen, bevor er, durchaus in erotischem Sinne, schließlich um 1690 zum Synonym für das weibliche Gesäß überhaupt wurde, zweifellos, um damit auf die animalische Natur von Frauen hinzuweisen. Allerdings ist hier eine Differenzierung vonnöten. »Man wird feststellen«, schreibt Marcel Aymé in *Travelingue* (1941), »daß das Wort Kruppe kaum anders als im Zusammenhang mit Frauen und Tieren verwendet wird. Man spricht vom Hinterteil einer Frau wie vom Hinterteil einer Stute. Kurz, der Körper einer Frau stellt in gewisser Weise so etwas wie den Übergang vom Körper des Mannes zu dem des Tieres dar.« Halten wir an diesem Punkt einen Moment inne, und führen wir uns vor Augen, daß in den bäuerlich strukturierten Gesellschaften der Vergangenheit nicht allein die Gesundheit, sondern auch die Schönheit einer Frau nach der Größe und dem Ausmaß ihres Gesäßes bemessen wurde. Ein schwindsüchtiger, magerer Po galt als ebensowenig wünschenswert wie ein hängendes oder allzu knochiges Hinterteil. Schwer und rund sollte der Hintern sein, um die Umarmung des Mannes auszufüllen, kurz, man zog Frauen vor, »deren Rundungen etwas Weiches« an sich hatten. Der Curé de Claquebue in Marcel Aymés *Die grüne Stute* (1933) glaubte sogar, daß »der Teufel an diesem fleischigen Ort keine Zuflucht findet«, womit er zweifellos einem Irrtum erlegen war. Denn schon der heilige Hieronymus wußte, daß »die Macht Satans in den Lenden wohnt«. Weniger gewagte Formen der Zärtlichkeit, nämlich leichte Schläge auf den Hintern oder Verzückung beim Anblick desselben, wurden von der Kirche dennoch qua Absolution autorisiert. Denn schließlich war allein Gott dafür verantwortlich zu machen, wenn sich angesichts eines weiblichen Gesäßes unreine Gedanken in den Kopf des Mannes stahlen.

In Ermangelung von weiblichen Hintern kann man sich immer noch mit anderen Gesäßen behelfen, die den ihren zum Verwechseln ähneln. So verfährt zum Beispiel Sartre in *Wege der Freiheit*, wenn er *en detail* den Hintern jedes kleinen Strichjungen, aber auch die Hinterteile unbescholtener Knaben im Alter von 18 bis 20 Jahren beschreibt, die sich Daniel nähern. In *Der Pfahl im Fleische* erwähnt er einen jungen Mann namens Philippe, dem er in den Tuilerien begegnet ist, und vermittelt uns ein Bild von dessen runden, beinahe femininen Schultern, schmalen Hüften und seinem festen, rund hervortretenden Gesäß. Und in *Zeit der Reife* schließlich findet sich die Beschreibung eines Straßenjungen, der auf einer Kirmes am Boulevard Sébastopol auf Freier wartet. Dessen Hintern ist feist, die Wangen sind rund wie die eines Bauernjungen, zugleich aber von grauer Hautfarbe, verdunkelt durch die Andeutung eines Bartflaums: »Weiberfleisch, dachte er, wird wie Brotteig geknetet.«

Doch der prächtigste weibische Hintern gehört ohne Frage Palamède de Guermantes, Baron de Charlus. Marcel Proust beschreibt ihn als eine einzige »Wellenbewegung reiner Materie«. Ein an ein Wunder grenzendes Kunstwerk von einem Gesäß. Charlus hat den Hintern einer Frau, und das ist es, was ihn schließlich verrät. In *Sodom und Gomorra* hatte Jupien vor dem Laden des Schneiders zwar bereits einige wenig schmeichelhafte Bemerkungen gemacht, aber erst als Charlus die Sechzig überschritten hat, nimmt sein Gesäß wahrhaft monströse Ausmaße an, und mit Erstaunen sehen die Leute diese »tittenbewehrte Brust«, diesen »prallen Hintern« an einem Körper, der sich ganz dem Laster ergeben hat. Genau zu dieser Zeit beginnt Monsieur de Charlus dann auch, seiner Schwester, Madame de Marsantes, immer ähnlicher zu werden und sich für die Sarah Bernhardt der Bordelle zu halten. Eine derartige Metamorphose eines Hinterns ist mit Sicherheit einzigartig in der französischen Literatur.

Wenden wir uns dem Kuriosum eines weithin mißverstandenen Gesäßes zu, nämlich dem der Schlange, wobei unklar bleibt, worum es sich dabei im eigentlichen Sinne handelt. Doch auf das Bild, das sich im IX. Buch von Miltons *Verlorenem Paradies* und auch in Racines *Phädra* findet, wo Hyppolyte gegen ein wütendes Ungeheuer kämpft, dessen »Kruppe sich schlängelnd windet« (V, 6), trifft man bereits in der *Äneis* des Vergil (Buch II, 208). Es sind eben diese Details, die die Phantasie des Schülers beflügeln und ihn zu unzüchtigen Gedanken verführen.

Hüten wir uns auf jeden Fall davor, die Kruppe mit dem Bürzel zu verwechseln, jenem auch »Pfaffenschnittchen« genannten Körperteil des Geflügels, der zu den zartesten gehört, von Ignoranten jedoch häufig mit Verachtung gestraft wird. Der Bürzel, an dem die Schwanzfedern befestigt sind, stellt das Ende, die Spitze des Körpers eines Vogels dar. Sein knöchernes Gerüst bilden die untersten Wirbel, auch »heilige Wirbel« genannt, folglich der Tempel des Vogels. Was das Steißbein angeht, so besteht es aus kaum mehr als einem kleinen, dreieckigen Knochen, dem Schnabel eines Kuckucks nicht unähnlich, worauf auch die aus dem Griechischen stammende medizinische Bezeichnung *Os coccygis* hinweist. So gesehen ist das Steißbein gleichsam der Vordersteven der Kruppe, ihr ultimates Gerüst. Jenseits davon herrscht das Nichts.

Eine wichtige Frage bleibt: Wenn es einerseits möglich ist, ohne große Schwierigkeiten die Kruppe einer Kuh vom Gesäß eines

Menschen zu unterscheiden, so wird man andererseits wissen wollen, nach welchen genauen Kriterien sich das weibliche Gesäß bestimmen läßt. Der Psychologe Alfred Binet (1857–1911) machte die Beobachtung, daß beim Mann die Morphologie des Hinterns durch den Aufbau der Muskeln bestimmt ist, wohingegen bei der Frau die harmonische Verteilung der Fettzellen über die Ästhetik dieses Körperteils entscheidet. Der Grund dafür ist einfach: Der männliche Körper hat im Durchschnitt etwa 20.000 Fettzellen, der weibliche dagegen etwa doppelt soviel. Und während diese Zellen beim Mann so wichtige Organe wie das Herz oder die Leber umgeben, konzentrieren sie sich bei der Frau unter der Haut, und zwar vorrangig an den Hüften und Oberschenkeln. Auch wenn diese Fettansammlung zweifellos einige Nachteile mit sich bringt, hat sie doch den – weithin unbekannten – Vorteil, Frauen gegenüber kaltem Wasser unempfindlicher zu machen, ihrem Körper stärkeren Auftrieb zu geben und sie so zu behenderen Schwimmerinnen zu machen. Aus der geschlechtsspezifischen Fettverteilung, wie Desmond Morris, die Schlußfolgerung zu ziehen, die Bewegungen der Frau wirkten aufgrund ihres fleischigeren Hinterns und der kürzeren Beine »eher unbeholfen« und erinnerten damit an die einer Ente, ist keinesfalls zwingend.

Fassen wir zusammen: Zwischen männlichem und weiblichem Gesäß bestehen grundlegende, wenn auch nicht zwangsläufig zu bestimmten Präferenzen führende Unterschiede. Ersteres ist für gewöhnlich klein, schmal, fest und muskulös, letzteres breiter, ausladender und weicher. Welcher Ausprägung man den Vorzug gibt, ist eine Frage des Geschmacks. Der Überschuß an Fettgewebe bei der Frau wurde zuweilen als »ergänzende Notation« beschrieben, also in gewisser Weise dem Höcker des Kamels gleichgesetzt. Doch das Mehr an Fett hat zugleich eine stärkere Ausprägung der Rundungen sowie ein deutliches Schwingen des Gesäßes zur Folge, was von vielen als ein Pluspunkt angesehen wird. Allerdings nicht von dem Romancier Michel Tournier, der es als geradezu trostlos empfindet, sich zwischen einem weichen, ausladenden Gesäß und einem kleinen, festen Hintern entscheiden zu müssen. In der Kruppe der

Pferde scheint er jedoch einen glücklichen Ausweg aus diesem Dilemma gefunden zu haben: »Denn das Pferd bietet einem etwas Wundervolles: ein riesiges, festes Gesäß, ein Traum für jeden Liebhaber von Hintern.« Und er fährt fort: »Damit nicht genug, mit diesem ausladenden, festen Gesäß geht auch eine ideale Form der Defäkation einher, bewundernswert wegen der Leichtigkeit, mit der sie vonstatten geht, ihrer Plastizität und selbst ihres Geruchs. Pferdeäpfel gehören zum Schönsten, was es gibt.« Dieser Gedanke beschäftigte Tournier immer wieder. In *Der Erlkönig* greift er ihn erneut auf, dieses Mal im Zusammenhang mit einem riesigen schwarzen Wallach, »prall von Muskeln, haarig und dicksteißig wie ein Weib«, den er Blaubart nennt. Für Tournier stellt sich der Sachverhalt recht einfach dar: »In Wahrheit ist das Pferd eine Kruppe mit ergänzenden Organen daran«, was aus ihm das Genie der Defäkation beziehungsweise den »Analen Engel« macht. »Dem riesigen, schenkfreudigen Hinterteil des Pferdes pfropft der Reiter mit dickköpfiger Beharrlichkeit sein eigenes kleines, unergiebiges, kraftloses Hinterteil auf. Irgendwie hofft er, durch eine Art Ansteckung werde etwas von der Ausstrahlung des Analen Engels auch seine eigenen Exkremente mit Segen erfüllen.« Doch offensichtlich bedarf es der vollkommenen Vereinigung der Hinterteile von Pferd und Mensch, um sich jene Organe anzueignen, die eine Defäkation nach Art des Pferdes erlauben. Das erklärt, warum das Ideal des Menschen eigentlich der Zentaur ist. Denn es ist dessen Bild, »das uns den Menschen mit Fleisch und Blut in den Analen Engel hineinverschmolzen zeigt und bei dem das Hinterteil des Reiters eins ist mit dem des Tieres und voll Freude seine duftenden goldenen Äpfel formt«.

Eine ähnliche Bewunderung für die brutalen und machtvollen Auswüchse bei Menschen wie Pferden findet sich im Werk Michelangelos (so zum Beispiel in der *Bekehrung des Paulus*), doch es ist Théodore Géricault, einer der für die Kunst Michelangelos empfänglichsten französischen Maler, der den ausgeprägtesten Appetit auf Gesäße beweist. »Ich mag Männer mit breitem Hinterteil«, pflegte er zu sagen. Überflüssig, an die zahlreichen Männerhintern und Pferdekruppen zu erinnern, die seine Zeichnungen und Ge-

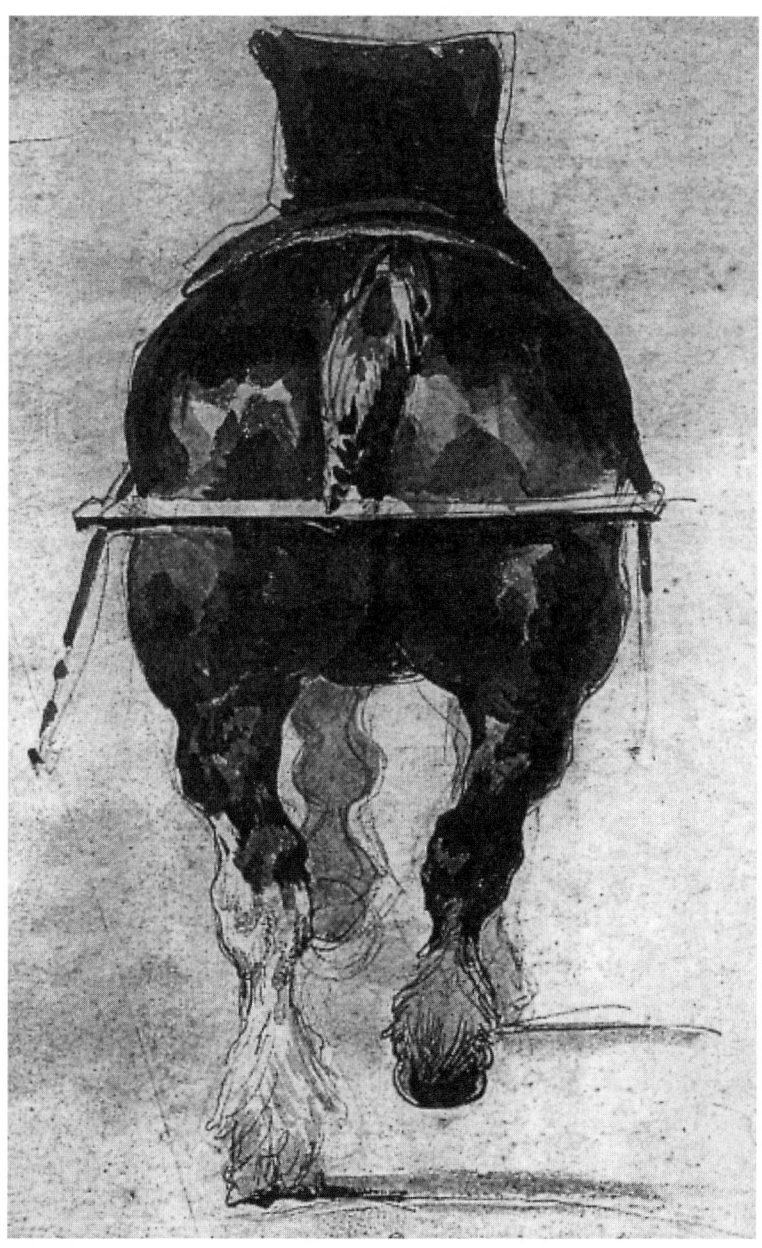

Théodore Géricault, *Die Kruppe*

mälde feiern, jene Hinterteile, die er in den königlichen Ställen von Versailles beobachtete (er ist ohne Zweifel der bedeutendste Maler von Pferden, den Frankreich je kannte). Man kann nicht umhin, die Ähnlichkeit zu bemerken, die bei Géricault zwischen Menschen und Pferden besteht – die gleiche physische Stärke, die gleiche skulpturale Modellierung, die gleiche Explosion der Energie, als hätten sich die Gesäßmuskeln von Pferd und Reiter gleichsam gegenseitig infiziert. Gewicht und Volumen enthüllen bei Géricault die Stärke der Gefühle. »Als passionierter Pferdekenner«, schreibt Lorenz Eitner in seinem Buch über den Maler (*Géricault*, 1991), »beherrscht er die Tiere vollkommen, und dennoch bleibt seine künstlerische Vorstellungskraft auf eigenartige Weise ihr Sklave.«

Die Menge der von Géricault gemalten und gezeichneten Hinterteile ist enorm: massige Pferdekruppen ohne Kopf (1813), Gesäße von Athleten, Trapezkünstlern und sogar – einigen wenigen – Frauen. Betrachtet man zum Beispiel seine *Verschlungenen Geliebten* (Jupiter und Alkmene), kommt man nicht umhin festzustellen, daß sich die Frau auf dem Bild buchstäblich verrenkt, um uns beinahe ihr komplettes Hinterteil zuzuwenden. Man sieht weder das Gesicht noch die Brüste, sondern vor allem ihr Gesäß und das aufgelöste Haar, wie die von Schönheit durchtränkte Kruppe einer Stute. Auf einigen Bildern werden menschliches Gesäß und Pferdekruppe in Positionen dargestellt, die keinen Zweifel über die Ähnlichkeit zwischen beiden lassen. So in *Reitender Chasseuroffizier im Angriff* (1812) und *Kniender Mann mit erhobener rechter Hand*: Mensch und Pferd sind nur von hinten zu sehen, die Männer auf beiden Gemälden haben die Beine gespreizt, der eine im Moment höchster körperlicher Anspannung, der andere kniend, und zwischen den Schenkeln die perfekte Darstellung des Anus, die Spalte, die die Gesäßbacken teilt, und die Genitalien. Kurz, diese nackten Herkulesfiguren strecken dem Betrachter ihre Gesäße beinahe genauso weit entgegen wie die Pferde. Das ist noch offensichtlicher bei den Bildern, auf denen Mensch und Pferd, wie so häufig bei Géricault, in einen erbitterten Kampf verwickelt sind. Es sind dies heroische Konfrontationen mit Pferden, aber auch Löwen, Stieren oder Tigern; turbulente Handgemenge mit sich aufbäumenden Pferden und verängstigten Pferdeknechten, wild gewordenen Pferden und Sklaven, die versuchen, sie wieder einzufangen, unbändigen Pferden, die gezähmt werden sollen: Die Gesäßmuskeln aller sind wie galvanisiert von der Anstrengung, konzentriert in einer beeindruckenden, wilden Masse.

Werfen wir einen Blick auf *Wilde Pferde im Galopp* oder *Pferd, das von Sklaven festgehalten wird* (1817): Einmal mehr geht es um Menschen, die versuchen, das wilde Temperament der Pferde zu zähmen, als wollten sie es in sich selbst aufsaugen oder von ihm aufgesogen werden. Einige der Zeichnungen Géricaults, wie *Zentaur entführt eine Nymphe* oder *Satyr und Nymphe*, zeigen behaarte Satyrn und Zentauren. Mit ineinander verschlungenen Leibern liefern sich die Kontrahenten einen wollüstigen Kampf, der eher an einen Tanz als an eine Entführung erinnert. In diesen Zeichnungen offenbart sich ein einzigartiger Moment des Glücks, der Géricault allem Anschein nach nicht noch einmal zuteil werden sollte, denn in seinen Gemälden zeigt sich diese Leidenschaft im Körper der Tiere immer als gespalten, gewalttätig und tragisch. Erst gegen Ende seines Lebens, als er sich in England aufhielt, entdeckte er noch einmal eine wie auch immer geartete Ruhe in den massigen, kräftigen Körpern der Zugpferde, jenen zugleich athletischen und proletarischen Mitgliedern der Spezies, als ob sich in ihnen die herrlichen Stuten aus den Ställen von Versailles mit den Menschen aus dem Volk, den Schlachtern, Abdeckern, Ringern und Fuhrleuten, die ihn faszinierten, verbänden. Doch für Géricault wie auch für Tournier bleibt das Pferd das Ideal des Menschen. Denn sein Leib, sein Fell, seine nervigen Muskeln, seine breite Kruppe sind wahrhaft *voll*. Was Géricault fasziniert, ist die Art und Weise, wie diese Kreatur das Licht zu reflektieren vermag, es in all seiner Herrlichkeit, in allen Nuancen einfängt und in sich aufnimmt. Vielleicht lag das Geheimnis Géricaults in seinem bis an die Grenzen des Wahnsinns gesteigerten Verlangen, dieses Vermögen des Tieres, die Sanftheit und wunderbare Passivität seines einzigartigen Hinterteils, in den menschlichen Körper zu transferieren.

Der Tanz ist der »Funke der Lust«

Der Tanz macht Schluß mit depressiven, gelangweilten oder mutlos in die Zukunft blickenden Hinterteilen. Denn der Tanz bewirkt im Gesäß so etwas wie ein Wunder: die Erschütterung. Es ist dies eine plötzliche Bewegung, die die Pobacken erzittern läßt und sie dazu bringt, zu zucken, seismische Erschütterungen wahrzunehmen. Die Erschütterung kommt einem Sturm im Innern des Hinterns gleich. Kurz, der Hintern gibt sich dem Glück hin, Hintern zu sein. Von den Mänaden der Antike bis zu Matisses *Der Tanz* (1910), die Gesäße wenden ihren aerodynamischen Rumpf in alle Richtungen, und – man darf es ruhig glauben – sie haben ihren Spaß dabei! Das Gefühl des Tanzes ist mit Sicherheit die süßeste, angenehmste Empfindung, derer sich der Hintern erfreuen kann, vibrierend und unwiderstehlich zugleich. Nur im Tanz wird er sich seines eigenen Hungers und des Hungers anderer bewußt, und nur im Tanz erfüllt ihn ein subtiler Kitzel, der ihn anschwellen läßt. Zuweilen könnte man glauben, er müßte Feuer fangen. Im Rhythmus des Tanzes wird der Hintern überdies noch verrückter, wilder, verzweifelter. Voll des schmerzhaften und zugleich lustvollen Aneinanderstoßens. Die Kirche begriff nur allzubald die Gefahren, die ein derartiger Aufruhr mit sich brachte, und beschloß daher 1212 auf einem Konzil in Paris, daß das Tanzen ein Verbrechen sei, schwerwiegender als das Bestellen des Feldes am Sonntag. Denn der Tanz ist »der Funke der Lust«.

Diese Erkenntnis war allerdings nicht neu, sondern hatte bereits in der hellenistischen Kunst des 1. vorchristlichen Jahrhunderts ihren Ausdruck gefunden. Auf Darstellungen dionysischer Feste springen Satyrn, Mänaden, Faune und Nereiden, während sie das Tamburin schlagen, durch die Luft, als wollten sie den Gesetzen der Schwerkraft entfliehen. Besonders eindrucksvoll sind die Mänaden, die, angetan mit fließenden Gewändern, wild die Köpfe zurückwerfen und eine Art Wellenbewegung schaffen, auf der ihre Körper zu treiben scheinen. Diese ungezügelte Energie erlaubte es dem Gesäß, sich in seiner bis zur Ekstase gesteigerten Rage weit nach hinten zu wölben. An den Wänden der *Villa der Geheimnisse* südlich von Pompeji entstanden ein Jahrhundert später Darstellungen von Hinterteilen in sehr intimen erotischen Zeremonien und eindeutigen Positionen, die den Zweck hatten, die Lust anzuregen und zu steigern. Auch hier handelt es sich um dionysische Riten, die sich unter dem gestrengen Blick einer majestätisch wirkenden Matrone, wahrscheinlich der Hausherrin, abspielen. Wir sehen eine kniende Frau, die gegeißelt wurde. Das Haar glänzt feucht von Schweiß. Daneben, mit dem Rücken zum Betrachter, dreht sich eine andere Frau, die vollkommen nackt ist, um sich selbst, während sie die Zimbel schlägt. Zweifellos eine Bacchantin, die bereits initiiert wurde. Die Füße nackt, das Haar zu einem Pferdeschwanz zusammengebunden. Ihr Hintern aber ist einfach phantastisch. Einer der schönsten Pos der Welt. Ein stürmischer, bebender Po. Sie tanzt, der Schleier wölbt sich wie ein Regenbogen um ihre Gestalt und wiederholt damit die Linie ihres Hinterns. Sie tanzt, und ihr Hintern scheint davonzufliegen. Eine einzige große Mondsichel.

Zur gleichen Zeit, berichtet Juvenal, war in Rom eine Unterhaltungskünstlerin sehr gefragt, die man vorzugsweise nach großen Banketten auftreten ließ: die Tänzerin aus Cádiz. Sie hatte kleine Füße und begleitete mit Kastagnetten ihre lasziven Zuckungen. Dabei stieß sie obszöne Schreie aus und bewegte ihren Unterkörper auf unnachahmliche Weise: Angefeuert vom Applaus, wand sie sich bäuchlings auf dem Boden und vollführte dabei mit dem Hintern eindeutige Bewegungen, bevor sie sich in Erwartung wollüstiger Übergriffe auf den Rücken legte. Und Juvenal war erzürnt. »Diese klappernden Kastagnetten«, schreibt er, »diese Worte, die

Henri Matisse – Illustration zu Stéphane Mallarmés *Poésies*

selbst die nackten Sklavenmädchen an den Eingängen zu den Bordellen mit Scham erfüllt hätten, diese obszönen Schreie, diese zur Kunst gesteigerte Genußsucht, all dies stellt die Zerstreuung derer dar, die mit ihrem Erbrochenen die lakedämonischen Mosaiken beflecken.«

Die spielerische Verbindung von Po und Zopf, wie sie vor allem in Indien zu finden ist, führt zu weitaus subtileren, in gewisser Weise sogar hypnotischen Effekten. Denn hier gleicht die heilige Tänzerin einer *apsara*, einer himmlischen Nymphe, die wie die heilige Kuh, der Paradiesbaum, der Elefant und der Mond, den Shiva im Haar trug, aus dem Schaum des Milchmeeres entstieg. Im Königreich Indras tanzten die *apsaras*, um die Götter zu unterhalten. Die hinduistische Bildhauerkunst zeigt sie mit extrem schmalen Taillen, die im starken Kontrast zu den runden, prallen Brüsten und den vollen Gesäßbacken stehen. Und selbst heute noch muß eine heilige Tänzerin, wenn ihr diese Attribute fehlen, zu künstlichen Polstern greifen, um ihr Hinterteil größer erscheinen zu lassen. »Der indische Tanz«, sagt Menaka de Mahadaya, »der die drei großen Rundungen der Frau betont (Schultern, Po und Schenkel), ist – anders als der arabische Tanz – keine Aufforderung zum Sex, sondern vielmehr eine Demonstration der persönlichen Entfaltung einer Frau, ihrer sinnlichen Aura.« Vor allem zwei Accessoires sind für diesen Tanz unabdingbar: die mit Glocken besetzten Bänder, die um die Fußgelenke gelegt werden (*kinkini* oder *ghunguru* genannt), und der Haarzopf, dessen Ende mit Pompons geschmückt ist und der im Takt zu den Bewegungen auf dem Rücken beziehungsweise Po aufschlagen muß, was jenes Wippen, jene lustigen kleinen Sprünge und Purzelbäume des Zopfes zur Folge hat, die offenbar eine beträchtliche erotische Anziehung ausüben.

Im Senegal dagegen hat die Erotik weniger halluzinatorischen Charakter. So existiert dort ein besonders stürmischer, in den 80er Jahren entstandener Tanz, der sich *Ventilator* nennt. Er ist zugleich der Tanz der *tatous*, der Pobacken. Dazu muß man sich nur hinhocken und mit den Händen auf den Knien abstützen. Dann legt man den Kopf in den Nacken, geht ins Hohlkreuz und folgt dem

Rhythmus der *tama* (Trommeln). Bewegt werden nur der untere Rücken und das Gesäß, und zwar ruckartig, wie der Propeller eines Ventilators. Ganz besonders Schamlose gehen dabei sogar so weit, ihren äußeren Lendenschurz anzuheben, so daß ihr Hintern nur noch von dem kleineren inneren Schurz bedeckt ist, während sie zugleich ihre *djali-djali* schütteln, die Perlen, die auf den Po herabhängen. Wie man leicht einsehen wird, kann der Hintern nur gewinnen, wenn er sich mit Accessoires umgibt, die seine Bewegungen akzentuieren und ebenso aufreizende wie erregende Geräusche hervorbringen.

Ein intimes und unverwechselbares Juwel

Das Horn des Stiers ist es, wovor sich der Torero begreiflicherweise am meisten fürchtet. Das Horn kann ihn an jeder Stelle des Körpers verletzen, vor allem aber am Gesäß. Der Schriftsteller Jean Cau beschreibt in seinem Buch *Les Oreilles et la Queue* (Die Ohren und der Schwanz), daß der Matador, bevor er seine Hose, die *taleguilla* anzieht, den anwesenden Männern sein vernarbtes Hinterteil zeigt. »Sie sehen sich seinen Körper an, bevor die Frauen in die Garderobe kommen, um ihm Glück zu wünschen. Hier ein Loch in der Hüfte, dort eine Narbe auf der rechten Gesäßbacke; hier Narben auf dem Bein und dort eine Narbe, die vom Nacken hinauf bis zum Ohr verläuft.« Die Wunden, die das Horn zufügt, sind also ehrenhaft, doch zugleich auch Zeichen der Liebe, eine Signatur, eine irreversible Verstümmelung. Ein Beweis der Zugehörigkeit. Im übrigen sitzt die Hose des Toreros derart eng am Körper – sie anzuziehen kostet beträchtliche Mühe, da sie sich um Hüften, Gesäß, Schenkel und Waden wie eine zweite Haut schmiegt –, daß der Stier, der den Torero manchmal mit seinen Hörnern geradezu umarmt, kaum umhin kann, sich von der üppigen Zurschaustellung rosa, schwarzen und goldenen Fleisches angezogen zu fühlen. Und in der Tat passiert genau das. Doch nicht immer bohrt sich das Horn in das Fleisch, denn zuweilen reißt es nicht das Gesäß auf, sondern nur die Hose. Was zwar lächerlich wirken kann, aber keineswegs den Elan des Toreros bremst. So erzählt man sich, daß Chinito, ein französischer Torero polnisch-chinesischer Herkunft, eines Tages ein nachtblaues Kostüm trug. Der Stier wurde auf ihn aufmerksam und erwischte ihn mit den Hörnern am Gesäß. Die

Hose riß auf, und Chinito kämpfte mit entblößtem Hintern weiter, ungerührt und majestätisch. Daß eine Hose von einem Horn zerrissen wird, kommt gar nicht so selten vor. Ich erinnere mich an ein Foto in *Le Monde*, auf dem eine Hose zu sehen war, die ein großer Riß in Form eines V zierte. Das so entstandene Loch gab auf charmante Weise den Blick auf das in der Hose steckende nackte Gesäß frei. Die nüchterne Bildunterschrift lautete: Die Handschrift Paquiris.

Der Hintern kann also auf heroische Weise lädiert werden. Und seine Wunden und Narben mit Stolz zur Schau stellen. Er kann auch perforiert werden, doch das geschieht nur relativ selten. Die seit einiger Zeit grassierende Mode des Piercing zeigt, daß es nichts Ungewöhnliches mehr ist, sich die Nasenflügel oder den Nabel, die Ohrmuschel, die Brust, die Ober- und Unterlippe, den Penis oder die Vulva durchstechen zu lassen, kaum aber die Hinterbacken oder den Anus. Das passiert sogar so selten, daß der Bereich des Körpers, den man gemeinhin für besonders beschämend hält, sich als der jungfräulichste von allen erweist. Nichts wird an ihm befestigt. Mit einigen Ausnahmen allerdings, wie die Kuriosität zeigt, von der John Bulwer in *Man Transformed* (17. Jahrhundert) berichtet: »Neben anderen merkwürdigen dekorativen Praktiken in den verschiedenen Ländern erinnere ich mich an jene eines Volkes, das sich mit einer Art absurder Bravour Löcher in das Gesäß stach, um dort wertvolle Edelsteine aufzuhängen. Dies muß eine höchst unbequeme Mode sein und zudem äußerst nachteilig für eine sitzende Existenz.« Ähnliches hört man von Bruno, einem der berühmtesten Pariser Tattoo-Künstler, der von einer Frau berichtet, die sich nicht nur zwei Goldringe durch die Brustwarzen ziehen ließ, sondern auch eine zehn Zentimeter lange Goldkette mit einem kleinen Gewicht in Form einer Olive an ihrer relativ imposanten Klitoris befestigen ließ. Um ihre Ausrüstung zu vervollständigen, entschloß sie sich schließlich noch zu zwei Goldringen in den Schamlippen sowie »einer goldenen Spirale, die sie im Anus befestigen ließ. Daran hing eine Goldkette mit einer Klammer, die lose vom Anus herabhing.«

Tätowierungen hingegen finden sich recht häufig auf dem Hintern. Die Gründe dafür sind einfach: Diese Körperpartie ist nicht nur diskret und groß genug, sie ist auch besonders fleischig, so daß die Operation schmerzloser vonstatten geht als zum Beispiel an Händen und Füßen. Der Begriff »tätowieren« leitet sich von dem tahitianischen *tatau* her, ein lautmalerisches Wort, das das Geräusch der wiederholten leichten Schläge nachahmt, die das Einstechen in die Haut begleiten. Tätowieren ist also in gewisser Weise ein »Tap-Tap«, vergleichbar der Arbeit des Meißels in der Hand des Bildhauers, eine Markierung und Perforierung der Haut mit Tausenden kleiner Löcher. Bereits in der Beschreibung von Captain Cooks Reise um die Welt in den Jahren 1772–1775 finden die Tätowierungen der Tahitianer Erwähnung, deren Motivvielfalt sich dem unendlichen Erfindungsreichtum jedes einzelnen verdanke. Nur in einem herrsche eine gewisse Uniformität: das Gesäß müsse immer vollkommen schwarz erscheinen. Der Farbstoff, den man hierzu verwendete, bestand aus einer Mischung von Asche und Walnußöl und wurde auf die mittels einer Muschel oder eines Knochens eingeritzte Haut aufgetragen. Da diese Operation schmerzhaft sei, vor allem, wenn es um die Tätowierung des Hinterteils gehe, heißt es in dem Bericht weiter, werde sie nur einmal im Leben vorgenommen und nie vor dem zwölften oder vierzehnten Lebensjahr.

Die Kirche, die – dem im 3. Buch Mose formulierten jüdischen Gesetz folgend – das Verbot dieser Form der Verstümmelung übernommen hatte, betrachtete das Tätowieren seit dem Konzil von Nizäa (787) als heidnischen Brauch. Denn Tätowieren hat auch immer etwas mit Fetischen und Götzenanbetung zu tun. Dies gilt selbst in Japan, wo mit Ausnahme des Kopfes, des Halsansatzes, der Unterarme und der Fußgelenke der ganze Körper tätowiert wird, was allem Anschein nach dazu führt, daß sich die Haut kalt wie die Schuppen eines Fisches anfühlt. In Europa unterliegen Motive, aber auch Positionen der sogenannten sentimentalen Tattoos oder Liebesschwüre offenbar gewissen Stereotypen und erweisen sich überdies als geschlechtsspezifisch. Brunos Erfahrung zufolge bevorzugen Männer Tätowierungen auf den Unterarmen, dem Bizeps, der Schulter oder der linken Brust, das heißt gut sichtbar auf dem Oberkörper. Eher narzißtisch veranlagte Typen lassen sich die Worte *I love me* auf Oberschenkel, Bizeps oder Penis tätowieren. Frauen dagegen entscheiden sich mehrheitlich für Tätowierungen auf den Hüften und Po, auf Bauch, Schamhügel, Schenkel oder den Brüsten. Und statt Schlangen, Adlern, Schwertern und Drachen ziehen sie Schwalben, Sirenen, Seepferdchen oder Palmen vor. Der Unterschied könnte deutlicher nicht sein: Der Mann will seinen Arm zur Waffe machen, die Frau ihren Po zu einem Schmuckstück, einem intimen und unverwechselbaren Juwel. In Japan wird manchmal sogar die ganze Vagina (Schamlippen und Klitoris) tätowiert: So kann das Geschlecht zum Beispiel den Schlund eines Drachen darstellen, dessen Körper sich über den Bauch windet. Diese sogenannten »versteckten Tätowierungen« wurden zuerst gegen Ende der Edo-Periode ausgeführt und sind äußerst selten. Dies um so mehr, als sie im Ruf stehen, sehr schmerzhaft zu sein, da mehr als 600 oder 700 Nadelstiche pro Tag in die Klitoris kaum zu ertragen sind.

    Einzig der Rücken, die größte freie Hautfläche des gesamten Körpers, erlaubt die Komposition monumentaler Bilder: zum Beispiel das jener riesigen, zweifarbigen Krake, die ein amerikanischer Arzt sich auf den Rücken hatte tätowieren lassen und deren Tentakel so weit reichten, daß sie sich bis um seine Arme und Beine wanden. Aber auch der Hintern bietet dank seiner ihm eigenen, ganz spezifischen Form, der sanften Hügellandschaft mit der im Zentrum gelegenen Höhle, einige Gestaltungsmöglichkeiten. So gibt es Tätowierungen, die ein ganzes Hunderudel zeigen, das von den Schulterblättern über den Rücken bis hinunter auf das Gesäß jagt, um dann im Anus zu verschwinden, oder sogar eine lange, schwarze Schlange, deren Kopf in dieser Öffnung verschwindet. In seinem Buch über Tätowierungen und tätowierte Menschen führt William Caruchet den Fall eines Strafgefangenen an, der sich auf jede Gesäßbacke einen Zuaven tätowieren ließ. In prachtvollen Uniformen kreuzen die sich gegenüberstehenden Soldaten die

Klingen ihrer Bajonette und illustrieren die patriotische Losung: »Kein Zugang«. Und in seinem Roman *Mein Bruder Yves* beschreibt Pierre Loti eine tätowierte Fuchsjagd, die den Rücken eines Matrosen auf einem in der Südsee kreuzenden Walfänger zierte: Hunde und Pferde, Meute und Reiter jagten vom Rücken über die Schultern, galoppierten quer über die Brust und in einer Spirale um den ganzen Körper herum in Verfolgung des Fuchses, der bereits zur Hälfte in seinem Bau verschwunden war. »›Eh, voilà, da ist der Fuchs!‹ schrie der Kapitän und brach vor Zufriedenheit in schallendes Gelächter aus.« Es versteht sich von selbst, daß jeder Hintern hingerissen ist, wenn man bei seinem Anblick in Ekstase gerät.

Einige Tätowierungen waren jedoch auch Zeichen von Knechtschaft oder Bestrafung. Zur Zeit des Sklavenhandels wurde jedem Sklaven mit einem heißen Eisen ein Zeichen in das Fleisch eingebrannt, anhand dessen man ihn, sollte er zu fliehen versuchen, eindeutig identifizieren konnte. »Sie bedienen sich einer dünnen silbernen Klinge«, berichtet Pater Labat. »Sie erhitzen sie. Sie reiben die Stelle, an der die Klinge angesetzt werden soll, mit Talg ein. Sie legen ein gefettetes oder geöltes Blatt Papier darauf und ritzen dann die Markierung ein. Das Fleisch schwillt an, die Buchstaben erscheinen im Relief, um nie zu verblassen.« Auf ähnliche Weise unterdrückte man auch Meutereien unter den Sklaven. »Gestern, um acht Uhr«, berichtet ein französischer Offizier, »banden wir den Großteil der schuldigen Neger an Armen und Beinen, hießen sie, sich mit dem Gesicht nach unten auf das Deck legen, und ließen sie auspeitschen. Dessen nicht genug, ließen wir auch ihre Hinterteile mit Schröpfschnitten versehen, auf daß sie ihre Missetaten bereuen lernten. Nachdem ihre Gesäße bluteten, trugen wir Schießpulver, Zitronensaft, Salzlauge und Piment auf, alles zermahlen und vermengt. Sodann rieben wir damit ihre Gesäße ein, um Brand zu verhindern, aber auch, um sie die Schmerzen ihrer Wunden stärker spüren zu lassen.«

Was die Prostitution angeht, so konnte sie während des gesamten Mittelalters nur heimlich, ohne Wissen der jeweiligen Amtspersonen ausgeübt werden. Die Stadt Gent beispielsweise zeichnete sich durch eine besonders rigide Vorgehensweise aus, was die Bestrafung der diesem Geschäft nachgehenden Frauen anging. Prostituierten und Kupplerinnen, den sogenannten *maquerelles,* wurden die Nasen abgeschnitten und in die Stirn ein P beziehungsweise M geritzt. Doch nicht nur im Gesicht, auch auf den Armen oder dem Gesäß konnte dieses Zeichen der Infamie angebracht werden.

Wie bei der mutwilligen Zufügung von Narben oder der Bemalung des Körpers geht es auch beim Tätowieren um die künstliche Hervorhebung, die optisch sichtbare Herausstellung eines bestimmten Körperteils. Dieses fetischistische Anliegen kann dem Hintern wie seinem Umfeld nur zugute kommen. In Benin fügt man bereits den kleinen Mädchen feine rautenförmige Narben auf den Innenseiten der Oberschenkel zu: sozusagen »Beschläge«, deren Zweck es ist, die Jungfräulichkeit zu schützen. Im örtlichen Dialekt heißt diese spezielle Tätowierung wörtlich »Bewahre mich«, da sie gleichsam Wache steht vor dem Geschlecht. Doch nicht immer haben Tätowierungen oder Zeichnungen eine Schutzfunktion, wie sich beispielsweise anhand der spiralförmigen Dekore demonstrieren läßt, mit denen der amerikanische Maler Keith Haring die nackten Gesäßbacken von Männern verzierte: Sie lenken nicht nur die Aufmerksamkeit auf den Hintern, indem sie dessen Rundheit betonen, sondern laden geradezu ein, sie mit einem Pfeil zu durchbohren.

Die Makasin wiederum, ein im Süden der sudanesischen Provinz Kordofan lebender Stamm, kennen zwar keine besonderen Verzierungen des Gesäßes. Doch da sie aus rituellen Gründen den gesamten übrigen Körper mit abstrakten Motiven bemalen, sticht das Gesäß sofort ins Auge, gleichsam vergrößert durch den Körperschmuck. Ein Effekt, der noch dadurch gesteigert wird, daß die Männer dieses Stammes, und hier vor allem die Krieger, die *kaduma,* ihre Gesäße mit Asche bedecken. Die Frauen hingegen reiben sich mit Erdnußöl ein, und zwar bevorzugt in der Zeit des Vollmonds, wenn die *okou*-Tänze beginnen. Verglichen mit ihren ausgeprägten, festen Pobacken, die bronzenen Hoden gleichen und sich im Profil deutlich gegen den Horizont abzeichnen, sehen die Gesäße der Männer staubig, wie irdene Gefäße aus. Auch sie sind fest, trocken und kompakt, den Köpfen der Männer nicht unähnlich, die so glatt wie Kieselsteine sind. Die männlichen Stammesmitglieder reiben ihre Körper mit der Asche verbrannten Buschwerks ein und verleihen ihrer anthrazitfarbenen Haut auf diese Weise einen zarten graublauen Schimmer, der sie wie große Statuen aus Bimsstein wirken läßt. Dann bemalen sie ihre Körper vom Kopf bis zu den Zehen mit komplexen Mustern aus Linien und Ornamenten. Die dabei als »Farbe« verwendete, zu Sahne geschlagene Milch läßt den ursprünglichen Ton der Haut wieder durchscheinen und die so entstehenden dunklen Linien nun selbst wie aufgemalt wirken. Die Gesäße der Makasin spielen mit der Illusion. Der Anblick eines hochgewachsenen Mannes, der auf seinem Sorghum- oder Tabakfeld arbeitet, mit gebeugtem Rücken, das Gesäß gen Himmel gereckt, muß wie ein Kunstwerk erscheinen. Denn während die Asche, mit der er seinen Körper eingerieben hat, kräftigend wirkt, die Haut reinigt und vor Insekten und Parasiten schützt, verleiht sie auch Schönheit. Daher ist es auch Asche, die dem Sieger eines Schaukampfes als Trophäe überreicht wird. Heroische Asche. So wird das Gesäß zum beinahe göttlichen Idol aller nubischen Stämme.

Ständig entzieht er sich uns

Der Hintern kann zwar schrumpfen oder anschwellen, schwer oder schlaff werden, doch sind das keineswegs einem saturnischen Temperament entspringende Veränderungen. Denn anders als Hände, Lippen oder Augen spiegelt das Gesäß nicht einen bestimmten Seelenzustand wider, enthüllt keine spezifischen Emotionen, sondern ist im Grunde genommen indifferent. Muß man also von einer gewissen Gleichgültigkeit oder gar profunden *acedia* sprechen, wie man im Mittelalter die »Lähmung der Seele angesichts einer ausweglosen Situation« nannte? Die Wahrheit ist: Das Gesäß trottet dem Menschen hinterher, es kann zittern und beben, mutlos wirken, manchmal läßt es sich sogar buchstäblich hängen, doch nein, es ist weder stolz noch eifersüchtig oder trotzig, nichts von alledem. Es ist stumm und sogar relativ blöde. Es bringt nichts weiter zum Ausdruck als eben seine unbestreitbare Gegenwart, seine monströse Undurchsichtigkeit. Und wir sind so dumm, uns diesem Etwas, das so wenig zurückgibt, hinzugeben. Es zu glorifizieren und ihm wer weiß welche mysteriösen Eigenschaften zuzuschreiben, die es in Wahrheit gar nicht hat. Landschaften, tosende Meere, ganze Meuten von Tieren, Wüsten und was nicht noch alles darin zu sehen …

Dies ist zumindest das Urteil all jener, die sich nicht der Liebe zum Po verschrieben haben.

Und damit noch nicht genug. Da das Gesäß nicht nur stumm, sondern auch taub ist, wird es nie erfahren, wie sehr man es liebt oder verachtet. Es gibt Hintern, die über eine Seele verfügen, doch ihre Zahl ist verschwindend gering. Manche Menschen glauben, die beseelten Gesäße seien die gefährlichsten – eine Ansicht, die allerdings keineswegs eine Mehrheit findet. Ihre geheime Vorliebe gehört den dummen Hinterteilen, jenen, die ignorant sind, sich ihrer selbst nicht bewußt, krudes Fleisch. Genau so lieben diese Menschen das Gesäß.

Sollte man an die Treue des Hinterns glauben? Welch ein Fehler! Ständig entzieht er sich uns, ständig betrügt er den Liebhaber. Manchmal scheinen ihn unsere Hände ergreifen zu können, Halt zu finden wie an einer Felswand, und dann rutschen sie doch wieder ab. Selbstverständlich wird es immer ein paar Extremsportler geben, die sich beweisen wollen, daß ihnen gelingt, die Nordwand der Menschheit zu bezwingen. Doch die meisten ziehen es vor, aufzugeben, oder, was noch schlimmer ist, reden sich selbst ein, sie hätten den Hintern besiegt. Doch das ist ein Irrtum.

Sicher, der Hintern ist eine kompakte, zugleich weiche und schmeichelhafte Masse, doch im Grunde wissen wir nicht, aus welchem Stoff er wirklich gemacht ist. Manche glauben, er existiere gar nicht aus sich heraus, sondern sei lediglich eine Illusion, eine Sinnestäuschung, nicht realer als die »Pilzphantome« des Autors André Dhôtel. Ist der Hintern also nur ein Phantom? Man stelle sich zum Beispiel vor, ein Mann betrachtet das stolze, wohlgeformte Hinterteil einer Frau; und dann dreht sich jene um, zu der es gehört, und das Gesicht ist nur mittelmäßig. Der Po hat einen getäuscht und verliert unweigerlich an Anziehungskraft. Gesäße können erheblich unter den dazugehörigen Gesichtern leiden, doch umgekehrt ist das nie der Fall. Das Gesäß ist also nicht immer Voraussetzung für die Liebe. Wie Michel Tournier bemerkt: »Es gibt ein untrügliches Zeichen dafür, ob man jemanden wirklich liebt, nämlich dann, wenn einen das Gesicht des anderen mit mehr Verlangen erfüllt als jeder andere Teil seines Körpers.« Man kann also nur bedauern, daß das Gesicht nicht immer hält, was der Hintern verspricht. Kurz, wenn der Hintern so etwas wie das zweite Gesicht eines Menschen ist, dann sollte man wohl manchmal dem ersten aus dem Wege gehen.

In Wahrheit ist das Gesäß unbeständig und flatterhaft. Aus der Nähe betrachtet mag es blöde erscheinen, seiner selbst nicht sicher, sogar ein wenig schäbig. Doch sobald es sich entfernt, holt man es nicht mehr ein. Dieses kleine Miststück erwacht plötzlich zu Leben, es schwingt sich auf, gerät in Aufruhr, zittert wie eine Kompaßnadel. Man mag jetzt vielleicht glauben, es sei froh, den Blicken des Beobachters und damit seiner Gewalt entkommen zu sein. Doch weit gefehlt, es entfernt sich einfach. Und was man aus der Entfernung am deutlichsten sieht, sind seine Linien der Stärke (zwei vertikale, zwei horizontale), jene schattierten Linien, die seine Formen modellieren. Der Hintern ist also aus der Distanz wesentlich anziehender, weil er uns nur dann geheimnisvoll erscheint. Der Nachteil dabei ist nur, daß er in dem Augenblick auch unerreichbar ist.

Das Gesäß versteht es, auf recht raffinierte Weise mit dem Licht zu spielen. Es spielt mit dem Wetter, und es spielt überall. Und wir sind Idioten, uns von diesem Spiel rühren zu lassen. Man denke nur an den armen Honoré aus Aymés *Die grüne Stute*, als er mit dem falschen Spiel von Adélaïdes Hintern konfrontiert wird. Mit dem Rücken zu ihm kniet sie auf dem Boden, und ihr hocherhobener Po verbirgt den weit nach unten gebeugten Kopf. Honoré, der bis zu diesem Zeitpunkt Adélaïdes mangelnde Fülle in dieser Körperregion beklagt hat, ist von den Ausmaßen ihres Gesäßes überrascht, die er nun zum ersten Mal bemerkt. »Der schwarze Unterrock bewegte sich langsam und in unentschlossenen Wellenbewegungen, die die dunklen Schatten im hinteren Teil der Küche hin- und herschaukeln ließen. Honoré starrte auf die in der Dunkelheit nur undeutlich zu erkennenden Formen. Er war verwirrt von dieser eigenartigen Anwesenheit, dieser unverhofften Verwandlung. Adélaïde hatte ihre Bürste wieder aufgenommen; plötzlich streckte sie beide Arme aus, um den Fußboden zu scheuern; im selben Moment verschwand ihr Hintern, während sie sich nach vorne reckte, doch nur, um sofort wieder zurückzukehren, als sie den Po mit einer schnellen, gegenläufigen Bewegung erneut in die Nähe ihrer Fersen brachte. Honoré konnte sich nicht genug darüber wundern.« Es ist ein Katz-und-Maus-Spiel, das einen in den Wahnsinn treiben kann.

Ebenso verhält es sich, wenn eine Frau über zwei sehr unterschiedliche Körperhälften verfügt, also gleichsam in zwei Teile zu zerfallen scheint. Der Teil zwischen Kopf und Taille korrespondiert nicht mit dem zwischen Taille und Füßen, so daß man den Eindruck hat, man habe zwei Frauen in der Gestalt einer einzigen vor sich. Die außerordentlichen Ausmaße eines Hinterns lassen einen unwillkürlich an Mallarmés »fol éléphant«, den verrückten Elefanten, denken. Manch einer entzieht sich diesem Dilemma durch eine intellektuelle Volte, indem er diesem Ungleichgewicht zwischen Oberkörper und Hintern, zwischen den mächtigen, animalischen Schenkeln und dem schlanken, langgezogenen Torso poetische oder sagenhafte Qualitäten zuschreibt und behauptet, diese Mischung aus Einhorn und Löwin bezaubere ihn. Doch wer kein Liebhaber des Hinterns ist, wird verweigern, sich durch den bloßen Anblick von Frauen zum Idioten zu machen. Für ihn ist der Hintern nicht unabdingbarer Bestandteil des Glücks, ja nicht einmal der Pfad zur Weisheit. Er wird es also vorziehen, ihn zu ignorieren.

Die sanfte Vertiefung am Rand des Abgrunds

Was ist ein Gesäß?

Die Griechen definierten es vorwiegend über seine Dichte, über seine die Form eines Balles (*gloutos*) oder einer kugelförmigen Geschwulst (*pugè*) annehmende Masse. Nicht viel anders dachten auch die Römer, deren Wort für Gesäß *nates* lautete und damit an das Sanskritwort *nitambah* erinnert, das den Abhang oder die Kruppe eines Berges bezeichnet. Es war das lateinische Wort *nates*, aus dem der französische Begriff *naches* bzw. *nages* hervorging, mit dem die Lederzurichter bis ins 16. Jahrhundert und darüber hinaus den Teil der Tierhaut bezeichneten, der von der Pfote bis zum Schwanz reicht. Auch unter Schlachtern war der Begriff gebräuchlich: In der Normandie stand er für das Hinterviertel des Rindes, in Paris für jenen Teil, den man auch den »kleinen Knochen« nennt. Seit dem oströmischen Reich hatte der Begriff allerdings ernsthafte Konkurrenz bekommen, und zwar durch das vulgärlateinische *fissa* – eine Herleitung aus dem lateinischen *fissum* für »Spalte« –, aus dem um 1200 das französische Wort für Gesäß, *fesses*, hervorging. Modus unterschied noch im 14. Jahrhundert zwischen *naches*, der fleischigen Masse, und *fesse*, der Spalte, die die beiden *naches* voneinander trennt. Doch der Begriff *fesses* setzte sich schließlich durch, so daß der Hintern, der seit Menschengedenken Inbegriff des Vollen und Runden ist, nun durch ein Wort bezeichnet wird, das gleichbedeutend ist mit »Leere«.

Diese Entwicklung muß wie ein Verstoß gegen den gesunden Menschenverstand erscheinen, vor allem weil das Gesäß die größte zusammenhängende Fleischmasse des gesamten menschlichen

Henri Matisse, *Blauer Akt* (Gouacheschnitt)

Körpers ausmacht. Doch so ist es nun einmal: Das Gesäß (*les fesses*) hat sich aufgrund seiner exorbitanten Positivität das Wort *fissa* angeeignet, ein Wort, das zu Unrecht ursprünglich eine verborgene und vollkommen negative Realität bezeichnete. Wirft man einen kritischen Blick in Wörterbücher und Lexika, so wird man rasch feststellen müssen, daß in vielen Definitionen des Gesäßes die Spalte mit keinem Wort erwähnt wird – was ungerecht ist, um es vorsichtig zu formulieren. Der Brockhaus spricht von »Hinterbacken, vom Gesäßmuskel gebildet«, und der jüngst erschienene Thesaurus der französischen Sprache (*Trésor de la langue française*) von »den beiden fleischigen Vorsprüngen, die durch das Muskelfettgewebe unterhalb und hinter dem Darmbein gebildet werden«. Fassen wir zusammen: Das französische Wort für Gesäß, *fesses*, leitet sich von dem Wort für Spalte her, hat aber alles darangesetzt, diese Herkunft zu verbergen. Und da ihm das perfekt gelungen ist, kräht kein Hahn mehr nach seinen paradoxen Wurzeln. Doch heißt das, daß das Gesäß sich seiner Herkunft schämt?

Da es zweifellos nicht leicht war, die Existenz dieser ursprünglichen Spalte zu verleugnen, fand man für sie neben dem offiziellen Terminus *entrefesson* auch Spitznamen wie Furche, Rille oder Mulde. Allesamt Metaphern aus dem Bereich der Landwirtschaft (denn die Furche ist ja die Vertiefung, die der Pflug in den Boden gräbt), wodurch deutlich wird, daß es in der Tat die Spalte ist, die dem Gesäß ein Relief verleiht. Damit es Erhebungen und Vorsprünge geben kann, müssen Täler, Vertiefungen und Höhlungen da sein. Die Spalte modelliert den Hintern. Ohne sie wäre er nichts weiter als eine blinde Masse, ein undurchsichtiges Konglomerat. Die Spalte ist also mitnichten eine Unregelmäßigkeit im Gelände des Hinterns, sondern vielmehr der Ursprung seiner Geographie.

Die wahrhaft schönen Körperteile des Menschen treten immer paarweise auf. Zumindest ist dies eine weitverbreitete Ansicht, der die Pobacken perfekt entsprechen. Daneben gibt es allerdings auch Fälle seltener physischer Monstrositäten, wie zum Beispiel siamesische Zwillinge, bei denen sich auch die Anzahl der Gesäßbacken verdoppelt. Ein chinesischer Kaiser soll sich einst in eine »doppelte« Frau verliebt haben, die zwei Köpfe, zwei Brüste, zwei Herzen, zwei Arme und zwei Gesäße hatte, was sich zwar harmonisch anhören mag, in Wahrheit aber schrecklich gewesen sein muß. Ein menschliches Wesen mit drei Gesäßbacken dagegen hat man noch nie gesehen, und selbst ein Dalí hätte wohl Schwierigkeiten, sich eine derartige Abnormität plastisch vorzustellen. Bleiben noch die Fälle, in denen eine Gesäßbacke fehlt, als ob dem Hintern ein Auge ausgestochen worden wäre. Das Kuriosum einzelner Pobacken ist heute nicht mehr zu beobachten, doch aufgrund der Spuren, die es in der Sprache hinterlassen hat, wissen wir, daß es in der Vergangenheit durchaus existierte. Der Anblick einer einzelnen Gesäßbacke ruft im Bewußtsein ein irritierendes Gefühl des Ungleichgewichts hervor. Die im Französischen gebräuchliche Redewendung *n'y aller que d'une fesse* – die wörtlich übersetzt in etwa so viel bedeutet wie: mit nur einer Gesäßbacke gehen – bezeichnet zum einen jemanden, der hinkt, zum anderen aber auch, daß man etwas ohne große Überzeugung oder Begeisterung erledigt. »Es gibt«, so schrieb Montaigne, »sowohl eine hitzig leidenschaftliche wie auch eine lustlos matte Erfüllung der Freuden. Aus tausend anderen Gründen als der Gutwilligkeit schenken uns die Damen ihre Aufmerksamkeit; ein Beweis für ihre Zuneigung sind sie durchaus nicht immer. Verrat lauert hier wie an jedem anderen Orte. Zuweilen sind sie nur halb bei der Sache, *d'une fesse.*«

Auch wenn der Hintern in zwei Hälften auftritt, so unterscheidet man doch für gewöhnlich nicht nach rechter oder linker Gesäßbacke. Im Gegensatz zu den Händen oder Füßen herrscht hier keine sogenannte »umgekehrte Symmetrie«. Die Pobacken sind Zwillingsschwestern, gleichmäßige Wölbungen, die einen Eindruck von Ordnung und Gleichgewicht vermitteln. Sie sind kein anarchischer Auswuchs wie der Penis, der eher dem Horn des Narwals ähnelt. Wie die Brüste treten die Gesäßbacken unmittelbar auf und wirken dabei den Platitüden des Körpers entgegen, um stolz zu demonstrieren, daß eine ohne die andere nicht existieren kann. Die zentrale Spalte, die sie trennt (übrigens die tiefste Spalte des gesamten Körpers), spannt sich wie eine Art Brücke zwischen den beiden Hemisphären und ermöglicht damit der Hand, von einem Pol zum anderen über den Planeten zu wandern.

Der spanische Schriftsteller Ramón Gómez de la Serna (1888 bis 1963) berichtet von einem reichen Connaisseur, der auf der Suche nach einem Paar Brüsten war, das, »wenn schon nicht vollkommen gleich, so doch zumindest ähnlich« war. Man zeigte ihm eine unendliche Menge von »Schönheiten, Nuancen, Varianten«. Immer ungeduldiger, schlug der Verkäufer der Brüste schließlich vor, »einen Experten herbeizurufen, der anhand geometrischer Berechnungen beweisen sollte, daß die Brüste so gleich waren *wie die zwei Hälften Gottes*«. Gibt es, ähnlich den Brüsten des Verkäufers in dieser Geschichte, ungleiche Pobacken? Die Frage scheint durchaus berechtigt. Gómez de la Serna führt weiter aus, daß die linke Brust dem Herzen näher und damit lebendiger als die rechte sei, woraus folgt, daß wir uns ihr immer zuerst zuwenden. Selbstverständlich trifft dies auf die Pobacken nicht zu. Die linke Gesäßhälfte ist weit vom Herzen entfernt, hat vielleicht noch nie etwas von der Existenz dieses Organs gehört und strahlt daher auch nichts anderes aus als die rechte. Wenn man die linke Pobacke anfaßt, hat man nur einen Wunsch, nämlich auch die rechte anzufassen. Man möchte beide Hände beschäftigt wissen. Um so mehr, als sie sich auf der gleichen Höhe befinden wie die Gesäßbacken; sie müssen keine Anstrengung unternehmen, um den Hintern zu umfassen und sich verliebt in seinen beiden Hälften zu vergraben. Kurz, wenn es also eine Ungleichheit zwischen den Gesäßhälften gibt, dann ist dies keine naturgegebene Ungleichheit, sondern Folge differenter Biographien.

In seinem zwischen 1891 und 1893 auf Tahiti entstandenen Buch *Noa Noa* schreibt Gauguin, der ausschließlich Frauen liebte, daß er sich auf verwirrende Weise plötzlich von der Schönheit seines jungen Freundes Maori angesprochen fühlte. Die Formulierungen, die er dabei wählt, sind erstaunlich (selbst wenn man bedenkt, daß auf Tahiti die geschlechtliche Differenzierung weit weniger deutlich markiert wurde als anderswo): »Ich hatte so etwas wie eine Vorahnung von einem Verbrechen, den Wunsch nach dem Unbekannten, das Erwachen des Bösen«, und weiter: »Sein kleiner, tiergleicher Körper war graziös geformt, so wie er vor mir herging, wirkte er *geschlechtslos* ...« Während Brüste normalerweise der Beweis für Weiblichkeit sind, läßt sich anhand der Gesäßbacken nicht unbedingt ein bestimmtes Geschlecht identifizieren, ja, sie können sogar Anlaß für Zweifel und Ambiguität sein. Wie ist das möglich? Voilà, eben das ist die Frage, die man sich angesichts der Rundungen eines schönen Hinterns stellt. Denn auch wenn es eine universale, auf der ganzen Welt zu beobachtende Differenz zwischen männlichen und weiblichen Gesäßen gibt, so muß doch auch zugegeben werden, daß in vielen Fällen das Geschlecht des Hinterns keineswegs eindeutig ist. Dies gilt in einem solchen Maße, daß manche Menschen, wie zum Beispiel Sade, eine Religion daraus machen, ohne Ansehen des Geschlechtes von einem Hintern zum nächsten zu wechseln, vorausgesetzt, er entspricht *dem* Hintern. Kurz, der Hintern schließt die Präferenz für ein Geschlecht aus. Und wenn man ein Faible für die Liebe mit dem Hintern hat, weiß man nie mit Sicherheit, wohin diese Liebe fällt.

Mechanisch gleiten die Hände häufig von den Brüsten zum Po und wieder zurück zu den Brüsten, wie in jener berühmten Szene aus *Der andalusische Hund* (1928) von Luis Buñuel. Dort formt der Blinde die Brüste einer nackten Frau nach, die sich daraufhin in Gesäßbacken verwandeln, dann wieder die Gestalt von Brüsten annehmen, wie eine lebende Statue, die sich unter der Zärtlichkeit auflöst und immer wieder verwandelt. Pierre Molinier war der erste, der diese bestürzende Simultaneität in Bilder faßte, diese unglaubliche Synthese einer Chimäre in schwarzen Strümpfen, die *zugleich* Brüste und Hintern zeigt. Molinier arbeitete mit Fotomontagen (auf denen er selbst in Verkleidung auftritt), für die er Aufnahmen von Frauen – den Wasserspeiern an Kathedralen oder den Gemüsemännern des französischen Karikaturisten Grandville vergleichbar – in der Mitte durchschnitt und dann umgekehrt wieder zusammensetzte, und zwar so, daß Vorder- und Rückansicht miteinander kombiniert wurden, also Brust und Hintern übereinanderliegen. Ein überraschender Ansatz, bei dem der weibliche

Hintern nach vorne geschoben und dem Körper der Frau jener Enthusiasmus, jene primitive Wildheit zurückgegeben wird, die mancher als »unanständigen Anblick« empfindet. Moliniers Frauengestalt wird zwar gefoltert, aber dafür ist sie wenigstens ganz. Ihre wie ein riesiges, schwellendes Herz erscheinenden Gesäßbakken lassen sogar den Schluß zu, daß auch sie über Gefühle verfügt. Molinier gab ihr den hübschen Namen *Fleur du paradis,* Paradiesblume.

Ein nicht zu vernachlässigendes Detail stellt allerdings die Tatsache dar, daß die Pobacken – anders als die Brüste – nicht über Nippel verfügen. Auch enthalten sie keine spezielle Milch, die sich aus ihnen saugen ließe. Sie sind trocken. Jene kleinen Hörnchen bleiben ihnen vorenthalten. Selbst »halbblinde Titten«, wie Rousseau Brüste mit eingefallenen Brustwarzen nannte, hinterlassen eine Spur ihrer Existenz. Die Gesäßbacken dagegen hinterlassen keine derartige Spur. Sie sind kahle Hänge, die uns zum Abstieg einladen, zum Abstieg in diese Schlucht oder Spalte, die ihr Äquivalent an anderer Stelle des Körpers findet. Jedoch nicht in der Spalte der Vagina, die eher dem Mund ähnelt, indem sie Innen und Außen, Luft und Erde voneinander trennt, sondern in der Furche zwischen den Brüsten. Ganz einfach deshalb, weil es sich hier nicht so sehr um eine Spalte als vielmehr um einen Korridor, einen Durchgang handelt. Doch während sich am Ende dieser Furche zwischen den Brüsten nichts außer Knochen findet, läßt der Hintern eine unterirdische Quelle erahnen, die man mit einer Rose aus Fleisch verglichen hat, schwellend und vibrierend. Wie dem auch sei, während wir es lächerlich oder sogar abstoßend fänden, wenn Brüste und Pobacken den Eindruck erweckten, als ob sie sich feindselig voneinander abwendeten, sind wir uns doch dessen bewußt, daß sie versuchen, sich gegenseitig zu verdrängen, um einerseits ihr jeweiliges Geheimnis zu wahren und andererseits die Vollkommenheit ihrer Rundungen hervorzuheben.

Noch unter einem anderen Aspekt scheint der Vergleich zwischen Brüsten und Pobacken statthaft, und zwar unter dem Gesichtspunkt ihres Halbgeöffnetseins. Diese Kerbe zwischen Brüsten und Gesäßbacken, diese gekrümmte, verstörende und weiche Linie der Furche, diese sanfte Vertiefung am Rand des gefährlichen Abgrunds. Michelangelo schenkte nicht nur der Form der Gesäßbacken größte Aufmerksamkeit, sondern auch dem Schlund der Spalte, deren Eingang er durch die berühmt gewordene fliegende schwarzen Möwe oder einen umgekehrten Accent circonflexe markierte. Und dann ist da noch der Schatten dieses Abhangs, auf dem man auszurutschen droht. Denn zwischen der weichen und zugleich körnigen Haut befindet sich die humusartige Furche, diese schattige Furche, die den Gesäßbacken als Mähne dient. »Schamhaare« pflegte Papst Gregor zu sagen, »sind das sichtbare Zeichen der fleischlichen Sünde, die die Seele sich sträuben lassen.« Und liegt nicht die Sünde bereits in dieser profunden Dunkelheit, der Finsternis der analen Öffnung, noch schwärzer als der Schatten im Auge einer Marmorskulptur, der Schatten der Iris?

Warum fühlen sich Männer derart angezogen von Frauenbeinen, wenn nicht deshalb, weil sie insgeheim daran denken, daß sich diese Beine weiter oben, in der Nähe des Gelenks, öffnen? Die Arme sind zwar auch am Körper angebracht, doch anders als die Beine teilen sie sich nicht über einer Art rundem Geheimnis. Rund, weil es geschlossen ist. Und es ist ein Geheimnis, eben weil es verschlossen ist und wir nichts wissen. Wir drängen nach Preisgabe des Geheimnisses, wissen aber nichts. Und es ist in gewisser Weise der Hintern, der dieses Geheimnis umgibt und ummantelt. Ein Geheimnis, das versiegelt ist. Was ist jenseits des Siegels? Der Ursprung der Welt. Auf dem berühmten Bild gleichnamigen Titels, das Courbet 1866 für den türkischen Botschafter Khalil Bey malte, mußte der Maler eben diesen Ursprung auf Anweisung seines Auftraggebers hinter einer schneebedeckten Landschaft mit Kirche verstecken. Was sieht man? Die Vulva einer Frau ohne Kopf. Ein kopfloses Tier. Den sublimen Raum zwischen den Schenkeln (die zweifellos Johanna gehörten, der schönen Irin), weit genug, daß sich die Falte, die die Vagina bis zum Hintern verlängert, öffnen kann. Das Skandalöse an diesem Bild ist eben diese »seraphische Ritze«, wie der französische Schriftsteller und Ethnologe Michel

Aquarellzeichnung von Auguste Rodin

Leiris sie nennt. Diese Fortführung der rektalen Spalte bis in den engen Schlitz der Vulva. Die riesige, den ganzen Körper der Frau umrundende Spalte, die Picasso in seinen zwischen 1965 und 1971 entstandenen Zeichnungen als Ausrufungszeichen darstellt, komponiert aus der Ritze und der Rosette des Anus.

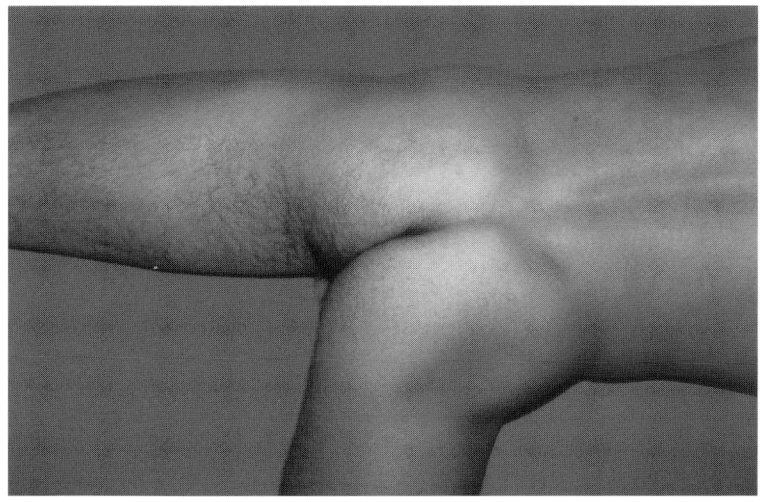

8 »Die Spalte modelliert den Hintern. Ohne sie wäre er nichts weiter als eine blinde Masse, ein undurchsichtiges Konglomerat.«

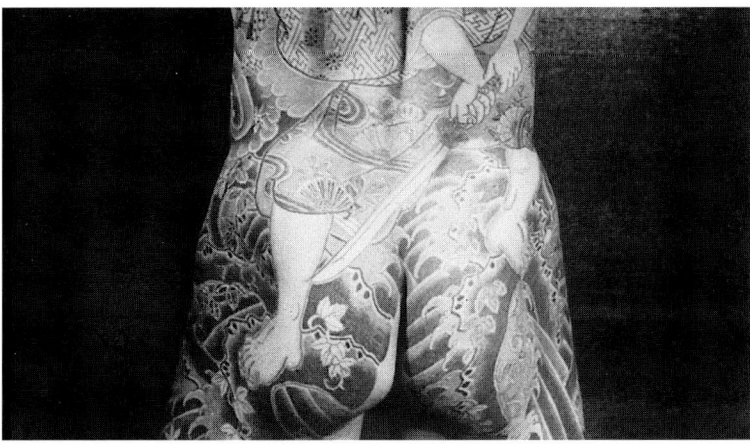

9 Tätowierungen machen den Hintern »zu einem Schmuckstück, einem intimen und unverwechselbaren Juwel«.

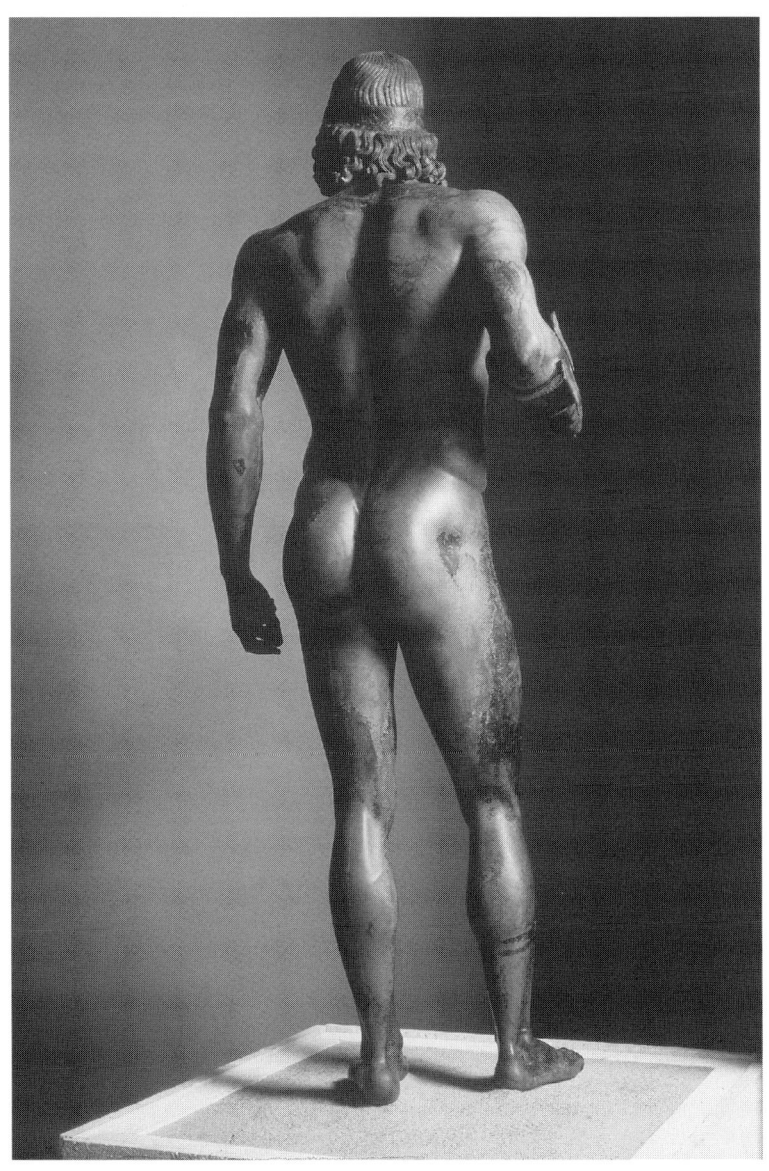

10 »Ohne Zweifel war der Wille, das Gesäß zu perfektionieren, im alten Griechenland am ausgeprägtesten.« *Krieger von Riace*, um 430 v. Chr.

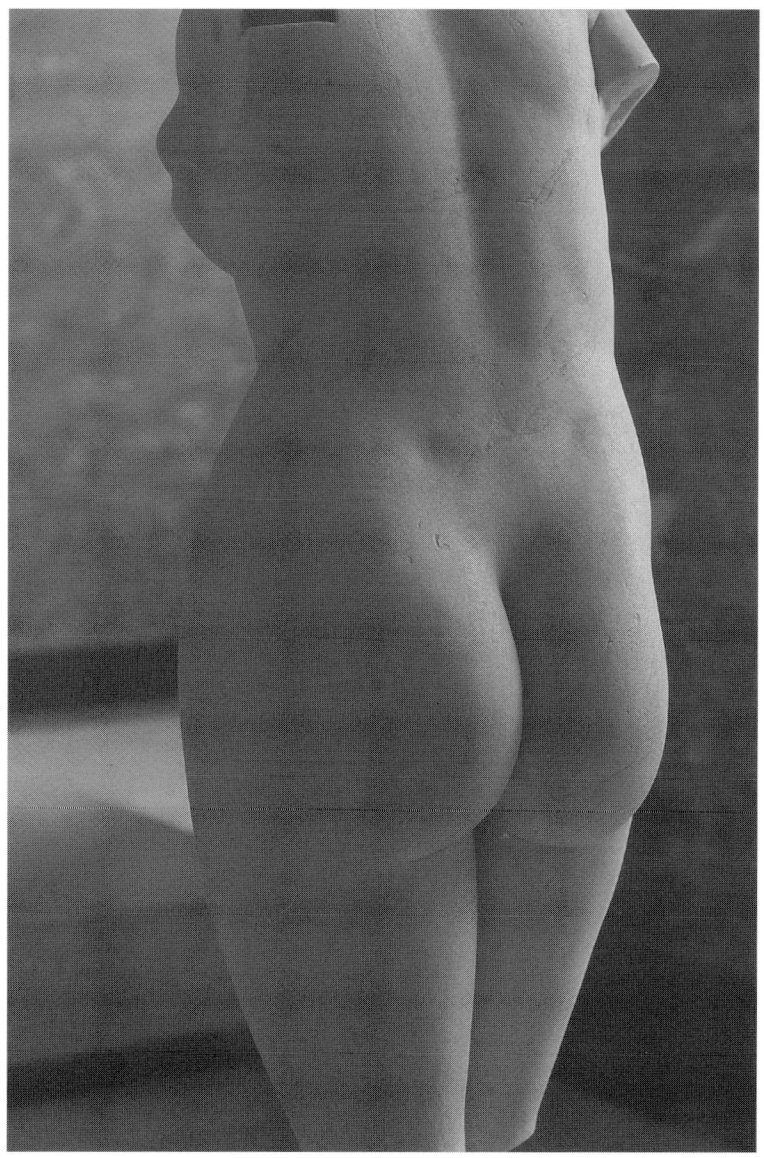

11 »Wie hübsch gerundet das Fleisch ihres Hinterns ist! Es ist weder zu mager, noch spannt es sich zu straff über den Knochen, und auch zu fett ist es nicht.« Praxiteles, *Aphrodite von Knidos* (Kopie), um 330 v. Chr.

12 Brigitte Bardot – »frech, schmollend, animalisch: ihr Po, eine Meisterleistung der Schöpfung ...«

Der italienische Autor Alberto Moravia behauptet in seinem Roman *Der Zuschauer*, daß der Voyeur nicht nur das Verbotene, sondern auch das Unbekannte beobachtet. Was er in der Ritze oder Spalte aus einem Gefühl »brennender Neugier und mit Entweihung verbundener Herausforderung« sucht, ist dem sehr ähnlich, nach dem auch der Wissenschaftler forscht. Nehmen wir nur einmal, so argumentiert er, die vergleichbaren Begriffe »Spalte« und »Spaltung«. »Die zur Entdeckung der Atomenergie führende wissenschaftliche Operation setzt ein anfängliches »Aufspalten« voraus, ein Wort, das sich ebenso für das Atom wie für das weibliche Geschlecht gebrauchen läßt. In beiden Fällen vollzieht sich die *Ent*deckung (im wörtlichen Sinne, daß ein bis dahin verborgenes Objekt enthüllt wird) eines feierlichen Geheimnisses der Natur, des Geheimnisses, das seit undenklichen Zeiten sowohl den Aufbau der Materie wie die Ursprünge des Lebens umhüllte.« Daher ist es durchaus nicht zufällig, wenn das profunde Mysterium des Hinterns (und der Vulva) aus eben ihrer Spalte hervortritt. Mit der Einschränkung allerdings, daß es sich im Fall des Gesäßes um ein umgekehrtes Geheimnis handelt, um ein Trompe-l'œil, ein Rätsel, das diabolisch ist, weil es in ihm nicht um den Ursprung, sondern um das Ende der Dinge geht. Das, was Apollinaire in einem Madelaine Pagès gewidmeten Gedicht das »neunte Tor« nannte, »geheimnisvoller als alle anderen zauberträchtigen Tore / du von dem keiner zu sprechen wagt«.

Unter dem brennenden Hagel der Schläge

Während die französische Sprache mit dem Wort *fessée* über ein Substantiv (als Verb: *fesser*) verfügt, mit dem ausschließlich die Schläge auf das Gesäß bezeichnet werden, kennt das Deutsche lediglich Wörter, die recht unspezifisch zum Ausdruck bringen, daß jemand geschlagen wird. Dem französischen *fesser* am nächsten kommt wohl das deutsche Verb »versohlen«, das ursprünglich für das Besohlen der Schuhe stand. Im Grimm'schen Wörterbuch sind daneben aber auch die übertragenen Bedeutungen »tüchtig durchprügeln, betrügen (besonders beim Spiel), einem das loch versolen (durchprügeln), niederdt.: dat gatt versahlen« verzeichnet. Eine interessante Entsprechung, da sie auf den Vergleich von Prügel und Nahrung – der Befriedigung eines Grundbedürfnisses also – abzielt, bietet allerdings auch »eine Tracht Prügel«, laut Grimm ursprünglich »ein gericht prügeln«: »Das heutige sprachgefühl, dem Tracht ›speise‹ fremd geworden ist, interpretiert diese tracht als ›soviel man ertragen kann‹ ... der vergleich von schlägen und gerichten ist gebräuchlich und volksthümlich«, wie zum Beispiel, »jemandem die rute zu kosten, schmecken geben«.

Doch auch in der französischen Sprache ist die Sache nicht ganz so einfach, wie sie auf den ersten Blick erscheint. Denn die Verwandtschaft zwischen *fessée* und *les fesses* ist trügerisch. *La fessée* leitet sich nicht von *la fesse* her, sondern geht auf das altfranzösische *faisse*, *fece* zurück, dem wiederum das lateinische *fascia* zugrunde liegt: Band, Binde, Leibgurt, Busenband, Gurt am Bett, Rutenbündel – kurz, jede Form von Fesseln, die die freie Entfaltung des Menschen beeinträchtigt. Seit 1489 herrschte in Frankreich dann die Bedeutung »mit der Rute schlagen« vor. Erst später führte die formale Annäherung von *les fesses* (Gesäß) und *fesser* zu der heute gängigen Bedeutung von *fesser*, mit dem einzig die Verabreichung von Schlägen auf den Hintern – und zwar mittels der Hand – bezeichnet wird. Eine Vorstellung davon liefert uns Max Ernsts Bild *Die Jungfrau schlägt das Jesuskind in Gegenwart von drei*

Kupferstich aus dem 18. Jahrhundert

Zeugen: André Breton, Paul Eluard und der Maler (1926), auf dem die Mutter Gottes dem Kind eine ordentliche Tracht Prügel verabreicht. Doch wie heißt es doch in einem Chanson von Gaultier-Garguille: »Schlag nur kräftig zu, sagte die Mutter, die Haut auf dem Hintern wächst wieder nach.«

In einem französischen Wörterbuch aus dem 19. Jahrhundert wird das Wort *fessée* eindeutig als Schläge (mit der Hand oder der Rute) auf das Gesäß definiert. Und für Anatole France stellt das Versohlen die beste Methode dar, einem Menschen »über den Hintern Tugend einzubleuen«. Auch wenn die Hand für diese Aufgabe besonders geeignet erscheint, so kann doch nicht verschwiegen werden, daß manche Menschen nicht zögern, zu anderen Mitteln zu greifen: Nesseln, eine Handvoll Dornen oder die Knute. Die Comtesse de Ségur, eine französische Kinderbuchautorin des 19. Jahrhunderts, erinnerte sich offenbar noch gut der Bauernkinder, die in Rußland, wo sie ihre Kindheit verbracht hatte, Opfer der Knute wurden. Der Zeichner, der die Illustrationen zu ihrer Geschichte *Un Bon Petit Diable* (Ein richtiger kleiner Teufel) anfertigte, tat noch ein übriges: Der kleine Junge auf dem Bild trägt einen Kilt, der von der unbarmherzigen Peitsche hochgezogen wird. Die Comtesse, die mit dieser Bereicherung ihrer Geschichte nicht gerechnet hatte, schien sie gleichwohl gutzuheißen. Im übrigen bleibt sie selbst recht vage, was die Bestrafungen angeht. »Die Marter war kurz, aber heftig«, schreibt sie im selben Buch, als Maria Petrovna, selbst groß im Züchtigen anderer, Opfer des lächelnden Kapitäns Ispravnik wird. Anders als der Marquis de Sade schildert die Comtesse die Schläge nicht im Detail, sondern zieht es vor, bei der bloßen Ankündigung zu bleiben. Doch die dabei von den Opfern empfundene Erniedrigung und Wut ist jedesmal groß. Sie vertrat die Ansicht, daß das Prügeln gar nicht lang genug dauern konnte, nämlich bis die Rute auf dem Rücken des Opfers zerbrach und das Gesäß von roten Striemen gezeichnet war. Es sei gut, so liest man in *Les Petites Filles Modèles* (Die kleinen Modellmädchen), wenn andere Kinder auch noch in großer Entfernung »das Wehklagen und Flehen der kleinen Diebin« hörten. Voilà, so sieht eine echte Tracht Prügel aus. Einige Lehrer (die Leiris die Profiteure der Züchtigung nennt) sehen darin den Grundstein einer Berufung: In den Einrichtungen der Jesuiten gab es Brüder, deren besondere Aufgabe es war, Schüler, die gegen die Regeln verstoßen hatten, öffentlich zu züchtigen. Man nannte sie die *frères fesseurs* – die Arschpauker. Wie es in einem Lied von Béranger heißt:

Wir sind es, die sie schlagen,
und immer wieder schlagen,
die süßen kleinen Dinger, die süßen kleinen Jungs.

Zwischen Schlägen und dem Hintern besteht offenbar eine gewisse Affinität. So etwas wie Liebe auf den ersten Blick. Was ist so zart, so passiv, so voller blindem Vertrauen und damit so sehr für Schläge und obskure Formen der Hingabe bestimmt wie das Gesäß? Ein Schlag auf den Hintern ist wie eine Ohrfeige (*la gifle*). Die Affinität zwischen Wange und Ohrfeige wird in der französischen Sprache besonders deutlich, da man mit dem Wort *gifle* vom 13. bis ins 17. Jahrhundert hinein die Wange bezeichnete. Die Ohrfeige ist also gleichsam eine Ausgeburt der Wange. So erscheint es nur natürlich, daß aus dem Wort für Wange (*gifle*) schließlich der Schlag mit der flachen Hand auf dieselbe, also die Ohrfeige (*gifle*) wurde. Die enge Verbindung zwischen Wange und Gesäß wiederum ist alles andere als zufällig, häufig werden beide sogar gleichgesetzt: Nicht umsonst nennt man im deutschen Sprachraum die Wangen auch »Backen« und spricht umgekehrt von »Pobacken«, die zu einem Klaps – ähnlich der Ohrfeige – einladen.

Seine Blütezeit, zumindest verbal, feierte das Versohlen im Frankreich des 17. Jahrhunderts. In zahlreichen Redewendungen tauchte das Verb *fesser* (versohlen) auf, in wörtlichem wie übertragenem Sinne. So berichtet zum Beispiel Regnard von charmanten, jedoch schon leicht beschwipsten jungen Frauen, die ihren Champagner »versohlten« (*fessaient leur vin de Champagne*) – womit nichts weiter gemeint war, als daß sie ihn schnell austranken –, um am Ende des Mahls recht zutraulich zu werden. Was dagegen die echten

Säufer anging, so verprügelten sie – allerdings buchstäblich zu verstehen – ihre Geliebten, was immerhin weniger kompromittierend war, als ein junges Mädchen zu erwürgen oder eine Negerin zu ersticken. Die Zeit Ludwigs XIV. war äußerst schnellebig, und es herrschte die Tendenz vor, dieses allgemeine Lebensgefühl mit einer gewissen Impertinenz offen zur Schau zu stellen. Das Leben selbst sollte geschlagen werden, statt es passiv zu ertragen.

Das Versohlen eines Hinterns durch Majestäten wie später auch das aus patriotischen Gründen durchgeführte wird immer wieder als ein Vergnügen für die Person dargestellt, die das Privileg hat, dabei den aktiven Part zu übernehmen. Der Gedanke, daß auch das Opfer dabei Vergnügen empfinden könnte, kam erst in der Moderne, genauer gesagt, im 18. Jahrhundert auf. Werfen wir einen Blick auf Katharina von Medici und darauf, wie sie das Versohlen handhabte. Pierre de l'Estoile berichtet von einem Bankett, das sie im Mai 1577 in Chenonceaux gab und bei dem die schönsten und ehrbarsten Hofdamen halbnackt und wie Bräute mit aufgelöstem Haar bei Tisch bedienten. Pierre Brantôme, immer auf der Jagd nach derartigen Details, erhellt diesen merkwürdigen Umstand: Da die Königin eine große Hure sei, sich mit ihrer natürlichen Lüsternheit aber nicht zufriedengebe, »ließ sie, um sich zu erregen und ihre Lust zu steigern, die schönsten unter ihren Damen und Mädchen entkleiden, um sich an deren Anblick zu erfreuen; dann schlug sie hart, so daß es laut klatschte, mit der flachen Hand auf den Hintern;, die Mädchen jedoch, die etwas falsch gemacht hatten, wurden mit kräftigen Ruten geschlagen; und sie genoß es zuzusehen, wie sie sich bewegten, wie sich ihre Gesäße und Körper auf seltsame und unterhaltende Weise unter den Schlägen, die sie empfingen, wanden.« Bei anderer Gelegenheit, fügt Brantôme hinzu, »mußten die Mädchen sich zwar nicht ausziehen, aber ihre Röcke heben, was das gleiche bewirkte, denn damals trug man keine Unterhosen. Dann bearbeitete sie ihre Gesäße mit der Hand oder der Peitsche, je nach dem Anlaß, den sie ihr dazu gaben, um sie entweder zum Lachen oder Weinen zu bringen. Der Anblick all dessen steigerte ihren Appetit in einer Weise, daß sie die Mädchen des öfteren mit Vorsatz an einige der anwesenden starken und robusten Männer weiterreichte.« Was für eine launenhafte Frau! seufzt Brantôme.

Die Tracht Prügel, die man während der Revolution verabreichte, war vielleicht von ähnlichen Hintergedanken beherrscht. So zeigt zum Beispiel ein Druck aus dem Jahr 1791 die Auspeitschung einer Grauen Schwester: Eine Menschenmenge hat sich eingefunden, um dem Schauspiel beizuwohnen, einige Zuschauer haben sich mit Lorgnetten ausgerüstet, andere verharren in Bewunderung vor dem Anblick dessen, was man wohl einen Hintern »in aller Herrlichkeit« nennen muß. Denn die Nonne, deren Gesicht der Staub verschleiert, bietet dem Publikum im Licht der strahlenden Sonne ihren Hintern wie eine Monstranz dar, wie eine Sonnenblume oder ganz einfach wie ein himmlisches Wunder. Die Verse unter dem Bild erinnern daran, daß man die Nonnen bis in die letzten Winkel ihrer Klöster verfolgte, sie im Schlafsaal, den Zellen, der Kapelle und im Keller aufspürte, um sie ohne Scham und Skrupel auszupeitschen, zuweilen sogar bis aufs Blut. Diese Art der öffentlichen Erniedrigung war in der Zeit der Schreckensherrschaft weit verbreitet. Man weiß, daß Olympe de Gouges, die man wohl eine frühe Feministin nennen könnte, den Verfolgern mit knapper Not entkam, ihre Gesinnungsgenossin Théroigne de Méricourt jedoch wurde im Mai 1793 auf der Terrasse des Feuillants in den Tuilerien von »jakobinischen Megären« fürchterlich ausgepeitscht. Das vorzeitige Erscheinen Marats, des Gottes der Citoyennes, bereitete diesem traurigen Spektakel zwar ein Ende, doch Théroigne, die die Schläge, wie der Historiker Michelet schreibt, in ein »schmutziges Tier« verwandelt hatten, verlor den Verstand und wurde in die Salpêtrière gesperrt.

In Wahrheit vertrugen sich Antiklerikalismus und Geilheit außerordentlich gut, und auch wenn einige, wie der Père Duchesne behauptete, tatsächlich die Absicht verfolgten, den Seelen dieser alten Frauen und jungen, bigotten Nonnen mit ähnlichen Mitteln Patriotismus einzubleuen, die sie selbst zuvor gegenüber den ihnen anvertrauten Schulmädchen angewendet hatten, so ließ sich doch nicht leugnen, daß sie damit auch die Sensationslust der Massen befriedigten. Es wurden sogar äußerst wollüstige Listen der so versammelten Hintern aufgestellt, wie die im folgenden zitierte Aufstellung klerikaler Hinterteile, die 1791 von den Damen aus La Halle und dem Faubourg Saint-Antoine ausgepeitscht wurden:

»Die Rekollektinnen aus der Rue du Bac präsentierten sechzig ausgetrocknete, gelbliche Hintern; man glaubte, verfaulte Kürbisse vor sich zu haben.

Mit den Töchtern des Kostbaren Blutes dagegen verhielt es sich anders: Hintern so weiß wie Schnee und wohlgerundet. Ein Bürger in der Menge versicherte, daß man hier die hübschesten Ärsche der gesamten Stadt auspeitschte. Auch die Grauen Schwestern aus den Gemeinden von Saint-Sulpice, Saint-Laurent, Sainte-Marguerite, La Madeleine und Saint-German l'Auxerrois wurden nicht verschont, und zwar zu Recht, da diese Betschwestern die Taktlosigkeit besaßen, Gesäße zu zeigen, die ausnahmslos abscheulich waren, schwarz wie Kröten.

Was die Töchter des Kalvarienberges angeht, so stellten sie unverhohlen im hellen Licht des Tages runde, braune Gesäße zur Schau, die wahrhaft für patriotisch hätten erachtet werden können, wären sie nicht durch schwarze Unterröcke bedeckt gewesen.

Einer genauen Erhebung zufolge wurden 621 Gesäßbacken ausgepeitscht; insgesamt 310 und ein halber Hintern, da die Säckelmeisterin der Miramiones nur eine Gesäßbacke hatte.«

Ist es möglich, durch das Gesäß Gnade zu empfangen? Offenbar ja. Rousseau, so scheint es, verdanken wir die erste Schilderung einer Tracht Prügel, die das Opfer in Verzückung versetzt. Das Ereignis, auf das er sich bezieht, fand 1723 statt. Er war damals elf Jahre alt und lebte bei Pastor Lambercier in Bossey nahe Genf, als dessen Tochter ihm eines Tages den Hintern versohlte. Und merkwürdigerweise erfüllte diese Züchtigung ihn nur noch mit größerer Zuneigung für die junge Frau, die sie ihm verabreichte. So schreibt er in seinen *Bekenntnissen*: »Denn ich hatte dem Schmerz, der Schande selbst, eine Sinnlichkeit beigemischt gefunden, die mir mehr Lust als Furcht gemacht hatte, sie abermals durch die gleiche

Hand zu erfahren.« Doch die zweite Tracht Prügel von Mademoiselle Lambercier sollte zugleich auch die letzte sein, denn als sie sah, wie wenig Furcht ihm die Strafe einflößte, erklärte sie, daß sie sie nicht noch einmal durchführen werde und zu müde sei. Was Rousseau außerordentlich betrübte. Denn er glaubte, ein Opfer jenes »wunderlichen, bleibenden und bis zur Verderbtheit, ja Narretei gehenden Geschmacks« zu sein. Es folgt eine ganze Seite intimer Bekenntnisse, aus denen hervorgeht, daß diese Tracht Prügel, die er in seiner Kindheit empfangen hatte, die Neigungen und Leidenschaften seines weiteren Lebens bestimmte.»Zu den Füßen einer herrischen Geliebten zu liegen, ihren Befehlen zu gehorchen, sie um Vezeihung zu bitten, waren für mich süßeste Freuden, und je mehr meine lebhafte Einbildung mir das Blut erhitzte, desto mehr hatte ich das Aussehen eines verzückten Liebhabers.« In einer derartigen Situation stellen sich Fortschritte in der Liebe nur zögerlich ein, doch auch das Herz reift nur langsam, seine Kasteiungen sind unendlich, seine Leiden ungezählt. Freud wiederum beschrieb bekanntlich die schmerzhafte Stimulierung der Gesäßregion als einen der erogenen Ursprünge der passiven Vorliebe für Grausamkeit.

Im 18. Jahrhundert war die Flagellation durchaus gängige Praxis. Nicht nur in den Klöstern, wo »die heiligen Schwestern mit Wonne ihre Schülerinnen kasteiten und die heiligen Väter ihre Schützlinge mit gleicher Lust von ihren Sünden befreiten«, sondern auch und vor allem in libertinären Kreisen, in denen diese Form der Züchtigung zum festen Bestandteil des Arsenals der Wollust wurde. Im Zeitalter des Marquis de Sade existierte in Paris der sogenannte *Club des Verges* (Club der Ruten), in dem sich die Frauen mit »anmutiger Eleganz« gegenseitig geißelten. Bekanntlich wurde Sade 1768 nach einem Vorfall ähnlicher Art, bei dem eine Bettlerin namens Rose Keller gegen ihren Willen festgehalten, entkleidet und mit Ruten ausgepeitscht worden war, im Château de Saumur eingesperrt. Bei ihm führte das Versohlen immer zum Schlimmsten, und anders als im Falle Rousseaus legte es auch nicht den Grundstein für eine lebenslange Bestimmung. Im Gegenteil,

Sades Vorliebe für das Prügeln führte manchmal sogar dazu, das Leben erheblich zu verkürzen. Im übrigen konzentrierte er seine Überlegungen zum Versohlen in einer eigenen Theorie. »Es gibt kaum eine köstlichere Leidenschaft«, sagt Clairwil in *Die Geschichte der Juliette*, »kaum etwas, das meinen ganzen Körper mit größerer Sicherheit erregen könnte.« Dabei ist zwischen passiver und aktiver Flagellation zu unterscheiden. Clairwil erklärt sich zur Anhängerin beider Varianten. Erstere sei wirkungsvoller, um die »durch die Exzesse der Wollüstigkeit geschwächten Lebenskräfte« zurückzugewinnen, sie beschleunige das Blut, versorge die Zeugungsorgane mit Wärme, fördere die Ejakulation und ermögliche es schließlich sogar, die unzüchtigen Freuden über die Grenzen des Natürlichen hinaus zu steigern. Was letztere, also die aktive Flagellation, angehe, so sei sie eine Form der Folter, die demjenigen, der ein »junges, interessantes und sanftes Objekt« erwählt, größte Wollust verspricht. »Freuen wir uns an seinen Tränen, erregen wir uns an seinen Schmerzen, reizen wir uns auf an seinen Sprüngen, entflammen wir uns an seinem Aufbäumen, an seinen wollüstigen Drehungen, die der Schmerz dem geplagten Opfer abnötigt. Lassen wir sein Blut und seine Tränen fließen. Ergötzen wir uns daran, auf seinem hübschen Gesicht die Verzerrungen des Schmerzes und die durch die Verzweiflung verursachten Muskelreflexe zu genießen. Ernten wir von seiner Zunge jene purpurnen Ströme, die sich so gut gegen die Lilienfarbe einer zarten und weißen Haut abheben.«

Bei Licht betrachtet, sind bei Sade die Grenzen zwischen Flagellation und Verbrechen fließend. Die Gesäße werden aufgerissen, gebissen, gepeitscht, gegeißelt und grausam gequält, bis aufs Blut mit Dornen malträtiert, mit Peitschen geschlagen, deren Spitzen mit Stahlspitzen versehen sind, mit Stiletten liebkost, die dem Fleisch tiefe Schnitte zufügen, mit glühend heißen Zangen versohlt, mit Eisenkämmen aufgerissen, mit anderen Worten, es gibt kein Entkommen. Die Tracht Prügel im Stile Sades ist identisch mit Mord. In *Die Neue Justine* stellt sich Sade sogar eine »äußerst geniale« Maschine vor, die es erlaubt, das Fleisch derart zu dehnen, daß das Blut in Strömen hervorspritzt.«Während die Frauen ausgestreckt liegend festgebunden waren, konnte man mittels eines Federmechanismus ihre Beine und Schenkel so weit auseinanderspreizen, wie man wollte, und den oberen Teil ihres Körpers nach unten, bis auf die Erde biegen. Man legte sie auf den Bauch: auf diese Weise ragten ihre Ärsche hoch in die Luft, und die Haut wurde so straff gespannt, daß bereits nach weniger als zehn Rutenschlägen das Blut in Strömen floß.« In ihrer dunkelsten Epoche verfolgte die Züchtigung des Gesäßes nur ein einziges Ziel: daß »aus jeder Pore Blut tropfte«. Kurz, das Fleisch wurde in ein Meer aus Blut verwandelt. Seitdem ist man zu einer wesentlich trockeneren Vorstellung von einer Tracht Prügel gelangt.

Das demütige Darbieten des Hinterteils wird seit jeher als Beschwichtigungsgeste verstanden, selbst unter den Affen. Doch manche Menschen lassen sich durch das Einnehmen einer unterwürfigen Körperhaltung allein nicht beschwichtigen, sie verlangen nach sichtbareren Zeichen der Erniedrigung. Diese Erfahrung haben vor allem Kinder gemacht, und nicht wenige machen sie auch heute noch, trotz der in vielen Ländern geltenden, gesetzlich verankerten Verbote. Über lange Zeit hinweg hat das Versohlen des Gesäßes die Menschheit in zwei Lager geteilt. Die entscheidende Frage, die sich allerdings stellt, ist diejenige, wie man die Tracht Prügel verabreichen soll. Mit der Hand, wie der Autor Tony Duvert insistiert: »Mit der bloßen Hand auf einem nackten Hintern erreicht man auf diesem Gebiet Perfektion.« Für gewöhnlich werden die Pobacken nicht getrennt behandelt. Man schlägt nicht erst die eine und dann die andere, sondern beide zugleich. Die ausgeführten Schläge sollen in lebhaftem Rhythmus beide Gesäßbacken zusammendrücken und erschüttern, »mit allem, was sie bedecken, und allem, was ihnen, das heißt sowohl ihrem Fett als auch ihrer Haut, dieses wohlige Aussehen verleiht, diese angenehme und fließende Struktur, diese leuchtende Vollkommenheit, die jeden Maler überwältigt hat, der sie gedanklich zu durchdringen versuchte«. Genaugenommen, so argumentiert Duvert weiter, konzentrieren sich diese Klapse, Schläge oder Erschütterungen vor allem auf die

Spalte, die Ritze zwischen den Hinterbacken. Und *nolens volens* übertragen sie sich wie ein Erdbeben oder das Zittern eines Unterkiefers auf den Anus, jenen kleinen, dem Reifen eines Spielzeugautos vergleichbaren Ring, der dehnbar, aber auch verletzlich ist. Die brennenden Vibrationen der Schläge regen das gesamte Nervensystem an und haben ohne Frage eine Stimulierung der Geschlechtsorgane zur Folge, die zuweilen sogar bis zur Befriedigung führen kann. Das Versohlen des Hinterns, schließt Duvert, ist also ein Vergnügen oder sollte es zumindest sein. Es ähnelt dem Analverkehr. In beiden Fällen handelt es sich um eine Form der passiven Masturbation. Jemand beschäftigt sich mit unserem Schicksal, unserem Körper. Ein in der französischen Umgangssprache gängiges Slangwort für das Bestraftwerden heißt denn auch *une branlée*, »sich einen runterholen«. Womit zum Ausdruck kommt, daß das Versohlen nicht zwangsläufig so barbarisch sein muß, wie man gemeinhin annimmt, sondern im Gegenteil sogar etwas Herzliches haben kann.

Dem widerspricht Jacques Serguine in seiner *Eloge de la fessée* entschieden, wenn er fordert, Kinder dürften in keinem Fall und unter keinen Umständen geschlagen werden. Und warum nicht? Nun, zum einen aus Platzmangel: »Ihre übrigens außerordentlich hübschen Hintern sind einfach noch zu klein.« Und zum anderen, weil es ihnen weh tut. Wir werden allerdings nicht verschweigen, daß Serguine dennoch ein Monomane ist, was das Versohlen angeht. Auch er hat eine hübsche Theorie dazu entwickelt, die er vor allem mit der Frau in die Praxis umsetzt, die er liebt und die ihn liebt. Es versteht sich, daß er sich das Versohlen nicht zur Gewohnheit gemacht hat, um sie zu bestrafen, und das Sprichwort »Schlag deine Frau, auch wenn du nicht weißt, wofür: sie weiß es« stößt bei ihm auf kein Verständnis. Nein, er versohlt sie nicht, um sie zum Schweigen zu bringen, über sie zu triumphieren oder sie zu erniedrigen, sondern um sie mehr zu lieben. Dieses Versohlen ist kein Akt des Zwangs oder der Einschränkung, sondern der Einwilligung und Zustimmung. Eine Tracht Prügel, so sagt Serguine, »ist nur eine unter vielen Gesten der Liebe«, »eine Variante der Zärtlichkeit«. Denn Serguine ist vom Hintern im allgemeinen und dem seiner Frau im besonderen fasziniert. »Man könnte sagen, daß er mich wie ein Blitzschlag trifft, er ist funkelnd und weich, er entfesselt meinen Hunger und meinen Durst, kurz, er versetzt mich in einen Zustand der Raserei. Er verwandelt mich in einen Verrückten, in eine Kreatur, deren Innerstes man nach außen gekehrt hat, wie bei einem Hasen, dem man das Fell abzieht, in einen Kannibalen.« Das sind seine Worte. Auf die Frage, ob er einverstanden wäre, selbst versohlt zu werden, antwortet Jacques Serguine einigermaßen nüchtern (und wenig begeistert): »Sollte die Frau, die ich liebe, je diesen Wunsch verspüren, nun gut, warum nicht?« Wie dem auch sei, in jedem Fall ist er davon überzeugt, daß man eine Tracht Prügel nicht einfach so, ohne jede Vorbereitung, nur aus einem Impuls heraus verabreichen sollte, sondern allein im Einklang mit extrem genau definierten Regeln, die er aufgestellt hat, um das Versohlen zur Kunst zu machen.

Zunächst einmal, wann sollte man eine Tracht Prügel verabreichen? Es ist zu empfehlen, nicht aus einem Anflug von Ärger heraus zu schlagen (das Versohlen beruht auf Zuneigung, nicht auf Abneigung) und auch nicht in allzu unregelmäßigen Abständen. Deshalb entschied er sich dafür, seine Frau immer freitags zu versohlen. Freitag, so sagt er, sei ein guter Tag.

Welche Stellung sollte man einnehmen? Das ist einfach: Die Frau muß sich nur umdrehen, oder aber er dreht sie selbst um. Dann legt er sie sich über die Knie. In dieser Stellung ragt ihr wunderbar runder kleiner Hintern auf unvergeßliche, harmonische und provokative Weise in die Höhe. Sie versucht dabei, so gut als möglich die Balance zu halten, und insgeheim genießt sie es.

Wie verhält man sich im Hinblick auf ihr Höschen? Denn Serguine zufolge sollte die Frau, die man schlägt, weder angezogen sein noch aufrecht stehen, zugleich darf sie aber auch nicht nackt beziehungsweise vollkommen nackt sein. »Für mich steht außer Frage, daß das Wesen und die Bedeutung des Versohlens auf der gebeugten Position und dem Akt des Ausziehens beruhen: Damit meine ich, um es noch genauer zu sagen, das teilweise Entkleiden des Körperteiles, um den es beim Versohlen geht.« Auch was Stoff und Farbe jener »umwerfenden, verwirrenden, überwältigenden Höschen« angeht, ist Serguine äußerst anspruchsvoll. Der Stoff soll so dünn wie möglich sein, aber nicht transparent, zugleich sehr weich, einfarbig und glatt: Dies, so sagt er, entspricht seinem auf peinliche Genauigkeit versessenen Wahnsinn. Denn ein derartiger Stoff imitiert die samtene Feuchtigkeit der Haut oder beleidigt sie zumindest nicht. In jedem Fall bleibt die erotischste aller Farben bei einem weichen, seidigen Stoff das einfache Weiß.

Wie soll man die Frau ausziehen? Man beginnt mit dem Herunterziehen des winzigen Slips, was dem Gefühl gleichkommen sollte, als ob man unter exquisiten Schmerzen eine Lage Haut von seinem eigenen Herzen zöge. Dabei ist zu beachten, daß man den Slip nicht ganz ausziehen darf, damit er dem Hintern noch als Rahmen, gleichsam als Schmuckkästchen dienen kann. Auch andere haben größten Wert auf das gelegt, was das Gesäß einrahmt, ob es sich nun um Strümpfe, Lederriemen oder – wie bei Sades Juliette – um eine Dornengirlande handelt. Dieser Rahmen umgibt den Po wie eine Aureole. »So eingebettet«, schreibt Serguine, »zwischen dem Höschen und dem hochgeschlagenen, zerknautschten Rock, scheint der Hintern glänzend und feucht, blaß und strahlend, in seiner Gänze dargeboten zugleich unschuldig und provokant, schwach und zart wie ein Kind, und wie dieses auch unaussprechlich stolz und verdorben.«

Wie ist schließlich, wenn der Slip entfernt worden ist, die Tracht Prügel zu verabreichen? Nun, das ist das einfachste von der Welt, sagt Serguine. Man bedeckt mit seinen Schlägen den ganzen herrlichen Hintern, geht von oben nach unten, von links nach rechts, Schlag um Schlag. So erreicht man schließlich den Punkt, an dem die Frau, die man schlägt, zu weinen beginnt. Ihre Tränen sind ein untrügliches Indiz dafür, daß das Versohlen erfolgreich verläuft. Es gibt noch andere Anzeichen, darunter vor allem die Klangqualität der Schläge. Zugegeben, der Hintern einer Frau ist zwar keine Trommel, aber dennoch sollten die Schläge auf denselben einen ganz bestimmten Klang haben. Die Frau wird darauf reagieren, indem sie instinktiv ihren süßen Hintern anspannt und kleine, unterdrückte Schreie ausstößt. Es folgt die Entspannung, die Aufgabe, der Augenblick, in dem die Frau die Schläge akzeptiert und genießt: Ihr Hintern wird weich und nachgiebig, öffnet sich, wird ruhig unter dem brennenden Hagel der Schläge. Schließlich, und das ist ganz entscheidend, wird dieser anmutige und verwirrende Hintern rot, er nimmt den samtenen und brennenden Hauch einer im Sonnenlicht leuchtenden Erdbeere an, was Serguine zu der Behauptung veranlaßt, daß er die Schläge in der Hand fühlt.

Jetzt ist der Moment gekommen, um die Frau in die Arme zu nehmen, sie schnell und rücksichtslos ganz auszuziehen, sie gleich wo, auf dem Fußboden, Bett oder sonstwo, auf den Rücken oder Bauch zu werfen, um sein Geschlecht in jenen Wogen willigen und gierigen Fleisches zu vergraben, das durch die Tracht Prügel vorbereitet wurde.

Bleibt uns noch ein spezielles Hilfsmittel zu erwähnen, die Haarbürste. Anders als Erskine Caldwell in *Gottes kleiner Acker* erachtet Serguine ihre (offenbar vor allem im angelsächsischen Raum beliebte) Verwendung, gleich, ob man mit der Rückseite oder den Borsten zuschlägt, als genuin ketzerisch. Denn bei den Schlägen mit der Haarbürste überwiegt der geißlerische, repressive Aspekt des Versohlens, der sie ihrer sinnlichen Komponente beraubt. Nein, die Tracht Prügel ist mit der Hand zu verabreichen, darüber herrscht auf der ganzen Welt seiner Meinung nach Einigkeit (die einzige Ausnahme bildet Singapur, wo man den Einsatz des spanischen Rohrs vorzieht). »Ob flüchtig oder geißlerisch, ob ausführlich oder eher kurz, eine Tracht Prügel sollte sich immer zwischen Schlägen und Zärtlichkeiten bewegen, man könnte behaupten, sie beginnt und endet auf halbem Wege zwischen diesen beiden Polen und ist damit dem vergleichbar, was in der Medizin die Schwelle des *ausgesuchten Schmerzes* genannt wird.«

Die schönen Begleiterinnen der Venus

Der Überlieferung nach sind die drei Grazien Töchter des Zeus. Hesiod nannte sie die »Grazien mit den schönen Wangen« – Aglaia, Euphrosyne und die liebenswerte Thalia. Sie personifizieren Anmut wie Schönheit und damit die angenehmen Seiten des Lebens. Das dürfte auch der Grund dafür sein, daß Menschen aller Zeiten immer wieder hingerissen waren von diesen drei jungen Frauen. So wurde in der hellenistischen Epoche eine Marmorstatue von ihnen angefertigt, deren Kopie man in Siena betrachten kann, sie finden sich auf Wandgemälden in Pompeji, und auch etliche Renaissancemaler verewigten sie. Stellte man diese Nymphen zunächst bekleidet dar, so gaben sie bald allen Widerstand auf und entledigten sich beim ersten Windstoß ihrer Kleidung.

Doch woher stammt die Vorstellung von den drei Grazien? Vielleicht waren sie ursprünglich Teil einer Gruppe von Tänzerinnen, die, nebeneinander stehend, die Arme auf die Schultern der jeweils nächsten gelegt, dem Zuschauer immer abwechselnd das Gesicht oder den Rücken zugewandt hatten – ein recht häufig anzutreffendes Motiv in der klassischen griechischen Choreographie. Ein Künstler könnte dann die Inspiration gehabt haben, drei Figuren aus dieser Reihe zu isolieren und zu einer konzentrierten symmetrischen Komposition zu verdichten, indem er sie als die schönen Begleiterinnen der Venus darstellte. Wenn dann noch gegeben war, daß eine der Figuren sich leicht nach links, eine andere ein wenig nach rechts wandte, dann ließen sich die Anatomie und die Körperstellungen dieser jungen Mädchen aus jedem Blickwinkel bewundern: Linkes Profil, halbe Rückenansicht und rechtes Profil zeigen die vorteilhaftesten Seiten der Frau, während das Gesäß im Zentrum der Komposition steht. Seneca zufolge entsprechen diese Positionen den drei Aspekten des Geschenkes (Geben, Annehmen, Zurückgeben), wobei allerdings nicht deutlich wird, mit welchem Aspekt die Stellung des Gesäßes korrespondiert. Es versteht sich, daß dieses Motiv auch von zahlreichen Malern aufgegriffen wurde, die – zur Zweidimensionalität verdammt – hier eine Möglichkeit sahen, mit den Bildhauern zu konkurrieren, indem sie dem Be-

Die drei Grazien, römische Wandmalerei aus dem 1. Jahrhundert

trachter die Illusion verschafften, ein und dieselbe Frau aus verschiedenen Blickwinkeln zu sehen, als werde ihr Bild mehrfach gespiegelt. Denn es stiftet angenehme Verwirrung, wenn man nicht weiß, ob man drei verschiedene, sich aber zum Verwechseln gleichende Frauen vor sich hat oder eine einzige in drei Gestalten. Größte Befriedigung stellte sich zweifellos erst in dem Moment ein, in dem der indiskreteste und unaussprechlichste Körperteil enthüllt wurde. Ungeachtet der Tatsache, daß die Künstler der Renaissance die Grazien im allgemeinen eher keusch auftreten ließen, hatten die meisten Bordellschilder in Italien eben sie zum Motiv.

Zu ihrer Schönheit trug außerordentlich bei, daß man sie mit feuchten Gewändern versah, wie sie die Grazien auf Boticellis Gemälde *Frühling* (um 1478) tragen. Der fließende, an der Haut klebende Stoff akzentuiert nicht nur die Konturen, sondern auch die angedeuteten, wie schwebend wirkenden Bewegungen. Die Grazien des Florentiners, die an die antiken Mänaden erinnern, erscheinen fließend und vollkommen nackt. Ihre Gesäße sind nicht prachtvoll mächtig, sondern haben vor allem etwas Engelsgleiches. Es ist das an Butter erinnernde Fleisch der Erzengel. Kenneth Clark spricht in diesem Zusammenhang von einer »Melodie von himmlischer Schönheit«. Mag sein. Doch die Finger der einen kommen der Schamgegend der anderen gefährlich nahe. Es ist dies eine kaum wahrnehmbare Berührung, eine Kaskade von Wellenbewegungen, eine ätherische Sinnlichkeit, denn bewegt werden diese Grazien nur durch einen Windhauch, während das Wasser ihnen Schönheit verleiht. Kaum berühren sie den Boden unter ihren Füßen, und ihre Aufmerksamkeit ist ganz auf sie selbst gerichtet. So überirdisch, wie Clark uns glauben macht, ist die Melodie also gar nicht. Die Pos von Boticellis Grazien scheinen sich aus sich selbst heraus mit Verlangen zu erfüllen. Bei Raffael wie auch bei Correggio dagegen haben die Gesäße eindeutig die Musik zugunsten des guten Essens aufgegeben. Sie sind entschieden runder.

Correggios *Grazien* (um 1518) haben sich dennoch eine gewisse Beweglichkeit bewahrt. Mit ihren langen, im Winde wehenden

Locken sehen sie fast wie die Furien aus, doch alles weist auf wohlgenährte Schenkel und Hintern hin. Der Po bei Correggio verfügt über die cremige Weichheit einer Sahnetorte. Raffaels *Grazien* (um 1505) sind nicht weniger sinnlich und ohne Frage wohlgenährter als die Boticellis, dafür schenken sie sich gegenseitig kaum Aufmerksamkeit. »Diese süßen, runden Körper«, schwärmt Clark, »sind so sinnlich wie Erdbeeren.« Warum auch nicht? Ihre Gesäße vermögen durchaus zu erfreuen. Doch es fehlt ihnen an Lebendigkeit. Vielleicht wirken diese Grazien einfach zu sehr herausgeputzt, zu affektiert und künstlich. Sie umarmen sich zwar, doch ohne Verlangen, sondern eher um der Pose willen. Und der Apfel, den sie in den Händen halten, ist kein Symbol der Lust, sondern nichts weiter als ein hübscher Farbtupfer. Kurz gesagt, während der Hintern bei Correggio zu Schabernack aufgelegt zu sein scheint, wartet er bei Raffael sichtbar gelangweilt darauf, daß der Maler mit dem Bild fertig wird. Bei Cranach schließlich findet ein Szenenwechsel statt. Sein *Urteil des Paris* (1530) versetzt drei neue Grazien, Hera, Athene und Aphrodite, kurzerhand in eine bayrische Umgebung. Diese – sich den Preis der Schönheit streitig machenden – Mädchen erwarten mit ganz unterschiedlichem Gesichtsausdruck und verstohlenen Seitenblicken das Urteil des in seiner Rüstung unter einem Baum sitzenden Paris.

Mit ihren geraden Schultern, den hoch angesetzten Brüsten, hervortretenden Bäuchen und langen, schlanken Beinen verraten sie eine gewisse Sehnsucht nach dem gotischen Ideal. Sie sind nackt oder doch fast nackt: nur ein leichter Schleier bedeckt ihre Hüften, dazu tragen sie schwere Halsketten und unglaubliche Hüte, die unwillkürlich an die Ringe des Saturn erinnern. Cranachs Gesäß, in dem eine gewundene Linienführung und schwache Konturen aufeinandertreffen, erinnert an ägyptische Basreliefs. Es ist der Po einer Heranwachsenden: Cranach hatte eine Vorliebe für unreifes Gemüse und junge Knospen. Einige Kritiker haben behauptet, der Kontrast zwischen der Weichheit des nackten Fleisches und der glänzenden Rüstung des Paris verweise in Wahrheit »auf die Komplementarität von eregiertem Penis und der sich ihm öffnenden

Vagina«. Der Vergleich ist gewagt. Nichts von alledem findet sich selbstverständlich in Rubens' Bild wieder. Seine *Drei Grazien* (1638-40) wirken wie die Apotheose des Gesäßes, denn bei Rubens scheint nun endgültig alles in den Hintern geflossen und jede Anmut gänzlich verlorengegangen zu sein. Es läßt sich nicht leugnen, daß der weibliche Körper, soll er nicht mager oder dürr erscheinen, weniger leicht zu kontrollieren ist und rasch eine gewisse Schlaffheit annimmt. Genau dies trifft auf die teigige Fülle des Fleisches bei Rubens zu. Seine Gesäße – wenn sie denn welche sind – haben den Fehler, daß sie furchtbar unregelmäßig erscheinen.

Der flämische Hintern, das wird man nicht leugnen können, ist ein Hintern im Stadium des Zerfalls. Er ist fett, geschwollen und von Cellulite gezeichnet. Diese unter ihren weißen Schleiern tanzenden Grazien sind kaum verführerisch zu nennen: Alles, was man sieht, sind Fettrollen. Und man kann nicht umhin, eine gewisse Ähnlichkeit zwischen diesen Damen und den zum Erntedankfest in einer Dorfkirche ausgestellten Kürbissen festzustellen. Gleichwohl hat man sich für sie begeistert. Sie seien, so wurde immer wieder behauptet, Dankeshymnen an den Reichtum der Schöpfung; sie brächten die Sanftheit fließenden Wassers zum Ausdruck; sie besäßen jene Menschlichkeit, die Thomas von Aquin als wesentlich für das Konzept der Schönheit erachtete. Mag sein, doch was dieses schlaffe Fleisch vor allem zum Ausdruck bringt, sind die katastrophalen Folgen einer allzu reichlichen Ernährung. Rubens' Grazien sind kaum in der Lage zu tanzen, sie können nur noch taumeln. Sie scheinen aus einer eigenartigen Masse zu bestehen, weich und nachgiebig und doch unregelmäßig, einer Masse, die das Licht absorbiert und zugleich reflektiert, wie ein gebuttertes Stück Papier. Es war Rubens' Absicht, seine nackten Frauengestalten gewichtig erscheinen zu lassen. Das ist ihm zweifellos gelungen. Sie haben die ideale Dichte von Kugeln oder Zylindern. Der Kritiker Hippolyte Taine bemerkte in seiner *Philosophie de l'art* (1865) zu Rubens' *Jahrmarkt*, der Maler habe offensichtlich den Rumpf seiner Figuren vergrößert, die Wangen aufgehellt, das untere Rückgrat verdreht und ihre »Reithosen« dicker gemacht. Das Schlimmste, was passieren könnte, so schließt Clark, wäre ein unerwarteter Angriff von Satyrn, denn »Lust ist ein Geschenk Gottes«. Doch solch ein Ereignis scheint mehr als unwahrscheinlich.

Aus Marmor geschlagene Fülle

Ohne Zweifel war der Wille, das Gesäß zu perfektionieren, im alten Griechenland am ausgeprägesten. Das Ideal des jugendlichen, athletischen Gesäßes war allerdings zunächst reine Männersache. Viril und von rötlich-brauner Farbe wie der Ton, aus dem die griechischen Vasen gefertigt wurden, tat es kund, von der Sonne verwöhnt zu sein. Der weibliche Po hingegen hatte von Anfang an idealerweise weiß zu sein wie frische Milch.

Das früheste überlieferte Bild eines griechischen Gesäßes gehört zu einem athletischen Körper, der sich mit Stolz bei den Ringkämpfen in der Palästra hätte zeigen können. *Kouroi* nannten sich die jungen Männer, die enorm viel Zeit auf den Aufbau und die Formung ihrer Muskeln verwendeten. Vasenbildern nach zu urteilen, waren ihre Gesäße außerordentlich rund, fast kugelförmig. Nur selten kann man die Hinterbacken *en face* betrachten, einzige Ausnahme bilden die Darstellungen von grotesken oder Angst einflößenden Wesen wie behaarten Satyrn, Zentauren oder Gorgonen. Denn zu jener Zeit wurde von einem schönen Hintern eine ausgeprägte Wölbung verlangt, die im Profil oder besser noch im Halbprofil besonders gut zur Geltung kommt und dabei die Kurve beider Gesäßbacken zeigt und ein Moment der Bewegung suggeriert. Beispiele dafür sind *Die Ringer* von Andokides oder *Die fröhlichen Gäste* (um 525) von Euthymides. »Ich habe eine Vorliebe«, sagte der Philosoph Strato über Sardus (der sich in diesen Dingen auskannte), »für Jungen in der Palästra, für ihre mit Staub bedeckten Körper, die starken Glieder und die geschmeidige Haut.« Erst wesentlich später bemühten sich Maler wie Euphronios in seiner

Palästra-Darstellung (ca. 505), das Gesäß auch von hinten zu malen, doch ohne großen Erfolg. Zwar zeigt es sich, sorgfältig eingeölt, von seiner vorteilhaftesten Seite, etwa in Kopfhöhe eines Sklavenjungen, der aus einem Fuß des schönen Athleten einen Splitter zu ziehen scheint, doch daß die wunderbare Rundung der Pobakken in eher flachen Schenkeln mündet, ist zweifellos enttäuschend.

Andere, wie Makron, ließen einfach die Hand des Epheben kurz oberhalb der Gesäßspalte ruhen, was das Problem der Darstellung löste, aber eigentlich eine Täuschung war. Dikaios dagegen wußte ganz genau, was mit der Hand anzufangen war: Der junge Mann auf seinem Bild *Die Verwirrungen der Liebe* (um 510) hat seine Hand ungeniert in die Pospalte des Mädchens gelegt, das er in den Armen hält. Dennoch, nur in den Darstellungen des fröhlichen Treibens von Waldnymphen und Satyrn – die, wie Martial es nannte, »eine wollüstige Kette« bilden – wird das Gesäß auf befriedigende Weise zur Schau gestellt. Es präsentiert sich uns sogar in einer äußerst modern anmutenden Pose: auf einer Flanke ruhend, erhebt es sich zu einer beinahe vertikalen Position, der Erfüllung drängender Freuden entgegen. Eines ist in jedem Fall sicher: Voluminöse Hinterteile verdrängen in diesen Darstellungen den Penis, der nahezu auf ein Nichts reduziert scheint. Wie ist das griechische Schönheitsideal zu verstehen, das sich auf die Formel bringen ließe: kleiner Penis + großes Gesäß = viriler junger Mann? Aristophanes läßt in Verteidigung der Prinzipien traditioneller Erziehung den Gerechten in den *Wolken* (423 v. Chr.) seinem Sohn empfehlen: »Wenn solches du tust, wie ich es dir sag, und wenn dahin du strebst mit Herz und Verstand, wird dir immer zuteil weitdehnende Brust, zartstrahlende Haut, breitschultrig der Wuchs, die Zunge nur schmächtig, die Lenden prall, und klein das Geschlecht. Doch wenn du es hältst mit der Mode von heut, wird zuerst dir zuteil: bleichsüchtige Haut, schmalschultriger Wuchs, nur schmächtige Brust, aber groß die Zung', das Hinterteil klein, aber groß das Gemächt, das Palaver ohn' End', bis du wirklich ihm glaubst, daß das Schändliche stets das Edlere sei, doch das Edle sei Schmach. Und am Ende, da wird er dich, ehe du's merkst, mit den widrigsten Lüsten besudeln.« Mit diesen »widrigsten Lüsten« war selbstverständlich der passive Analverkehr gemeint. Denn bei den Griechen galt ein erwachsener Mann, der den passiven Teil in einer sexuellen Beziehung spielte (*pathicos*) oder sich schändlich benahm, als ein Verderbter. Kurz, ein bewunderungswürdiges Gesäß, kombiniert mit einem kleinen Penis, erhob den jungen Athleten in den Rang eines Gottes, der Ephebe wurde verehrt für seine Stärke und edlen Formen. Ein großer Penis und schlaffe, verbrauchte Gesäßbacken dagegen verrieten einen nachlässigen, verderbten Lebenswandel: In bildlichen Darstellungen waren diese körperlichen Attribute liederlichen alten Männern vorbehalten, Barbaren, Sklaven und selbstverständlich den Satyrn mit ihren schrecklichen Gesichtern.

Führen wir sie uns einmal vor Augen, all jene heute in Athen, Delphi oder Olympia zu besichtigenden Gesäße von Diadumenos-Darstellungen, von griechischen Heroen, Epheben aus Anticytherea oder Marathon, von Statuen des Hermes oder des Poseidon und – nicht zu vergessen – von den beiden bronzenen Kriegerskulpturen aus Riace, die man an der kalabrischen Küste entdeckte. Ob nun aus Marmor oder oxydierter Bronze, werfen sie nicht unweigerlich die Frage auf: Welche Statue hat den schönsten Hintern, welches Gesäß bleibt der Erinnerung verhaftet? Die Anwort ist einfach: Sie sind alle herrlich, vorausgesetzt allerdings, man ist in der Lage, sie sich vor Ort anzusehen. Denn die Kataloge der griechischen Museen sind sich in diesem Punkt einig: Systematisch lassen sie diesen Teil der Anatomie in ihren Abbildungen aus, was geradezu widersinnig anmuten muß. Nehmen wir zum Beispiel die Statue des Antinoos im Museum von Delphi, die auf das 2. Jahrhundert n. Chr. datiert wird. Der Liebling Hadrians war von dem Herrscher im kleinasiatischen Nikomedia entdeckt worden, als er kaum 14 oder 15 Jahre zählte. Antinoos war zwar Grieche, doch »Asien hatte«, wie Marguerite Yourcenar schreibt, »in diesem ein wenig herben Blut die gleiche Wirkung gezeigt wie ein Tropfen Honig, der dem einfachen Wein Aroma verleiht«. Die Statue zeigt eine undefinierbar düstere Zärtlichkeit, schmollend aufgeworfene

Lippen, die dem Mund einen Hauch von Bitterkeit verleihen, und eine Wildheit, die bereits das Schlimmste ahnen läßt (Antinoos beging im Alter von zwanzig Jahren Selbstmord, indem er sich in den Nil stürzte). Doch schön ist er zweifellos mit seinem göttlichen Gesicht, einem Brustkorb so breit wie ein Schild und vor allem seinem beeindruckenden, perfekt geformten Gesäß, das in hellerem Weiß erstrahlt als der Rest der Marmorstatue: poliert und gewachst durch Generationen von Tempeldienern, hat es eine beinahe lebendige Weichheit angenommen.

Im archäologischen Nationalmuseum von Neapel findet sich die erstaunliche marmorne Kopie einer griechischen Bronzestatue des Herakles aus dem 4. Jahrhundert vor Christus. Von hinten betrachtet, erscheint die Statue wie ein einziger großer Muskel – ein Muskel allerdings, der sich, man könnte sagen, »gehen läßt«. Der Kopf ist leicht geneigt, das Körpergewicht ruht auf einem Bein, die rechte Hand, deren Finger halb geöffnet sind, stützt sich leicht auf den oberen Gesäßansatz. Wie kann dieser über wunderbare Kräfte verfügende Held Griechenlands, dieser große Freier der Jungfrauen, dessen Männlichkeit unbestritten ist (und der, wie Plutarch in seinem Dialog über die Liebe behauptet, so viele homosexuelle Liebschaften habe, daß es unmöglich sei, sie alle aufzuzählen), wie kann ein Mann mit derart herrlichem Hintern so viel Weiblichkeit ausstrahlen? Es ist dies das Paradox der griechischen Männlichkeit: Wie das Gesäß ist sie muskulös, hart, kompakt und zugleich furchtbar sentimental. So ist es denn auch kein Zufall, daß auf einigen Fresken in Pompeji und Herculaneum Herakles von hinten zu sehen ist, wie zum Beispiel in der Szene, in der er seinen kleinen Sohn Telephus wiederfindet: Das Gesäß mit seiner von der Sonne gebräunten Haut wirkt kraftvoll, während das linke Bein leicht angewinkelt ist, in einer kokett anmutenden Pose, die fast an ein Pinup erinnert. Ist dies die Darstellung eines überglücklichen Vaters oder einer lasziven Jungfrau? Doch auch wenn sich die griechische Kunst in der archaischen Periode und auch noch zu Beginn der klassischen Epoche vor allem für die Männer zu interessieren schien, so heißt dies selbstverständlich nicht, daß Frauen für die

Griechen nicht existierten, daß sie nicht auch für schön erachtet wurden oder keine Rolle im Leben der Männer spielten. Aber, und das ist eine Tatsache, als die Griechen begannen, den Formen des weiblichen Körpers mehr Aufmerksamkeit zu schenken, konzentrierten sie sich sofort auf die Entwicklung des Gesäßes.

Aus der hellenistischen Periode sind zahlreiche Aphrodite-Figuren überkommen: man denke nur an die *Aphrodite Anadyomene* mit ihrem langen, lockigen Haar; die *Kallipygische Aphrodite* mit ihrem – dank des gehobenen Schleiers – einladenden Hinterteil (sogar in der Sammlung des Vatikans soll es eine Jungfrau mit einem attraktiven Po gegeben haben, die aber – kaum verwunderlich bei einem derart hübschen Äußeren – nicht lange Jungfrau geblieben sei); die Doidalses zugeschriebene *Kniende Aphrodite*, die uns einen Blick auf die aus Marmor geschlagene Fülle eines birnenförmigen Gesäßes erlaubt. Sie alle sind berühmt geworden durch ihre skandalös schönen Rückenansichten.

Bereits 340 v. Chr. hatte Praxiteles seine *Aphrodite von Knidos* mit Reizen ausgestattet, die genauso überzeugen wie die des Hermes. Die Pose dieser Statue ist nicht eindeutig zu interpretieren: Steigt sie gerade aus dem Bad oder will sie hinein? Wie dem auch sei, sicher ist jedenfalls, daß sie »verstohlen ihre Scham zu verbergen« sucht. Man vermutet, daß die für ihre Schönheit berühmte Kurtisane Phryne für diese Statue Modell gestanden hat. Dennoch verwundert es, daß die Skulptur derart viel Aufregung verursachte und über fünf Jahrhunderte hinweg Dichter, Herrscher und Philosophen anzog, die zu ihrem Tempel auf der Insel Knidos vor der Südküste Kleinasiens pilgerten. Denn die ihr von Kenneth Clark zugeschriebene »bebende Sinnlichkeit« wird man nur schwer finden: Ihr Gesicht erscheint ernst, die Brüste sind klein, der Blick wirkt distanziert. So zumindest präsentiert sich die im Vatikanmuseum aufbewahrte Kopie der Statue, deren Original nicht erhalten ist. Von Lukian ist ein höchst amüsanter kleiner Text mit dem Titel *Die Lieben* überliefert (4. Jahrhundert v. Chr.), in dem es heißt, das Beste an dieser Statue finde sich nicht dort, wo man es vermute. Um es zu entdecken, müsse man »durch die Hintertür« eintreten.

Diesem Text zufolge befand sich die berühmte Marmorstatue auf Pharos, inmitten von Obstbäumen, Zypressen und mit schweren Trauben beladenen Weinstöcken (denn die Wollust der Aphrodite steigert sich, wenn Dionysos sie begleitet). Das Grün dieses Gartens stand in schönem Kontrast zu ihrer strahlenden Erscheinung. Weder Lukian noch die beiden ihn begleitenden Freunde geraten beim Anblick der Statue in allzu große Verzückung: Sie sind bewegt, sie küssen sie zärtlich, doch all das ist nichts im Vergleich zu dem, was sie noch erwartet. Denn jene, die die Göttin in ganzer Schönheit sehen wollen, führt der Tempelwächter zu ihrer Rückseite. Dort angekommen, bleibt Karikles (der eine Vorliebe für Frauen hat), von beinahe übermäßiger Bewunderung ergriffen, wie angewurzelt stehen. »Seine Augen« schreibt Lukian, »flossen über vor feuchter Sehnsucht und vergossen einige Tränen.« Selbst Kallikratidas, ein Athener, der der Knabenliebe den Vorzug gibt, gerät bei ihrem Anblick in Ekstase. »Herakles!« ruft er aus. »Wie wunderbar der Rücken proportioniert ist. Wie rund ihre Schenkel sind, welch ein hübsches Frauenzimmer! Wie hübsch gerundet das Fleisch ihres Hinterns ist! Es ist weder zu mager, noch spannt es sich zu straff über den Knochen, und auch zu fett ist es nicht. Und diese zwei Falten zu beiden Seiten ihrer Lenden, wer vermöchte ihre Anmut zu leugnen? Welche Klarheit der Linie in diesen Hüften und Schenkeln, die sich bis zur Ferse erstreckt!«

In diesem Augenblick bemerken die Besucher plötzlich auf der Statue einen kleinen Fleck. Zunächst halten sie ihn für einen natürlichen Makel, einen Fehler im Marmor, den der Künstler Praxiteles wissentlich an einer Stelle verborgen hat, an der man ihn am wenigsten wahrnehmen wird. Doch die Priesterin erzählt den Freunden eine schier unglaubliche Geschichte von der Entstehung dieses Flecks, nach der ein junger Mann aus angesehener Familie häufig in den Tempel kam und – von einem bösen Geist besessen – in wahnsinniger Liebe zu der Göttin entbrannte. Den ganzen Tag verbrachte er in ihrer Gegenwart und wandte den Blick nicht mehr von ihr ab. In alle Wände und Bäume ritzte er seine Liebesschwüre. Praxiteles verehrte er wie einen Gott, als ob er Zeus selber wäre, und er opferte der Göttin alles, was er an Wert besaß. Schließlich verwandelte sich sein unerfülltes Begehren in Raserei, und Vermessenheit verlieh ihm die Fähigkeit, seine Lust zu befriedigen. Eines Tages schlüpfte er unbemerkt durch die Tür in den Tempel, suchte dessen dunkelsten Winkel auf und verbarg sich dort mit angehaltenem Atem, ohne auch nur den geringsten Laut von sich zu geben. Abends wurde er im Tempel eingeschlossen. »Muß ich noch ausführen«, fügt Lukian hinzu, »welch verwegenes Attentat sich in jener ruchlosen Nacht ereignete?« Im Morgengrauen entdeckte man die Spuren seiner verliebten Umarmungen, und an der Göttin haftete hinfort jener Fleck, Zeugnis der Schmach, die sie hatte erdulden müssen.

Was den jungen Mann angeht, erzählte man sich, so habe er sich von den Felsen oder in die Wogen des Meeres gestürzt und sei für immer verschwunden.

Der Tatsache eingedenk, daß ein schöner Hintern sowohl Männer als auch Frauen zieren kann und der Po zudem der zweideutigste Körperteil des Menschen ist, stellten sich die Griechen ein Wesen vor, das, indem es beide Geschlechter in sich vereinte, den Triumph des schönen Gesäßes darstellen mußte. Dieses Wesen war der Hermaphrodit. Hermes, so will es die Legende, pflegte in einer Quelle unweit von Halikarnassos zu baden. Die in dieser Quelle lebende Nymphe Salmakis, die sich in ihn verliebt hatte, bat eines Tages die Götter, sie beide zu verwandeln und zu einem Wesen zu vereinen. In Wahrheit aber stammt die Vorstellung von einer zweifachen Gottheit ursprünglich aus Asien und gelangte über Zypern nach Griechenland. Anstatt die Unterschiede zwischen beiden Geschlechtern zu betonen, verschmolz man sie zu einer einzigen, zwitterhaften Figur. Eine Vorstellung davon vermittelt der *Schlafende Hermaphroditos* im Louvre, die Kopie einer aus dem dritten Jahrhundert stammenden Skulptur. Bemerkenswert sind vor allem der Eindruck einer tanzenden Wellenbewegung, die durch den Körper zu gehen scheint, das hoch erhobene Gesäß und der in den Armen vergrabene Kopf. »Ich habe und bin alles zugleich«, scheint diese Schönheit zu sagen, die jenem dritten Geschlecht angehört, das Platon zufolge am Anfang der Menschheit stand: »Ferner war die Gestalt eines jeden Menschen rund, so daß Rücken und Brust im Kreise herumgingen.« (*Symposion*) Wie ließe sich treffender sagen, daß der Hermaphrodit durch das Gesäß geboren wird? In jedem Fall ist dieses Zwitterwesen wohl zu den erstaunlichsten Ausgeburten der menschlichen Phantasie zu zählen, ein Wesen, das zum allgemeinen Erstaunen in den elegant zur Schau gestellten Hinterteilen französischer Wüstlinge bis ins 18. Jahrhundert weiterlebte.

Ein Hintern so groß wie die Welt

Zweifellos gibt es Menschen, auf die große, übergewichtige und auf eine groteske Weise unproportionierte Hinterteile eine obskure Faszination ausüben. Die Freude an schamlos ausladenden Formen beschränkt sich in der Regel auf weibliche Rundungen, auf orientalische Hintern, Gesäße von den Ausmaßen einer Sonne, vorsintflutliche Formen, kurz gesagt, auf alles, was an Gebirge aus Fleisch erinnert. Schwer zu sagen, woher diese Vorliebe rührt. Vielleicht träumen die Liebhaber großer Gesäße davon, sich in diesen riesigen fleischigen Kissen zu verlieren, in diesen Eiderdaunen des Glücks, diesen ergebenen, passiven Hintern, die durch ihre naive Offenheit faszinieren. Belege für dieses zuweilen wahnhafte Verlangen nach dem Weichen finden sich in den Werken einiger Maler, man denke etwa an den Kolumbianer Botero. Ein Nachteil allerdings ist die unbestreitbare Tatsache, daß Gesäße mit zunehmender Größe auch an Form verlieren. Und die Gesäße Boteros, diese an Pilze erinnernden, gierigen und fetten Hintern, sind eine Katastrophe. Die Fleischmassen sind so übermächtig, daß das Gesäß im Fett zu versinken droht.

Was bedauerlich ist. Gibt es doch durchaus eine Methode, die Gesäßmuskeln aufzubauen und gleichzeitig die Proportionen zu wahren – das Sumoringen. Diese vor allem in Japan ausgeübte, eng mit dem Shinto-Kult verbundene Sportart stammt ursprünglich aus Korea und China. Erst in der Edo-Periode (17. bis 19. Jahrhundert) entwickelte sich die uns heute geläufige Form des Sumoringens. Die Kämpfe fanden traditionsgemäß auf der Straße statt, und es gab sogar – entschieden schlüpfrige – Wettbewerbe, bei denen eine Frau gegen mehrere blinde Männer antrat. Die Gesäße der Sumoringer sind zweifellos die fettesten der Welt und heute ausschließlich männlicher Herkunft. Ihre Ausmaße sind gigantisch, vergleichbar denen von Auerochsen oder Halbgöttern. Alles in allem, Gesäß eingeschlossen, wiegt ein Sumoringer zwischen 180 und 250 Kilogramm. Der Großteil des Gewichts verteilt sich auf Bauch und Hüften, dem Zentrum der Stärke, mittels derer der Ringer seinen Gegner umstößt und dessen Angriffen standhält. So massig ist das Gesäß, daß es den Ringer sozusagen ersticken könnte, wäre es nicht zugleich außerordentlich durchtrainiert und von erstaunlicher Wendigkeit. Sumoringer kämpfen nie vollkommen nackt, sondern tragen den sogenannten *mawashi*, einen elf Meter langen Seidengürtel, der mehrfach um die Taille gewikkelt und dann von hinten zwischen den Beinen hindurchgeführt wird. So bedeckt er nicht nur das Geschlechtsteil, sondern dient bei bestimmten Bewegungen auch als Stützband.

Am beeindruckendsten präsentiert sich das Gesäß des Sumoringers fraglos, wenn er in Kampfpositur geht. Die beiden Gegner stehen sich gegenüber, ihre riesigen Hintern ragen in die Luft, während sie sich einen Moment lang gegenseitig lediglich beobachten. Erst dann prallen diese beiden Fleischmassen aufeinander, bedrängen sich, ringen miteinander, schlagen sich gegenseitig ins Gesicht. Der Zusammenprall ist furchtbar, und obwohl er nur drei Minuten dauert, scheinen beide Kämpfer danach erschöpft. Wie ist eine derartige Orgie des Fleisches möglich? Das Rezept ist simpel: Sumoringer schlafen täglich bis zu vierzehn Stunden und essen über Monate hinweg eine dicke, *Chanko nabe* genannte Suppe, die aus einem Gemisch aus Fisch, Geflügel, Rindfleisch, etwa einem Dutzend Eiern sowie pürierten Bohnen besteht und mit süßer Sojasoße gewürzt wird. Danach trinkt man kistenweise Saporo-Bier oder heißen Saké. All das zeigt, daß dem Gesäß des Sumoringers etwas Künstliches anhaftet, es ist das Produkt einer unter Zwang stattfindenden Ernährung, vergleichbar dem Stopfen von Gänsen, um die begehrte Fettleber zu erhalten. Damit einher geht auch die geringe Lebenserwartung der Sumoringer. Mit fünfzig, fünfund-

Illustrierende Initiale zu einer deutschen Schwankerzählung

fünfzig Jahren sind sie am Ende. Zu hoher Blutdruck, Cholesterin und Diabetes werden ihnen zum Verhängnis. Alles in allem ist einem Hintern normalen Umfangs vielleicht doch der Vorzug zu geben: Er ist zwar wesentlich mickeriger, birgt aber weniger Risiken.

Vor allem Frauen leiden zuweilen unter den Ausmaßen ihres Gesäßes, als ob dieses sich in einem das ganze Leben währenden Kampf gegen sie gerichtet hätte. Es sind Frauen, die sich ihres Pos schämen, weil alle Welt auf ihn starrt: Man dreht sich nach ihnen um, stößt Schreie des Erstaunens aus und ist gefesselt vom Anblick dieser Karikatur eines Gesäßes. Diese enormen Hintern erscheinen wie eine permanente Anklage, und die mit ihnen ausgestatteten Frauen halten sich oft im Hintergrund, um nicht aufzufallen. Doch ihre Gesäße sind selbst in der Dunkelheit deutlich zu erkennen. Ebenso verzweifelt wie vergeblich versuchen sie, ihre kompromittierenden Hintern unter weiter Kleidung zu verbergen und damit den Blicken ihrer Mitmenschen zu entziehen, die den monströsen Po genauso aufdringlich anstarren wie den kleinen, wohlgeformten. Diese Frauen haben alles versucht, ihr Gesäß flacher erscheinen zu lassen, es zu verkleinern, es vergessen zu machen. Sie haben es voller Verzweiflung bekämpft. Doch das Gesäß hat über sie triumphiert, als es um so größer, um so stärker geworden ist.

Bis die Frauen kapitulieren, es zulassen, daß ihr Körper vom Gesäß überschwemmt wird, so daß sie schließlich nicht mehr Frauen mit einem großen Gesäß, sondern große Gesäße mit einer kleinen Frau sind. Es ist das Drama des alles verschlingenden, einem Oktopus gleichenden weiblichen Gesäßes.

Doch nicht alle Frauen mit ausladenden Hinterteilen erleben ihr Schicksal als derart tragisch. Einige – wie die *Black Nana* von Niki de Saint Phalle – sind sogar mutig genug, extravagante, mit gelben Blütenblättern und blutenden Herzen gemusterte Badeanzüge zu tragen. Alle *Nanas* zeichnen sich durch überdurchschnittliche Korpulenz und Köpfe aus, die kleiner sind als ihre Brüste. Es sind schreiend bunte Riesinnen, ebenso fett wie vor Vitalität strotzend. Indem Niki de Saint Phalle immer wieder diese tanzenden üppigen Frauenfiguren erschafft, nimmt sie Rache an ihrer mageren, lieblosen Mutter. Ein Beweis dafür, daß jeder Hintern, auch ungeachtet seiner äußeren Erscheinungsform, als attraktiv empfunden werden kann; daß es nicht sein unumgängliches Schicksal ist, schließlich in einer jener Kliniken für verzweifelte Frauen – wie in Durham im amerikanischen Bundesstaat North Carolina – zu landen, wo so mancher aus der Form geratene Hintern wenn nicht restauriert, so doch zumindest mit der Hoffnung auf einen letzten Versuch ausgestattet wird. Der Ort dieser Verwandlung heißt denn auch bezeichnenderweise Fat City.

Fellini liebte dicke Frauen und pries immer wieder ihre mächtigen Gesäße. »Die Frau mit Hintern«, sagte er, »ist ein molekulares Epos auf die Weiblichkeit, eine göttliche Komödie auf die weibliche Anatomie.« Man hat sich getäuscht, als man meinte, Fellini habe das ironisch gemeint. Er liebte monströse, unförmige Frauen mit starker Körperbehaarung, die von der Natur benachteiligt waren. Frauen mit Oberlippenbärten, die er »Kitzler« nannte, erschienen ihm mit ihren dunklen, behaarten Beinen, wenn sie auf ihr Fahrrad stiegen und ihren Hintern auf den kleinen Sattel herabsinken ließen, als ob sie sich auf eine Obstschale setzten. Fuhren sie dann an ihm vorüber, erstrahlten sie wie ein glänzendes Feuerwerk, bestehend aus den schönsten Hintern der Romagna. Das Geheimnis der Weiblichkeit, so erzählte Fellini einmal José Luis de Villalonga, enthüllte sich ihm zum ersten Mal am Meer. Er war acht Jahre alt. Zu jener Zeit lebte eine enorm dicke, blasse und schmutzige Frau allein in einer Art Hütte, die sie sich am Strand gebaut hatte. Abends gab sie sich im Sand jedem Fischer hin, der mutig genug war, sich ihr zu nähern. Die Männer bezahlten sie, indem sie sie in ihren Booten nach jenen winzigen Sardinen suchen ließen, die nicht zum Verkauf geeignet waren und die in Rimini *saraghine* heißen. Deshalb hatte man ihr den Spitznamen *La Saraghina* gegeben. Für ein paar Münzen war sie bereit, ihren großen, mottenzerfressenen Rock hochzuziehen und kurz ihren riesigen, weißen Hintern zu zeigen, von dem Generationen von Jungen träumten. Wurde ihr die doppelte Summe gezahlt, drehte sie sich um. Doch manchmal ging sie auch wie ein wild gewordenes Tier auf die Männer los und stieß dabei blasphemische Flüche aus.

La Saraghina hatte den Kopf eines Löwen, Schlitzaugen und einen breiten, gummiartigen Mund, der immer grinste. Sie stank nach Fisch, nach Algen, die sich in ihren Haaren verfangen hatten, nach Benzin und dem Teer der Boote. Sie hatte den Körper einer Leopardin und einen Hintern so groß wie die Welt. Und dann, eines Tages, begann die Saraghina für ihn zu singen. Eine Rumba. Sie hatte eine Stimme wie ein kleines Mädchen, eine dünne, sehr reine, sehr helle und sehr zarte Stimme. Und an diesem Tag entdeckte Fellini die Sünde.

Der öffentliche Auftritt

Wir leben in einem für den Freund des Hinterns idealen Zeitalter. Überall begegnen uns von der Werbung eingesetzte überdimensionale Großaufnahmen weiblicher (und inzwischen auch männlicher) Gesäße, die sich zu einem wahren Festival der Hintern vereinen. Der nackte Po dient als Symbol für Zustimmung und Ablehnung, er macht genauso Reklame für Autoreifen wie für edle Getränke, Motorenöle, oder, in eine Wolke fuchsienroten Musselins gehüllt, für Körperspray. Das erste Gesäß, das in der Welt der Werbung für ein gewisses Maß an Aufregung sorgte, erschien 1970 im *Paris-Match*: Es war der Airborne-Hintern (den zu veröffentlichen *Le Monde* sich geweigert hatte, und es sollte weitere zehn Jahre dauern, bis sich diese Zeitung in das Unvermeidliche schickte). Man stelle sich fünfzig kleine Quadrate mit Gesäßen vor. Perfekt eingepaßt in den Bildrahmen, so daß die Ausschnitte jeweils die Partie vom Schenkelansatz bis zum unteren Rücken zeigen. Es besteht kein Zweifel, dies sind fünfzig Hinteransichten, keine gleicht der anderen. Oder vielmehr: Es sind fünfzig Ansichten eines einzigen Pos, jede aus einem anderen Blickwinkel aufgenommen. Was so schwierig gar nicht ist, denn das Gesäß ist unerschöpflich.

Der Enthusiasmus, der aus diesen fünfzig Aufnahmen spricht, läßt darauf schließen, daß Monsieur Airborne für dieses Projekt wesentlich mehr Fotos gemacht haben dürfte, fünfhundert, vielleicht sogar fünftausend. Etliche Stunden muß sich der Fotograf diesem kleinen Hintern gewidmet haben, und dennoch scheint er sich nicht eine Sekunde lang gelangweilt zu haben. Was den Betrachter dieser Collage am meisten erstaunt, ist weniger der Po an sich als die Tatsache, daß er derart vervielfacht auftritt. Nur selten hat man Gelegenheit, Gesäße in dieser Weise arrangiert zu sehen – wie die Kekse in einer Blechschachtel. Vermittelt schon Jean Auguste Ingres' Bild *Das türkische Bad* eine beengende Atmosphäre, so gilt dies erst recht für diese fünfzig kleinen Medaillons. Offenbar zeigen sie ein weibliches Gesäß, doch genausogut könnte man davon ausgehen, daß es sich um den runden Po eines großen Babys handelt. Wir sehen einen vollkommenen, einen idealen Hintern, der geschlechtslos zu sein scheint und sogar eine interessante Wolkenformation oder ein besonders flaumiger Pfirsich sein könnte. Es wäre ein Fehler, sich in dieser Hinsicht eindeutig festzulegen. Monsieur Airbornes Gesäß hat nichts Realistisches: Es ist weder behaart, noch läßt sich die Öffnung des Anus oder sein Geschlecht erahnen, nichts. Es ist ein runder und harmonischer, ein ästhetischer Hintern, konkretisiert einzig durch die Effekte von Licht und Schatten, die Linienführung und die lange, zart angedeutete Spalte, die seine beiden Hälften voneinander trennt. Es ist ein seidiges, appetitliches Gesäß, und doch – obgleich eine gewisse Festigkeit ein durchaus wünschenswertes Attribut jedes Hinterns ist – scheint dieser zu hart und damit noch zu unreif zu sein. Man könnte fast sagen, dieses Gesäß gibt eine Vorahnung vom genetisch mutierten Hinterteil. Ein Vorgeschmack auf das unvergängliche, ewige Gesäß.

Seinen zweiten öffentlichen Auftritt hatte der weibliche Po im Jahr 1978 unter dem Namen Carolina auf einer Plakatwand. Schöpfer dieses Hinterns war Jean-Paul Goude, der wesentlich dazu beitrug, daß das schwarze Gesäß seinen Einzug in Frankreich hielt. Das besonders Pikante an seiner Darstellung war, daß Carolina, eine attraktive junge Dame aus Santo Domingo, auf ihr herrliches Hinterteil eine Sektschale gestellt hatte. Und mit runden Augen und einer frechen kleinen Locke in der Stirn, die ihr das Aussehen eines Fauns gab, ließ sie den Sektkorken knallen. Kurz, die Flüssigkeit sprudelte in hohem Bogen aus der Flasche und wölbte sich wie eine perlende Krone über den Körper des Mädchens, um sich schließlich in besagtes Glas zu ergießen. Das war hübsch. Um so mehr, als der Fotograf ihren Hintern durch die nachträgliche Bearbeitung des Diamaterials doppelt so groß erscheinen ließ. Jean-Paul Goude, der sich schon immer für schwarze Gesäße und mokkabraune Schönheiten aus Benin begeistert hatte, stellte den Körperteil übergroß dar, um seine Schönheit hervorzuheben. »Das schattenhafte Dunkel inspiriert mich«, betont er. »Frauen mit einem kräftigen Hintern und einem Hals so gerade wie der eines preußischen Offiziers (ich schminke sie blau, um die Schwärze noch zu betonen), Frauen, die nach Moschus duften, mit einer vollkommenen Kopfform und Hinterteilen, wie sie sonst nur Rennpferde besitzen.«

1981 schließlich enthüllte Miriam ihren Po für uns. Es war ein wenig so, als ob wir schon immer auf sie gewartet hätten. Denn Mademoiselle Miriam war eine junge Frau, deren Gesicht wir bereits kannten. Und nun zeigte sie uns zum ersten Mal auch ihren Hintern, und zwar *en face*, wenn man so sagen darf. Ihre ungenierte Offenheit war charmant. Zur gleichen Zeit sprach in Valence, auf dem ersten Parteitag der Sozialisten nach dem Wahlsieg, Monsieur Quilès davon, daß nun einige Köpfe zu fallen hätten. Doch statt dessen ließ Miriam ihre Hosen fallen. Auf einem ersten Plakat hatte sie, noch vollständig bekleidet, angekündigt: »Am 2. September werde ich mein Oberteil ausziehen.« Mit entblößten, strahlend schönen Brüsten versprach sie dann auf einem zweiten Plakat: »Am 4. September werde ich meine Hose ausziehen.« Ganz Frankreich hielt gespannt den Atem an. Und als wir an dem entsprechenden Tag vor Mademoiselle Miriams entzückendem Hintern standen, wußten wir, daß Monsieur Avenir, der für diese Anzeigenkampagne verantwortlich zeichnete, ein Mann war, der sein Wort hielt. Es folgte eine komplizierte Debatte zwischen verschiedenen führenden Werbeagenturen über die Rolle der Frau, des Hinterns und der Seele beim Verkauf von Waschmitteln. Mademoiselle Miriam aber werden wir auf immer dankbar sein für dieses strahlende Bild natürlicher Grazie.

Es sollte noch einige Zeit dauern, bis sich auch das männliche Gesäß der Öffentlichkeit entblößt zeigte und einen noch viel heftigeren Sturm der Entrüstung auslöste. So viel ließ sich auf den ersten Blick feststellen: Es war muskulöser, kleiner, fester und machte keinerlei Anstalten, als weibliches Gesäß durchgehen zu wollen. »Das Gesäß«, schreibt Gilles Lipovetsky in seinem Buch *L'Empire d'Ephemère* (Das Reich des Flüchtigen), »ist nie androgyn.« Auf diesem Gebiet gibt es noch immer keine »radikale unisexuelle Angleichung«. Doch endlich war es möglich, uns davon mit eigenen Augen zu überzeugen und zudem festzustellen, daß zwischen den groben Formen eines Rugby-Spielers und dem zarten Po eines jungen australischen Schwimmers ein deutlicher Unterschied besteht.

Auch wenn das männliche (ebenso wie das weibliche) Gesäß durchaus nicht mehr so aussieht wie noch vor hundert Jahren. Man sehe sich etwa nur die Entwicklung des durchtrainierten Körpers seit der Erfindung der sportlichen Ertüchtigung im Jahr 1885 an. Unsere Erkenntnisse auf diesem Gebiet verdanken wir Edmond Desbonnet, einem Zeitgenossen des Baron de Coubertin, der den Spitznamen »der Mann mit dem muskulösen Schnurrbart« trug. Besichtigt man seine Sammlung von etwa 50.000 Fotografien, Glasplatten, Stereoskopien und Autochromen aus den Jahren 1885 bis 1950, springt dem Betrachter zumindest eines deutlich ins Auge: Das Gesäß war einem tiefgreifenden Wandel unterzogen. Inspiriert durch griechische Statuen und weibliche Aktgemälde aus der Zeit der Romantik, zeigt uns Desbonnet zunächst einen vor Virilität strotzenden männlichen Körper. Die Pose ist die eines Eroberers und die Retuschierung ein wenig zu deutlich sichtbar, doch alles in allem sind diese Fotos Hymnen an die Götter des Olymp, an die Gladiatoren, an Akrobaten und die starken Männer der Jahrmärkte. Pompöse Inszenierungen der verschiedenen Muskelgruppen, der affektierten Schnurrbärte und aufgeblasenen Brustkörbe, die vervollständigt werden durch Accessoires wie Leopardenfelle oder prähistorisch anmutende Keulen. Es ist die Pose hypertrophierter Männlichkeit.

Was jedoch die Hinterteile der so Dargestellten angeht, so erscheinen sie merkwürdigerweise geradezu rührend weich, als ob sie dieser generellen Verhärtung zu entkommen suchten. Alles an diesen Körpern wirkt robust und stolz, nur das Gesäß nicht. Es ist weich und geschmeidig, katzenartig. Und auch wenn man zuweilen den Eindruck hat, daß es angespannt ist, besteht offensichtlich durchaus nicht die Absicht, es wie den Bizeps anschwellen zu lassen. Die Gesäße Edmond Desbonnets geben sich ganz dem Vergnügen hin, Gesäße – und nicht Muskeln – zu sein. Das wird noch deutlicher, wenn man sich die Fotografien von Frauen in Desbonnets Sammlung ansieht. Das zu jener Zeit herrschende Schönheitsideal forderte pralle, an knackiges Gemüse erinnernde Rundungen und eine extrem weiße Haut. Anmut, Unterwürfigkeit und Vergnügen sind die Begriffe, die in etwa die Vorstellung umreißen, die man von einer Frau und folglich auch von ihrem Hintern hatte. Dazu gehörte auch, daß die Frauen enge Korsetts trugen, die die Kurve des Rückens und die darunter hervorspringende Wölbung des Pos beinahe übernatürlich erscheinen ließen, oder zumindest doch spektakulär im Vergleich zu den Brüsten. Die Haut hatte milchig zu sein, das Fleisch weich und die Füße klein. So verzerrt erscheinen die Proportionen, daß die Frauen auf Desbonnets Fotos eher zerbrechlichen Nippesfiguren gleichen. Ihre mit Spitzen besetzten Korsetts, Stiefel und die zu aufwendigen Frisuren aufgetürmten Haare verleihen ihnen etwas leicht Ordinäres: Bei manchen Fotos fragt man sich, ob sie tatsächlich in der Turnhalle oder nicht viel eher im Bordell aufgenommen wurden. Kurz gesagt, während sich die Männer in sportlich kämpferischen Posen zeigen, erscheinen die Körper der Frauen in ihren Fischbeinkorsetts schlaff und weich. Ganz anders heute. Der ideale männliche Hintern hat eindeutig an Virilität verloren und ist statt dessen weicher, runder und beweglicher geworden. Zugleich nähert sich der weibliche Po immer mehr dem männlichen an, exquisite Rundungen und nonchalante Anmut sind einer schlankeren, muskulösen Silhouette gewichen. Wir sind heute Zeugen eines Triumphes der Muskeln.

Desbonnets Fotografien von nackten Männern (und Frauen) waren nur einem kleinen, exklusiven Kreis von Liebhabern des Hinterns bekannt. Die breite Öffentlichkeit Frankreichs mußte bis zum Jahr 1967 warten, um das Gesäß von Monsieur Protopapa zu entdecken. Der zu diesem Zeitpunkt fünfundzwanzigjährige Grieche und Student der Philosophie posierte nackt für Schwarzweißfotos, mit denen für *Ceinture Noire*, eine Unterhosen produzierende Firma aus Selimaille, geworben wurde. Auf den Bildern sieht man einen jungen Mann mit einem sinnlichen Mund und einem Bürstenschnitt im Stil der 60er Jahre, der mit beiden Händen sein Geschlechtsteil bedeckt, während sein Gesäß deutlich gerundet hervorspringt. An diesem Hintern war erstaunlich, daß er auch einen Kopf hatte. Etwas durchaus Seltenes zu jener Zeit. Schließlich hatte einige Jahre zuvor eine Pariser Modellagentur damit begonnen, sich auf einzelne Körperteile von sogenannten »body doubles« zu spezialisieren – Hände, Füße, Beine oder Augen. Gesäßmodelle waren besonders gefragt, vor allem bei Filmgesellschaften, die mit ihnen eventuell vorhandene Defizite der Schauspieler kompensierten. Es wurde zwar nach männlichen und weiblichen Gesäßen sowie verschiedenen Hauttönen unterschieden, doch im Grunde genommen blieben die Hintern anonym. Mit Monsieur Protopapa wurde nun zum ersten Mal ein lebendiger Hintern abgebildet, plastisch und mit dem dazugehörigen Körper. Die Wirkung war unglaublich. »Wir haben einen Lebensnerv getroffen«, sagte man bei Publicis. Und die Verkaufszahlen von *Ceinture Noire* schossen in die Höhe.

 1972 dann ließ der Sänger Michel Polnareff die Welt von seinem Hintern träumen, indem er ganz Paris mit dem Konterfei seines Allerwertesten plakatieren ließ, um sein Comeback im Olympia anzukündigen. Passend zum Anlaß trug er einen eleganten Hut, der mit rosa Tüll verziert war, eine dunkle Sonnenbrille und ein blaugrünes Negligé, das ungeniert den Blick auf einen pummeligen Hintern freigab, der zu sagen schien: »Komm mit, junger Mann.« Einer Zeitschrift war zu entnehmen, daß ein Psychiater bei dem Sänger »eindeutig masochistische Züge« diagnostizierte, während ein Taxifahrer gestand, er persönlich hätte lieber die Rückseite von Sylvie Vartan gesehen. Die Gerechtigkeit kennt kein Mitleid. Denn zu eben jener Zeit sang Michel Polnareff seinen Titel *Je suis un homme* (»Ich bin ein Mann«).

Die Geschichte von Monsieur Orly wiederum stellt ein packendes Kapitel in der Evolution der männlichen Spezies im Verlauf des letzten Jahrzehnts dar. Das erste Mal sahen wir ihn 1983, das virile Gesäß auf den Rand seiner Badewanne gestützt, mit ausgestreckten Beinen und leicht nach vorn geneigtem Oberkörper, während er sich die Haare trocknet. Er schien ein wenig verkrampft, doch sein Hintern wirkte energisch, wohlgeformt und sicher in einem knappen Slip verstaut, durch dessen eng anliegenden Stoff sich die Linie der Gesäßspalte deutlich abzeichnete (die sensible Hand eines Retuscheurs mag hier nachgeholfen haben). Ein paar Jahre später hatte sich Monsieur Orly vollkommen verändert. Er war nicht gealtert, im Gegenteil, er schien sogar jünger geworden zu sein, zugleich aber auch entschieden weicher. Halb auf einem Bett liegend, die Knie berühren fast den Boden, während der Bauch auf dem Laken ruht, läßt er sich von einer Frau die Schultern massieren. Der Po, der im Zentrum der Fotografie steht, hat seine attraktive Rundung eingebüßt und steckt nicht länger in einem knappen Slip, sondern in einer weiten, extrem leichten Unterhose. Auch die Atmosphäre, die dieses Bild vermittelt, ist eine vollkommen andere. Sie ist wesentlich schwüler. Dies war nicht mehr der junge Mann, der sich an einem sonnigen Morgen die Haare trocknet, sondern ein gezähmtes Tier, das sich auf eine wilde, bewegte Nacht vorbereitet.

Es folgte eine ganze Serie von kessen Hintern: das »Kieselstein-Gesäß« von Monsieur Antaeus, das halb entkleidete, noch halb in seiner Jeans steckende Gesäß von Monsieur Valentino oder der im türkischen Bad präsentierte Po von Monsieur Rochas, der zwar ein wenig distanziert und trotzig wirkte, aber den unbestreitbaren Vorteil bot, daß er sich im Wasser eines runden Beckens spiegelte und so von allen Seiten zu sehen war. Für einen wahren Eklat aber sorgte erst das Hinterteil von Monsieur Dim, der sich 1991 unbekleidet der Öffentlichkeit präsentierte. Der Australier (die Amerikaner, die gefragt worden waren, hatten sämtlich den Auftrag abgelehnt) mit dem Körper eines Zehnkämpfers springt lässig aus seinem Bett, läuft in die Brandung hinein, taucht unter und zeigt so einen verführerischen, nur von den Schaumkronen der Wellen umspielten Anus. Man sah ihn sogar von unten, das Gesicht aus dem Wasser hebend und nach Luft schnappend. Und während der Po von Madame Obao sozusagen bereits verjährt war, löste der Hintern von Monsieur Dim auf der anderen Seite des Atlantiks einen allgemeinen Aufschrei des Entsetzens aus, wo man allem Anschein nach etwas derart Schockierendes nicht mehr gesehen hatte, seit sich 1896 in einem kleinen Vorführraum zwei Stars des Stummfilms, Mary Irvin und John G. Rice, vor den entsetzten Augen von 73 Zuschauern vier lange Sekunden in Großaufnahme geküßt hatten.

Was das jugendliche Gesäß angeht, jene Hinterbacken Heranwachsender, von denen Michel Tournier in *Der Erlkönig* schreibt, sie seien »bebend lebendig, immer auf der Hut, zuweilen hager und hohl, doch nur, um im nächsten Moment naiv-optimistisch zu lächeln: sie sind ausdrucksvoll wie Gesichter«, was also diese angeht, so kommen sie in der Werbung bedauerlicherweise nicht vor. Wenn die Zurschaustellung von Jungfräulichkeit heutzutage noch ein Tabu darstellt, dann auf diesem Gebiet. Es fällt nicht leicht, über diese Gesäße im Stadium des Übergangs zu sprechen, die noch nicht voll entwickelt sind, deren Drängen aber man doch bereits ahnt; Gesäße, die man einweiht, bittersüß wie danach nie wieder, prickelnd wie die ersten Birnen des Sommers, launisch wie die Hörner eines Steinbocks. Ihre zarte, junge Haut erscheint beinahe durchsichtig und unglaublich elastisch. Die jungen Gesäße wissen um ihre Einzigartigkeit, ihren Optimismus, doch sie bilden sich darauf noch nichts ein, sondern scheinen im Gegenteil schüchtern und unsicher. Sie sind naiv und beinahe gutmütig. »Als ich seine Hinterbacken sah«, schreibt Tournier, »begann ich ihn erstmals zu lieben, denn sie verrieten mir, wieviel Wehrloses, wieviel Unbeholfen-Verwundbares in ihm war.«

Bronzinos Bild *Die Torheit und die Zeit* (1540–1545) vermittelt uns ein recht anschauliches Bild eines heranwachsenden Hinterns. Der Florentiner ließ sich zwar von Michelangelos *Venus und Cupido* inspirieren, doch bei ihm ist Cupido kein Kind mehr. Er ist voll entwickelt und präsentiert sich in einer derart extravaganten Pose, daß der Betrachter angesichts seines kleinen runden Hinterns in Verzückung gerät. Im übrigen ist nicht viel von ihm zu sehen, außer seinem errötenden Gesicht und eben jenem verwirrenden kleinen Po. Worum aber geht es in dem Bild? Um einen Heranwachsenden und eine reife Frau, deren Lippen sich berühren; seine Hand ruht auf ihrer Brust, während sich um sie herum eine Menge von Schaulustigen versammelt hat, unter ihnen auch einige alte Männer. Da Cupido der Sohn der Venus ist, werden wir also hier eigentlich Zeugen einer inzestuösen Handlung. Cupido stellt mit einem solchen Eifer seinen rundlichen Po zur Schau, als wollte er seinen Körper den schweren, sinnlichen Formen der Venus anpassen, damit er so wird wie der ihre. Es sieht fast so aus, als ob sein kleiner Hintern wie ein Pilz aus ihrer Flanke wüchse, als ob dieser köstliche Schatz nichts anderes als eine Ausgeburt weiblichen Fleisches wäre.

Derart weiche Rundungen wird man bei kleinen Mädchen im Tutu nur schwer finden, die man wohl deshalb Ballettratten nennt, weil sie sich einer grausamen Disziplin unterwerfen müssen, um jede noch so vage Andeutung weiblicher Formen im Keim zu ersticken. Für gewöhnlich treten diese Mädchen, die zwischen acht und zwölf Jahre alt sind und ihr Haar in kleinen, runden Knoten tragen, nur in Gruppen auf. Das geübte Auge wird in dem Wald aus rosafarbenen und weißen Strumpfhosen ihre kleinen, nußförmigen Popos entdecken, schön geschwungene Schenkel und zarte Fußgelenke, die so zerbrechlich scheinen wie die eines Wiesels. Sie hüpfen entweder lachend durch die Gegend oder stehen wie Blumenstengel in kleinen Grüppchen zusammen, kurz, sie verleihen dem Po einen Hauch von Leichtigkeit, etwas selten Frühlingshaftes.

Das duftige Tutu (eine kindliche Verballhornung des Wortes *cucu*, was sowohl »Popo« als auch »albern« bedeuten kann), das eine gewisse Ähnlichkeit mit den ausgefransten Blütenblättern einer Nelke oder Glockenblume hat, feiert den Po, auch wenn er, wie Tournier bemerkt, scheinheilig so tut, als ob dies Stückchen Stoff ihn verberge. In Wahrheit schmeicheln die steifen Falten dem Hintern. Das Tutu ist »die weiße und duftende Explosion, die makellose Pulverisierung des fleischigsten und massigsten Körperteils der Tänzerin«. Es ist daher nur abzulehnen, wenn Menschen den Wunsch äußern, kleine Mädchen im Tutu zu entblättern, ihnen den Tüll abzureißen wie einer Fliege die Flügel. Einige, wie Patrick Grainville, würden sie sogar gerne nackt sehen, auf einem Bein stehend, die Fußspitze des anderen auf die Stange gelegt. Doch wie jeder weiß, ist eine kleine Ballettänzerin, der man ihr Tutu abgeschnitten hat, nicht länger ein kleines Mädchen, sondern eine verkrüppelte Libelle.

Miss O'Murphy, die sich vollkommen ungeniert gab ...

Die Darstellung des weiblichen Rückens bildete sich in der Malerei des ausgehenden 17. und des 18. Jahrhunderts zu einem beliebten Thema heraus. Möglicherweise steht diese Entwicklung im Zusammenhang mit der wachsenden Begeisterung für das Motiv des Hermaphroditen, dessen wohl berühmtestes Exemplar in der Villa Borghese von Bernini restauriert worden war.»Betrachten wir den weiblichen Körper lediglich unter dem Gesichtspunkt seiner Form und der Beziehung von Flächen und Wölbungen«, schreibt Kenneth Clark,»kann man festhalten, daß die Rückenpartie wesentlich mehr bietet als die Vorderseite.« Zweifelsohne, denn das Gesäß – ausdrucksstärker und von doppeldeutigerer Natur als die Vorderansicht – lädt den Betrachter jedesmal wieder zu neuen, unbekannten Freuden ein. Das Vorhandensein derart angenehmer, ausschweifender Ablenkungen blieb auch den Zeitgenossen Berninis nicht verborgen. Kurz, in jenem libertinären Zeitalter vergnügten sich die Menschen mit der Betrachtung dessen, was Brantôme das»Fleisch«nannte:»Derart süßes, weißes Fleisch, daß man glauben mußte, man habe die Schönheiten des Paradieses vor sich.«

So raffte man die Röcke und öffnete die Schenkel weit, um die Sicht auf diese wundervollen, sich unter der Wäsche verbergenden Körperteile freizugeben, und junge Mädchen zeigten unbekümmert und voller Anmut ihre Brüste. Boucher und Fragonard lieferten dem Betrachter ganze Serien von Szenen mit sahnig-süßen Nymphen und verzaubernden Najaden, die sich mit einer bis dahin nicht gekannten Ungezwungenheit in den Wellen tummelten und mit großen runden Augen und einer wie Butter glänzenden

Haut, die Arme hochgereckt, im Wasser planschten. Es war Saint-Victor, der 1860 über Bilder wie *Der Sieg der Galatea* oder auch *Die Badenden* sagte, »das Fleisch leuchtet wie feuchte Blüten«. Doch diese jungen Nymphen existierten nicht wirklich, sie entstammten der Mythologie, das heißt dem Nichts. Man mußte ihren Schenkeln und Hinterteilen konkretere Realität verleihen, ihnen ein Gesicht geben, indem man sie zum Beispiel in der privaten Atmosphäre des Boudoirs malte, auf einem Sofa liegend, in der entspannten Pose von Schlafenden. So wurde Miss O'Murphy zur Schlüsselfigur der Epoche.

Mitte des 18. Jahrhunderts war die Frau oder zumindest doch die Idealvorstellung, die man von ihr hatte, in einem Wandel begriffen. Watteau gab mit seinem *Urteil des Paris* den entscheidenden Anstoß. Nach seinen geradezu zylindrischen, an dorische Säulen erinnernden Frauengestalten kam die zierliche, kindliche Frau in Mode. Genau dieser Vorstellung entsprach die junge Miss O'Murphy auf Bouchers 1751 entstandenem Bild *L'Odalisque blonde*. Sie hatte einen weichen, kindlichen Körper, Zöpfe, die um den Kopf geschlungen und mit einem blauen Band zusammengebunden waren, eine sahnige Haut und einen zarten, entzückenden Körper. Casanova berichtet in seinen *Memoiren* (XXXII), daß sein Freund Patu ihn 1751 mit zwei in Paris lebenden flämischen Schwestern bekannt machte und die jüngere der beiden, »die kleine Morphi«, erst dreizehn Jahre alt gewesen sei. Kaum geneigt, die geforderten sechshundert Francs für ihre Jungfräulichkeit zu zahlen, gab er doch immerhin im Laufe von zwei Monaten die Hälfte dieser Summe aus, um insgesamt fünfundzwanzig Nächte mit ihr zu verbringen. Überdies entlohnte er einen deutschen Maler (möglicherweise F. J. Kisling) mit sechs Louisdor für die Anfertigung ihres Porträts. Waren Bouchers Modell und Casanovas Bettgefährtin identisch? Mit Sicherheit läßt sich dies nicht sagen, denn D'Argenson zufolge war die kleine O'Murphy die Tochter eines irischen Schurken. Wie dem auch gewesen sei, das Modell für Bouchers Bilder jedenfalls ließ sich fast immer in der gleichen Pose malen: vollkommen nackt, den Bauch gerade so weit in die Kissen gedrückt, daß man den sanften Widerstand des Fleisches erahnt, die Lippen geschminkt und die Schenkel geöffnet, für alles, so scheint es, empfänglich. Boucher, erster Hofmaler des Königs und Protegé der Pompadour, genoß es ganz offensichtlich, das Nymphchen zu malen. Im Zentrum der Leinwand steht ihr Hintern, die Pobacken wirken träge entspannt, die zerwühlten Kissen und Laken steigern noch die meisterhaft eingefangene erotische Stimmung. Denn Miss O'Murphy, die sich vollkommen ungeniert gab, ließ es zu, daß man sie auch genauso ungeniert betrachtete. Diderot, der Bouchers Werke verachtete, schrieb 1765 gallig: »Dieser Monsieur Boucher nimmt den Pinsel nur in die Hand, um Brüste und Hintern zu malen. Ich sehe sie gern, aber will nicht, daß man sie mir zeigt.« Ludwig XV. schien ebenso zu denken und zog es daher vor, sich dieses bezaubernde Kind in sein Bett zu holen.

Casanova berichtet, wie die »kleine Morphi« am Hof von Versailles eingeführt wurde, und zwar dank des von ihm in Auftrag gegebenen Gemäldes, das der unbekannt gebliebene deutsche Maler dem Monsieur de Saint-Quentin präsentierte. Dieser wiederum hatte nichts Eiligeres zu tun, als es Seiner Allerchristlichsten Majestät zu zeigen, der ein Connaisseur auf diesem Gebiet war und wünschte, »sich mit eigenen Augen davon zu überzeugen, ob der Maler getreulich kopiert habe; und wenn das Original so schön sei wie die Kopie, so wisse der Nachkomme des heiligen Ludwig recht gut, wozu es ihm dienen könne«. Man suchte also nach den beiden Schwestern und schloß sie in einem Pavillon im Park ein. Eine halbe Stunde später betrat der König den Pavillon, fragte die jüngere O'Murphy, ob sie Griechin sei, zog dann das Porträt aus seiner Tasche, betrachtete die Kleine genau und rief schließlich aus: »Nie habe ich eine größere Ähnlichkeit gesehen.« Daraufhin setzte er sich, zog das Mädchen auf seine Knie, streichelte es ein ums andere Mal, und »als sich seine königliche Hand davon überzeugt hatte, daß die Frucht noch nicht gepflückt worden war, gab er ihm einen Kuß«. Denn der König besaß, wie D'Argenson weiter ausführt, aufgrund seiner Furcht vor Geschlechtskrankheiten eine besondere Vorliebe für Jungfrauen, die gerade erst das heiratsfähige

Alter erreicht hatten. Er hätte keine Vorgänger in der Gunst des jungen Mädchens geduldet. Kurz, Ludwig ließ ihr ein Haus im Hirschpark einrichten, und nach Ablauf eines Jahres gebar das kleine Mädchen ihm einen Sohn, »der, wie so viele andere, an einen unbekannten Ort verbracht wurde«, schreibt Casanova. Drei Jahre später fiel sie in Ungnade, nachdem sie eine beleidigende Bemerkung über Madame de Pompadour gemacht hatte.

Die Sucht der Öffentlichkeit nach allem, was mit Bettgeschichten und rosigem Fleisch zu tun hatte, war so groß, daß auch Fragonard, ein Schüler Bouchers, eine Reihe von niedlichen kleinen Hintern malte, und dies mit erkennbarem Vergnügen. »Wie gelingt es Fragonard nur, all diese Aktbilder *en miniature* zu rechtfertigen, diese kleinen, lebendigen und poetischen Gemälde?« fragten sich die Brüder Goncourt. »Was ist das für ein Zauber, den er in sie legt, um sie zu entschuldigen? Ein einzigartiger Zauber: er zeigt sie uns nur halb. Die Leichtigkeit läßt seine Bilder anständig erscheinen. Er führt den Pinsel nicht mit schwerer Hand …« Was auch immer die Brüder Goncourt gedacht haben mögen, fest steht jedenfalls, daß diese jungen Träumerinnen mit schläfrigem Lächeln gleichwohl errötende Hintern haben. Es ist auffällig, daß die Bilder Fragonards, vor allem aber *La Chemise enlevée* (um 1765), Mädchen zeigen, deren Hinterteile genauso rosig sind wie ihre Wangen. Oder, genauer gesagt, die Pospalte ist zinnoberrot. Warum diese lokal begrenzte Rötung? Steckt Schamhaftigkeit oder Ungezogenheit dahinter? Ist es vielleicht nur ein Schatten? Aber nein, es ist Blut. Soll also der Eindruck entstehen, daß die Mädchen geschlagen wurden? Oder ist diese unerwartete Rötung das Resultat eines gekonnten Make-ups oder anderer, geheimnisvollerer Vorgänge? Diese zarten, feurigen Linien lösen Verwirrung, sogar Fassungslosigkeit aus. Denn man könnte fast den Eindruck gewinnen, als ob das Gesäß entflammte, sobald das Hemd hochgehoben wird. Wenn der Maler also einige Körperpartien etwas röter malte, dann einfach deshalb, weil er sie lebendiger erscheinen lassen wollte. Um den grünlichen Fleischton zu vermeiden, den man bei Rubens häufig sieht, nahm Fragonard Zuflucht zur Rötung, also zur Dar-

13 Marilyn Monroe – »Die Vollkommenheit ihrer Gestalt verdankt sich nicht in erster Linie der Vollkommenheit ihres Gesäßes, sondern dessen harmonischen Proportionen im Verhältnis zu ihrer Gesamterscheinung.«

14 »Diese riesigen, gierigen Hintern« aus einer längst vergangenen Epoche. *Venus von Willendorf*, ca. 20 000 v. Chr.

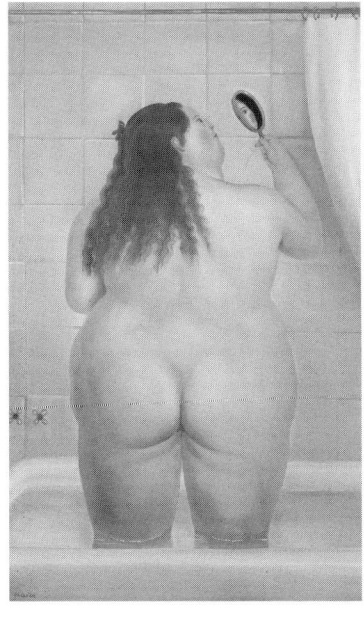

15 Mancher träumt davon, »sich in diesen riesigen fleischigen Kissen zu verlieren, in diesen Eiderdaunen des Glücks«. Fernando Botero, *In der Badewanne*, 1978

16 »Hübsche Pobacken in der intimen Atmosphäre eines Badezimmers.« Edgar Degas, *Nach dem Bad*, um 1900/05

17 »Die riesige, den ganzen Körper der Frau umrundende Spalte« stellte Picasso in vielen seiner Spätwerke in Form eines Ausrufungszeichen dar, »komponiert aus der ›seraphischen Ritze‹ und der Rosette des Anus«. Pablo Picasso, *Liegender weiblicher Akt auf einem blauen Sofa*, 1960

18 Ebenso wie George Grosz fertigte auch Otto Dix zum Erschrecken des Bürgertums Bilder an, auf denen Frauen »ihren enormen Hintern und, schlimmer noch, ihre weit geöffnete Scham zeigen«. Otto Dix, *Hafenbordell*, um 1922

stellung einer Hautirritation – seine Methode, das Blut in Wallung zu bringen. Denn der verliebte Hintern mußte im Vorfeld immer ein wenig aufgewärmt werden. Er mußte sich, kurz gesagt, Mühe geben, ein wenig zu brennen.

Die großen Schwämme feuchten Fleisches

Populär gemacht von Mademoiselle Schweppes, hielt vor nicht allzu langer Zeit der brasilianische Bikini in Europa Einzug. Dieses den Po vollkommen nackt lassende Kleidungsstück verleiht seiner Trägerin das Aussehen einer schlanken Gazelle, mit ebenso inspirierenden wie flüchtigen Formen. Zugleich erlaubt uns dieses Stück Stoff, Bekanntschaft mit dem aufsteigenden Po zu machen, einem Po, der nie zu enden scheint, möglicherweise bis zu den Achseln hinaufreicht und in jedem Fall an einen großen Wassertropfen oder eher noch an eine längliche, wunderbare, saftige Birne denken läßt. Dieser beeindruckende Hintern hat merkwürdige, widersprüchliche Wirkungen. Denn manche Menschen zeigen sich zwar begeistert von einem Bikini, der vorne nichts und hinten alles zeigt, glauben aber auch, daß sich das Gefühl junger Mädchen, die ihre Pobacken derart unverhohlen zur Schau stellen, auf eben diesen Teil ihrer Anatomie beschränke. Was jene allerdings vehement bestreiten. Ein derartiger Badeanzug bringt ein völlig neues Konzept des Gesäßes zum Vorschein, nicht zuletzt aufgrund der Art und Weise, wie der vorne befindliche Stoff zusammengerafft wird, um im Schritt zu verschwinden und damit jedem kleinen Lüstling deutlich zu machen, daß dieser Eingang versperrt ist. Kurz, der brasilianische Bikini ist für die Nacktheit, was der heimliche Vorbehalt für das Geständnis ist. Je weniger Stoff, desto stärker das Symbol. Eine entblößte Körperpartie wirkt wie ein erhobener Schild. Sie ist weniger Teil der Anatomie als reine Idee. Der Po scheint sich anzubieten, erreichbar zu sein, doch seine provokante Lässigkeit macht ihn zugleich unberührbar.

Diese Bikinis sind also als Bastionen der Moral zu verstehen. Und sie werden manchem in Erinnerung rufen, was einst die Badefreuden ausgemacht hat: der nasse Badeanzug. »Wenn die Mädchen aus dem Wasser kamen«, schreibt Patrick Grainville in *Le Paradis des Orages*, »waren ihre Hintern so naß, und der Stoff klebte so eng an ihrer Haut, daß ihre Pobacken wie zwei geteilte Schläuche aussahen.« Der durchnäßte Badeanzug erweist sich als hochsensibles, transparentes Material, auf dem sich jede Rundung und jede Spalte abzeichnet. Die beim Tauchen wirksame Zentripetalkraft zwängt das Gewebe des Badeanzuges in die Pospalte, die Schamlippen werden zusammengedrückt, und das Gesäß atmet durch seine zentrale Öffnung, ein Vorgang, der – folgt man Grainville – das Herz eines Mannes durchaus zu rühren vermag. Doch es kommt noch schlimmer: Unter dem Badeanzug ist auch der Po durchweicht. Der vom nassen Badeanzug befreite Hintern verfügt über eine ganz besondere Blässe, sein Fleisch ist fester und weicher zugleich, seine Ungeschicklichkeit wirkt pubertär, seine hüpfenden Bewegungen ein wenig dümmlich. Doch all das ist heute verschwunden zugunsten verzweifelt glatter, bis zum Zerreißen gespannter Haut, zuliebe eines makellosen, gleichmäßigen Films, mit einem Wort: zugunsten des gebräunten Hinterns. »Der nackte Mensch ist eine Molluske«, sagt Jacques Lacan. Doch damit ist es leider vorbei. Vergangenheit sind diese großen Schwämme feuchten Fleisches, diese riesigen, undefinierbar weichen Früchte, die aus dem Stoff hervorquollen, als ob sie das erste Mal in ihrem Leben das Tageslicht erblickten. Vorbei ist es mit dem zögerlichen Po, der den gleichen zweideutigen Charme besaß wie ein eben erst entdecktes Geheimnis. Und vorbei ist es auch mit dieser unaussprechlichen Überraschung beim Anblick der weißen Haut, die etwas Weiches, Undurchdringliches an sich hatte, ein seit jeher zurückhaltendes Weiß, ein Weiß der Verzweiflung, noch verwirrt, kindlich und keusch. Ein Weiß, das einem Lust machte, hineinzubeißen.

Verlorengegangen ist uns auch die Poesie der Kinofilme in Schwarzweiß. Sie boten dem Auge ein Bild des Fleisches, das zugleich vollkommen, durchsichtig und vergeistigt war.»Wenn der Film durch die Farbe etwas gewann, dann war es Verzauberung, verloren aber ist der Charme«, behauptete Edgar Morin. Während der Schwarzweißfilm die Haut entblößt, macht Farbe sie undurchsichtig, läßt den Körper mit der Landschaft verschmelzen. Das Schwarzweiß provozierte Kontraste und enthüllte die Zartheit des Fleisches. Die Farbe dagegen hat die erotische Qualität des Weiß getötet, Farbfilme lassen die Farben undeutlich werden und ineinander verschwimmen. Der Hintern in Farbe ist gleichbedeutend mit einem grauen Hintern. Und ein grauer Hintern hat alle Magie verloren. Er erscheint mürrisch und erschreckend platt. Angesichts von Gesäßen, die so perfekt gebräunt sind, daß sie tot erscheinen, fragt man sich unwillkürlich, ob es nicht besser wäre, sie umzustülpen, das Innere nach außen zu kehren, um die Schönheit der Organe sichtbar zu machen und endlich zu entdecken, was sie zum Leben erweckt hat. Wenn man sich wirklich ein Bild vom Fleisch des Gesäßes, seiner Muskeln und Nerven machen will, muß man vielleicht zu den *écorchés*, den Muskelfiguren der Renaissance zurückkehren, zu den Studien Alleris (1535–1607) zum Beispiel, der den Hintern sorgfältig enthäutete, um seine Fleischmassen und spindelförmigen Muskeln freizulegen. Verwundert wird man feststellen, daß das Fleisch des menschlichen Gesäßes faserig ist wie das Fleisch der Rochen. Was möglicherweise als Hinweis darauf verstanden werden kann, daß die Ursprünge der Menschheit im Meer liegen, daß der Mensch sich in den Tiefen der See über sein Gesäß als Mensch konstituierte. Daß das Gesäß am Beginn der Erschaffung der Welt stand, wäre allerdings eine nicht geringe Überraschung.

Eine Frage des richtigen Anfassens

Man mag es bedauern, aber das Gesäß hat seit jeher Anlaß zu kruden Witzen und zotigen Bemerkungen gegeben. Zahlreiche Wortverbindungen berufen sich auf diesen Körperteil, wie zum Beispiel: »am Arsch lecken«, »Arschgesicht«, »jemanden verarschen«. Rabelais setzt ihn ein, um Reime zu komponieren (so heißt es über Panurge: »*Weiber scheuchen, schinden und placken, und Weiber mit weichen Hinterbacken*, das reimt sich, meint' er, ziemlich gut«, *Pantagruel*, 2. Buch, Kap. 16), und im Vaudeville mit seiner derben Komik und den schmutzigen Witzen spielt es eine zentrale Rolle, wobei vor allem der weibliche Hintern als Quelle des Humors gilt. Es gab sogar Zeiten, in denen allein der Anblick eines Gesäßes genügte, um sich zu amüsieren. Seinem Nachbarn den Hintern zu versohlen erfüllte nicht nur mit Befriedigung, es wurde auch als äußerst komisch empfunden. Kurz, der Hintern ist durchaus einen kleinen Umweg wert. Doch wie dabei vorgehen? Das erste Mal mit einem Gesäß konfrontiert, fühlen sich manche Menschen eingeschüchtert oder sogar peinlich berührt. Doch ihnen sei hiermit Mut zugesprochen. Für die Annäherung bedarf es nur eines Minimums an Geschicklichkeit und Technik, das alles ist lediglich eine Frage des richtigen Anfassens.

Nehmen wir zum Beispiel das Kneifen, das durchaus eine liebevolle Geste sein kann, auch wenn es häufig mißverstanden wird. Diese mittels Zeigefinger und Daumen ausgeführte Bewegung bedarf der genaueren Betrachtung. Die Italiener, die daraus einen Sport gemacht haben, behaupten, es gebe drei verschiedene Varianten des in den Po Kneifens: das *pizzicato*, ein kurzes, schnelles Kneifen mit zwei Fingern, das dem Anfänger vorbehalten bleibt;

das *vivace*, eine weitaus kräftigere Bewegung, bei der mehrere Finger schnell hintereinander kneifen; und schließlich das *sustenuto*, ein langes, getragenes und rotierendes Kneifen. Andere unterscheiden lediglich zwischen dem einfachen »falzenden« Kneifen und dem rotierenden Kneifen, wobei erstes ermöglicht, eine »ganze Handvoll« zu ergreifen, indem man mit allen fünf Fingern die Haut zu einer Falte zusammenrafft, ähnlich dem Vorgang, wenn man einen Hasen am Nackenfell ergreift. Kneifen ist also in jedem Fall etwas äußerst Angenehmes.

»Monsieur Presle«, sagt Sally Pata, »hat mich nie berührt. Nichts, außer seiner Hand auf meiner. Manchmal gleitet seine Hand meinen Rücken hinunter, um meinen Po zu tätscheln. Einfache Gesten der Höflichkeit.« (Raymond Queneau, *Sally Maras gesammelte Werke*) Der Klaps auf den Po ist – wie das Kneifen – ein idealer Auftakt, das, was man früher *petite oie* (Vorspiel, wörtlich: »Gänseklein«) oder »Vertraulichkeiten« nannte. Kleine, intime Galanterien, amouröse Präliminarien, die dem Braten der Gans vorausgehen. Den Kniff in den Po mit dem Genuß von Hals und Flügel einer Gans zu vergleichen sagt genug aus. Es geht um äußerst schmackhafte Leckerbissen.

Was man in Frankreich als *la main au panier*, »die Hand im Korb«, bezeichnet, ist eine recht gewagte Geste. Mit einer gewissen Kühnheit angewendet, erweist sie sich zuweilen jedoch als äußerst wirkungsvolles Mittel. Der Korb meint hier den Hintern, in selteneren Fällen auch die Vagina. Wie Raymond Guérin bemerkt: »Von der Hand im Korb ist es nur ein kleiner Schritt, der bei einem aufgegeilten Burschen den Funken überspringen läßt.« Es läßt sich nicht mit Sicherheit sagen, woher diese Redewendung stammt oder auf welche Sorte Korb sie sich ursprünglich bezog. Handelte es sich vielleicht um die wie Körbe aus Fischbein geflochtenen Reifröcke, die im 18. Jahrhundert unter den Kleidern getragen wurden, um die Hüften breiter erscheinen zu lassen? Oder um die kleinen Körbe der Obsthändler, die auf den Märkten ihre Ware lautstark mit den Worten »Alles in meinem Korb ist zuckersüß« anpriesen? Oder ist *panier* eine Verballhornung des bereits im

13. Jahrhundert geläufigen Wortes *panil*, das sowohl Arsch als auch Fotze bedeutet und aus dem sich das noch heute gebräuchliche französische Wort *pénil* (Schamhügel) ableitet? Die Lexikographen stehen vor einem Rätsel. Und während sie darauf aufmerksam machen, daß bis zum 16. Jahrhundert die Redewendung »den Korb durchstechen« im Sinne von »entjungfern« durchaus gebräuchlich war, datieren sie das Aufkommen der »Hand im Korb« um das Jahr 1890, eine Zeit also, in der die Frauen bekanntlich ihre Hintern durch diverse Hilfsmittel beträchtlich vergrößerten.

Wenn die Hand bereits in Position gebracht worden ist, kann man, ohne großen Widerstand erwarten zu müssen, mit dem »Betatschen« des Hinterns beginnen. Das französische Wort für Betatschen *(patinage)* läßt sich bis ins 15. Jahrhundert zurückverfolgen und hat wie der deutsche Begriff einen eher derben Beigeschmack: Zum Betatschen gehört, wie das Wort schon sagt, offenbar nicht die Hand, sondern die Tatze oder Pfote. Das ist zwar wenig zivilisiert, kann aber durchaus sein Gutes haben. So versteht man das Betatschen im allgemeinen als eine sehr freizügige und indiskrete Zärtlichkeit. »Die Leute aus der Provinz«, behauptete Scarron, »sind nicht nur äußerst behende, sondern auch große Betatscher.« Bereits vor einiger Zeit hat man das Betatschen durch das sogenannte Petting ersetzt, das heute sehr verbreitet ist. Beim Petting des Hinterns läßt man die Hand über dessen Rundungen wandern und mehr oder weniger zielstrebig die Konturen erkunden. Mit dem französischen Wort für Petting *(peloter)* bezeichnete man im 17. Jahrhundert das nachlässige Hin- und Herschlagen des Balls beim Tennis, mit dem man sich vor dem Match aufwärmte. Es war also schon immer so etwas wie ein Vorspiel, verbunden mit der Hoffnung auf einen Vorteil.

Manche behaupten, die Pobacken würden vor Freude anschwellen, wenn man sich ihnen heimlich von hinten nähert und sie umfaßt. Überrascht man sie auf diese Weise und drückt sie mit beiden Händen, fühlt man ihren Atem. Man spürt, wie sie sich selbst vergessen, Spannung aufnehmen und hervorspringen. Es heißt, der Hintern werde größer, er wachse. Dabei kann es allerdings vorkommen, daß ein Hintern so groß wird und die Summe seiner Rundungen so voluminös, daß er mit den Händen nicht mehr zu umfassen ist, er im eigentlichen Sinne also uneinnehmbar wird. Dann bleibt nichts mehr übrig, als ihn in Ruhe zu lassen. Doch wenn der Hintern nicht ganz so groß wird, läßt er sich trefflich *umarmen*, was nichts anderes heißt, als daß man ihn mit den Armen umfängt und an sich drückt. So umarmt auf dem Plakat zu Milos Formans Film *Valmont* der Vicomte mit geschlossenen Augen und voller Inbrunst den Po von Cécile de Volange und schiebt dabei ihr hübsches, mit Kirschen bedrucktes Kleid nach oben. Und da das französische Wort für umarmen, *embrasser*, auch küssen heißen kann, nutzt der junge Mann die Gelegenheit, seine Lippen auf den Allerwertesten der Angebeteten zu drücken.

»Ich hatte die Hände über ihrem Hintern gekreuzt«, liest man in der *Histoire de Dom Bougre, portier des Chartreux* (1741), die dem Advokaten Gervaise de La Touche zugeschrieben wird. »Sie hatte ihre Hände auf den meinen gelegt, und ich drückte sie fest an mich, während sie mich gleichfalls umarmt hielt, unsere Münder klebten aneinander, sie waren zwei Fotzen, unsere Zungen fickten sich, unsere Seufzer, miteinander verschmelzend und uns vorantreibend, erweckten in uns ein süßes Verlangen, das jedoch schon bald vom Feuer einer Ekstase verzehrt wurde, die uns alles vergessen ließ.« Diese Form des gleichsam aus den Händen geborenen Kusses läßt sich überall anwenden. Seine Wirkung rührt vor allem daher, daß man den Hintern festhalten und sich seiner Gefangennahme sicher sein kann. Es existiert aber noch eine andere Möglichkeit der Vereinigung, nämlich Po gegen Po, eine Stellung, die selbstredend jeden Kuß unmöglich macht. Bei diesem sogenannten *quatrain* oder *Vierer* liegen zwei Paare übereinander, eine Kuriosität, die wiederum in der *Histoire de Dom Bougre* beschrieben wird: »Mein Vater versetzte meiner Mutter nicht einen Stoß, den sie nicht dreifach weitergab, und indem ihr Arsch auf den meinen zurückfiel, zwang sie mich immer tiefer in Madelons Fotze, wodurch ein Furzkonzert entstand, das die Zuschauer regelrecht entzückte.«

In dem der Kunst des Kratzens gewidmeten Kapitel des *Kama-*

sutra wird darauf hingewiesen, daß das Kratzen mit den Nägeln sowohl als Ausdruck leidenschaftlichen Verlangens als auch als ein Zeichen von Stärke betrachtet wird. Mangelt es allerdings an Enthusiasmus, kann es auch ein »Zeichen von Wut, Freude oder Vergiftung sein, doch man wendet es nicht unter allen Umständen an«. Unter den Spuren, die Nägel auf dem Hintern hinterlassen, lassen sich beispielsweise die Tigerkralle, der Halbmond, der Pfauenfuß oder das Lotusblatt erwähnen. Das *Kamasutra* führt weiter aus, daß das Zubeißen wie das Kratzen mit den Fingernägeln aber auch ein Zeichen der Inbesitznahme sein kann. Auf einem Gemälde von Hans Bellmer (Ohne Titel, 1946) sieht man eine Frau in schwarzen Strümpfen, die den lackierten Nagel eines Zeigefingers in ihren voluminösen Hintern stößt, ohne daß man zu sagen wüßte, ob sie mit dieser Bewegung den Eingang verteidigt oder sich stimuliert. Wie auch immer, Bellmer war der Ansicht, daß das Bild einer begehrten Frau am Ende nichts weiter als »eine Reihe von Phallus-Projektionen ist, die progressiv von einem Detail der Frau zu ihrem Gesamtbild gehen, derart, daß der Finger, der Arm, das Bein der Frau das Geschlecht des Mannes wären« (*Kleine Anatomie des körperlichen Unbewußten oder Die Anatomie des Bildes*). Es mag allerdings bezweifelt werden, daß es von den Frauen als Trost erachtet wird, nichts weiter als ein Auswuchs der männlichen genitalen Funktionen zu sein.

Bleibt noch die berühmte Fotografie von Arthur Tress zu erwähnen, auf der eine Hand mit gespreizten Fingern aus einem von Müll bedeckten männlichen Gesäß emporragt. Selbstverständlich verdankt sie sich einer geschickten Montage. Diese sich aus dem Hintern streckende Hand, die um Hilfe zu schreien scheint, als ob sie von einer schrecklichen Flutwelle verschlungen zu werden drohte, ist kaum weniger entmutigend als Bellmers Sicht auf die Frau. Als ironisches Gegenstück zu *Fisting*-Darstellungen, wie sie in Homosexuellenkreisen verbreitet sind, beweist dieses Foto zumindest eines: Die Faust, die in den Arsch geschoben wird, sehnt sich nach nichts anderem, als so schnell wie möglich als Hand wieder herausgezogen zu werden.

Michelangelo und die Apotheose des männlichen Gesäßes

Es gibt Frauen, die von sich behaupten, Männer mit schönen Hintern nicht attraktiv zu finden. Und zwar aus dem einfachen Grunde, weil sie deren Konkurrenz fürchten und große runde Gesäße als weibliches Privileg erachten. Doch damit geben sie eigentlich zu, daß sie Männer mit unscheinbaren Hinterteilen unter anderem deshalb vorziehen, weil sie implizit auf einen Ausgleich an Volumen an anderer Stelle spekulieren, das heißt auf eine Kompensation durch die Größe des Penis hoffen, was in ihren Augen wesentlich attraktiver scheint. Doch ganz offensichtlich stellen die so argumentierenden weiblichen Wesen durchaus nicht die Mehrheit. Einer 1992 durchgeführten Umfrage zufolge antworteten Frauen, die danach befragt wurden, welche männlichen Körperteile in ihrer persönlichen Rangskala den höchsten Stellenwert einnehmen, daß Muskeln, Mund, kräftige Statur, Nacken, Oberkörper, Adamsapfel, Ohren, Fußgelenke, Penis sowie Größe für sie absolut keine Rolle spielen. Was zählt, sind die Augen und der Hintern. Weil sie ein Versprechen bergen. Wobei der Vorteil eines schönen Gesäßes zweifelsohne darin liegt, daß man seine Rundungen nicht nur bewundern, sondern auch festhalten kann.

Ungeachtet der Behauptung des Sexualforschers Dr. Waynberg, daß »die Entscheidung für einen Mann mit ausgeprägtem Gesäß der Entscheidung für eine desexualisierte Männlichkeit gleichkommt«, macht also das virile Hinterteil Frauen im allgemeinen glücklich. Françoise Xenakis hat sich immer für männliche Hintern begeistert, und zwar gleichermaßen für den des Tennisspielers Yannick Noah wie für den des berühmten Diskuswerfers, um nur zwei Beispiele zu nennen. »Ich habe Stunden in diesem glühend heißen Museum in Athen verbracht«, sagt sie, »die Augen fest auf seinen verlängerten Rücken gerichtet. Zeus, was für Hüften! Und diese rechte Pobacke, die ein klein bißchen größer ist als die linke!« Doch leider haben die Männer, mit denen sie arbeitet, nur selten Gesäße, die sich mit denen des Diskuswerfers vergleichen ließen. Dafür entdeckt sie auf der Straße immer wieder »Hintern, die einfach wunderbar sind!

Das ist wahr, aber erstens arbeiten diese Hintern nie dort, wo ich arbeite, und zweitens habe ich festgestellt, daß die meisten Männer mit perfekten Hintern selbst nur Augen für Männerärsche haben!« Kurz, früher oder später wird die Frau vom männlichen Gesäß betrogen. Das dürfte der Grund dafür sein, warum viele Frauen ihr Augenmerk eher auf die Ohren oder Fußknöchel des Mannes richten.

In der Malerei dominiert eindeutig das weibliche Gesäß. Der Hintern des Mannes ist zwar nicht vollkommen abwesend, taucht aber doch seltener und – man könnte sagen – periodischer auf. Es läßt sich kaum erklären, warum er zum Beispiel in der italienischen Malerei des 16. Jahrhunderts häufig dargestellt wird, aus der Kunst des durch Freizügigkeit geprägten 18. Jahrhunderts jedoch nahezu verschwunden ist. Der Grund für letzteres dürfte darin zu suchen sein, daß das männliche Gesäß zu jenen Dingen gehört, die man einfach nicht zeigt. Weil sich mit ihm weder Männlichkeit noch Stärke verherrlichen lassen. Viril dagegen wirken das vor den Körper gehaltene Schwert, der muskulöse Schenkel, der ausgestreckte Arm. Und nicht das, was Roland Barthes »die Opferung« nannte. Die Gesellschaft teilte sich in Männer mit Schwertern und Frauen mit Rundungen. Und zwar dergestalt, daß das männliche Gesäß eine Art Zwitterstellung innehatte: Es war rund, aber nicht weiblich; es war muskulös und stark, aber keine Repräsentation eines Schwertes oder Phallus. Schließlich befriedigte es niemanden. Außer natürlich Michelangelo. Und die italienischen Renaissancemaler, allen voran Luca Signorelli, der ein Gesäß von diabolischer und triumphaler Energie zeigte, aber auch Pontormo und Andrea del Sarto. Doch erst mit Michelangelo erreicht das männliche Gesäß seine veritable Apotheose. Nie wieder sollte es zu solchem Ansehen gelangen, mit Ausnahme vielleicht in den arroganten Colossi des Foro Italico am Ufer des Tiber, das Mussolini in den 30er Jahren errichten ließ.

Man hat behauptet, das Gesäß bei Michelangelo habe etwas Apollinisches, doch das stimmt nur zum Teil. Es ist kraftvoll und kolossal, temperamentvoll und entfesselt. Es ist ein Gesäß, das erschüttert. Nie war ein Gesäß derart lebendig, derart emphatisch. Michelangelo, sagt Giorgio Vasari, sah in dem nackten männlichen Gesäß ein Element des Göttlichen. Und in der Tat wird man darin kaum etwas Menschliches entdecken, von der *Schlacht von Cascina* bis zum *Jüngsten Gericht*, sofern man nicht solche Idealgestalten wie die Surfer von Hawaii oder die Fischer zum Maß aller Dinge erhebt. Nur wenige Künstler haben eine ähnlich verwirrende Leidenschaft für Schultern, Knie und Hintern an den Tag gelegt, all jene Rundungen, die den florentinischen Stil charakterisieren. In Michelangelos Gemälden scheinen sich die kräftigen Gesäßbacken mit unerwarteter Rage in die Höhe zu katapultieren. Auf manchen Bildern, wie zum Beispiel den *Bogenschützen*, werden sie in die Luft geschleudert, als ob sie im nächsten Moment explodieren würden, auf anderen wieder stürzen sie sich wie zwei aneinandergekettete Hunde in die Flammen (so bei der um Minos versammelten Gruppe der Verdammten im *Jüngsten Gericht*). Diese Hintern bewegen sich nicht von links nach rechts, sondern von oben nach unten. Wie Hahnenkämme oder phrygische Mützen bäumen sie sich auf. Sie thronen geradezu auf Schenkeln und Hüften zum Zeichen ihrer Macht. Die Gesäßbacken pressen gegeneinander, und der gesamte Körper steht in Flammen. Die Spalte trennt hier nicht nur die beiden Gesäßhälften, sondern zieht sich über den gesamten Rücken und teilt ihn bis hinauf zum Kopf in zwei Teile. Sie bricht die primitive Einheit der Gesäßbacken auf und läßt das vom Hintern ausgehende Gefühl der Begeisterung bis zum Kopf, bis zum Denken aufsteigen, so daß der Mensch seiner ganzen Länge nach wie von einer Axt aufgespalten zu sein scheint. Das Gesäß ist bei Michelangelo nicht nur das Zentrum des Körpers, es verleiht ihm auch spirituellen Elan.

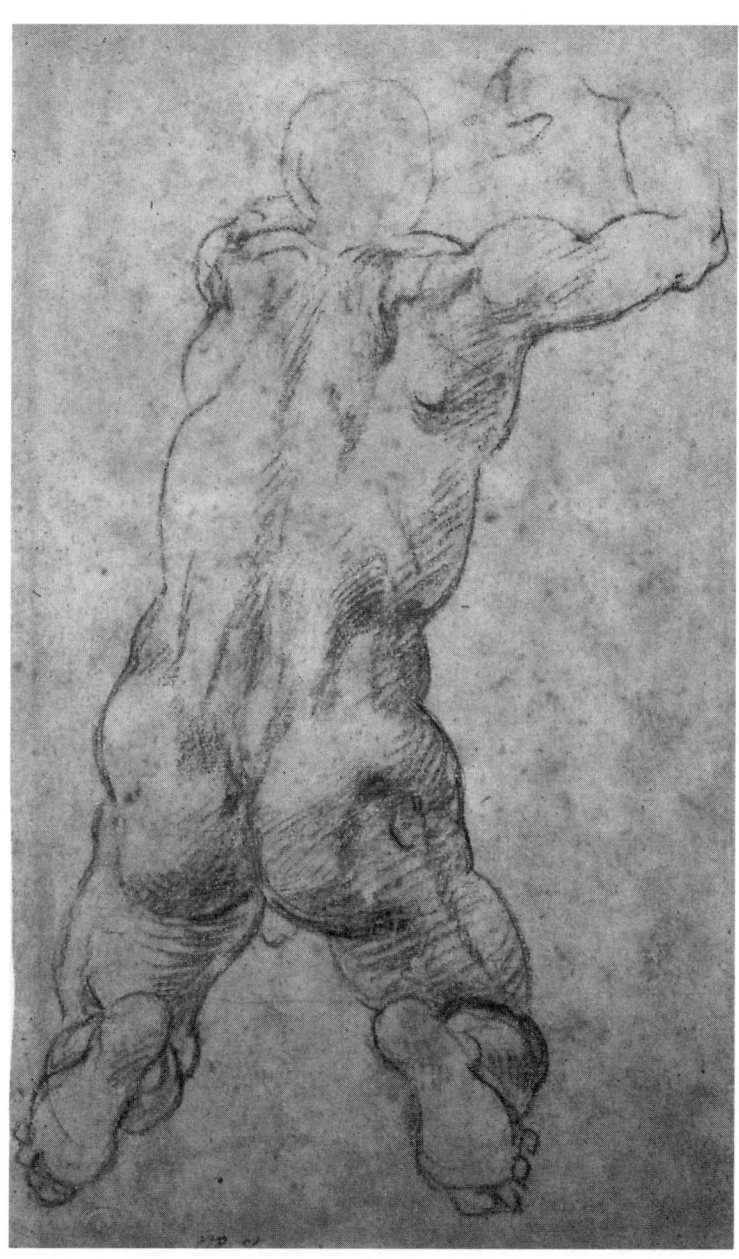

Michelangelo, *Kniender männlicher Akt*

Der italienische Hintern verbreitete sich in ganz Europa. So findet man ihn zum Beispiel in den Werken des flämischen Malers Frans Floris (1515–1570) wieder, dessen *Götter des Olymp* Zeus mit dem schönsten Hintern zeigt, den man je gesehen hat, und das, obwohl der Gott sitzend dargestellt ist. Aber kann das sitzende Gesäß, das mit Sicherheit zu den beliebtesten Motiven der Malerei gehört, noch als Hintern im eigentlichen Sinne bezeichnet werden, da er sich doch in dieser Position zu verflüchtigen scheint? Plattgedrückt wie ein Kissen, präsentiert er sich erschreckend weich und teigig, man könnte sagen, molsch wie ein überreifer Apfel, bar des schalkhaften Charmes, der dem Hintern sonst zu eigen ist. Was bleibt also dem Auge des Betrachters vom Gesäß, wenn es sitzt? Allenfalls eine leichte, den Hintern umgebende Vertiefung in der Fläche, auf der er sich niedergelassen hat, eine Andeutung der Gesäßspalte, ein schemenhaftes Dreieck, das seine Existenz erahnen läßt und sie zugleich doch verschleiert. Denn das Schmerzliche am sitzenden Po ist ja gerade, daß man zugleich seine Geburt und seinen Tod sieht. Doch der von Frans Floris gemalte Hintern des Zeus ist keine solche Totgeburt. Vielmehr wölbt er sich derart hoch, daß er sich vollkommen zu öffnen scheint. Und im übrigen ist dies der einzige Hintern auf dem gesamten Gemälde, da alle hier versammelten Götter des Olymp Zeus gegenüberstehen. Kurz, Floris zeigt uns hier den riesigen, wohlgenährten Hintern, den man von einem Gott wie Zeus wohl erwarten kann.

Weitere erstaunliche Hinterteile finden wir bei dem niederländischen Maler Cornelis van Haarlem (1562–1638). Georges Bataille macht in *Die Tränen des Eros* darauf aufmerksam, daß die männlichen Gesäße auf den Gemälden *Die Sintflut* und *Der bethlehemitische Kindermord* die gleiche eigenartige, verrenkte Haltung aufweisen. Man sieht einen Mann, der sein linkes Knie auf den Boden setzt, während er mit dem rechten Fuß das Gleichgewicht hält. Das Knie hat er dabei so weit nach hinten geschoben, daß sein Gesäß zum Zentrum eines phantastischen Bogens wird, die massiven Blöcke seiner Gesäßhälften werden durch eine herrliche Spalte geteilt. Das Gesäß ragt hoch in die Luft, bewegungslos, erweckt aber zugleich den Eindruck, als könne sein Besitzer mit einem Schritt sieben Meilen auf einmal nehmen. Und obwohl dieser Hintern den Vordergrund des Bildes beherrscht, erscheint er doch vergleichsweise bescheiden.

Wie anders dagegen die Komposition des Gemäldes *Die Taufe Christi*, das sich heute im Louvre befindet. Christus ist die am wenigsten auffällige Figur auf diesem Bild, das von einem muskulösen blonden Riesen dominiert wird. Vollkommen nackt sitzt er da, das Gewicht auf die linke Gesäßhälfte verlagert, während er sich nach vorne, zur schmutzigen Ferse seines Fußes streckt und dabei den Blick auf seinen wundervoll geschwungenen Rücken und das Gesäß lenkt. Diese Figur ist um so erstaunlicher, als niemand wirklich weiß, wen sie darstellen soll (möglicherweise handelt es sich um einen Apostel, doch eindeutige Hinweise für diese Behauptung sucht man vergeblich). Die gewaltige Masse Fleisch überdeckt alles andere, und die diagonal einfallenden, die Gnade symbolisierenden Lichtstrahlen treffen genau auf dem milchweißen Gesäß des batavischen Athleten auf. Nur schwerlich glaubt man sich angesichts dieser Szene nach Palästina, an das Ufer des Jordan versetzt, und der majestätische Hintern läßt kaum an eine biblische Episode denken.

Die schönsten männlichen Hintern haben für gewöhnlich Athleten, Helden, Sklaven oder Scharfrichter. Edward Lucie-Smith (*Erotik in der Kunst*) weist darauf hin, daß Salome anders als Judith, obwohl sie den Kopf Johannes des Täufers fordert, die Hinrichtung nicht selbst durchführt. Statt dessen läßt sie einen Scharfrichter rufen. Und dieser präsentiert sich, so führt Lucie-Smith weiter aus, in beinahe allen Darstellungen – man denke nur an die Gemälde von Bachiacca oder Guercino – als »Rivale, fähig, die weibliche Kastratin zu übertreffen«. Er ist halb nackt, die Rückenansicht zeigt ein erstaunlich animalisches Gesäß, das Schwert in der Rechten und den Kopf des Märtyrers, den er an den Haaren hält, in der Linken. Die Pose bringt seinen wohlgeformten Hintern und die straffen Schenkel in ihren eng anliegenden Kniehosen vorteilhaft zur Geltung. Lucie-Smith kommt zu dem Schluß, daß zwischen dem masochistischen Opfer und seinem Bezwinger eine eindeutig erotische Verbindung bestehe, daß der ausgestreckte Arm des Henkers in einer Art Opfer für Salome das engelsgleiche Gesicht und das barbarische Gesäß miteinander verbinde.

Bislang hat man geglaubt, das schiefe, leicht dümmliche Lächeln der *Mona Lisa* sei Folge einer »halbseitigen Atrophie der rechten Körperhälfte«, eines zu hohen Cholesterinspiegels, einer Asthmaerkrankung oder – Freud zufolge – eines latenten Ödipuskomplexes. In jüngster Zeit trat die New Yorker Professorin Ellen E. Morrison sogar mit der Behauptung an die Öffentlichkeit, sie könne schwören, das »Lächeln der Gioconda auf den Lippen eines schwangeren Walweibchens« gesehen zu haben. Doch weit gefehlt. Hinter diesem unerklärlichen Lächeln, das man zweideutig, archaisch oder ägäisch genannt hat, verbirgt sich das Gesäß eines Knaben. So zumindest lautet die These der Kanadierin Suzanne Giroux. Der Trick besteht darin, das Bild um 90 Grad zu drehen und dann nur den Mund zu betrachten: Die Linienführung der Lippen entspricht dem Schwung der unteren Wirbelsäule, die Mundwinkel den prallen Pobacken eines herrlichen Gesäßes. Wer hätte das gedacht? In einem Grübchen verbirgt sich ein Hintern! Vier Jahre lang arbeitete Leonardo an seiner Mona Lisa, vermutlich während seines zweiten Aufenthaltes in Florenz von 1503 bis 1507. Man geht davon aus, daß er zehntausend Stunden vor diesem Gemälde verbracht hat. Acht Stunden täglicher Arbeit über einen Zeitraum von vier Jahren hinweg, nur um ein Geheimnis zu verbergen! Überdies hätte Leonardo, Vincent Pomarède zufolge, das fertige Bild am liebsten nicht aus der Hand gegeben. Und das ist noch nicht alles: Leonardo war Linkshänder. Wie Lewis Carroll schrieb er in Spiegelschrift, von rechts nach links und mit seitenverkehrten Buchstaben. Man braucht einen Spiegel, um seine Schriften zu lesen. Und in seinen Aufzeichnungen bemerkt er, daß sich ein Gemälde am besten in einem Spiegel betrachten ließe. Suzanne Giroux verfuhr auf eben diese Weise mit der Mona Lisa und stellte fest, daß das um 90 Grad gedrehte, in einem Spiegel reflektierte Lächeln zwei verschiedene Hinteransichten zeigte: Bild und

Spiegelbild. Diese enigmatischen Lippen verbergen also in Wirklichkeit die Hintern zweier unterschiedlicher Knaben.
Warum diese Travestie? Leonardo war homosexuell. Der aktiven Sodomie angeklagt, hatte er sich am 9. April 1476 im Alter von vierundzwanzig Jahren vor einem florentinischen Gericht zu verantworten. Die Strafe, die ihn erwartete, lautete Tod durch Verbrennen auf dem Scheiterhaufen, doch mangels Beweisen wurde das Verfahren eingestellt. Über etwaige Beziehungen zu Frauen ist nichts bekannt, sehr wohl aber, daß er sich mit häufig wechselnden, nicht sonderlich talentierten, dafür aber recht attraktiven Lehrlingen umgab. Sie standen ihm auch Modell. Von seiner Hand stammen etliche männliche Akte, wobei er ein besonderes Faible für deren Flanken, Gesäße und Schenkel zeigt, während ihn an Frauen eher ihre Gesichter, Büsten und Hände interessierten. Was wäre also unter diesen Voraussetzungen genialer gewesen, als beide Geschlechter miteinander zu verschmelzen, in der Darstellung einer Frau einen Knaben zu verbergen, in einem Lächeln einen Hintern? Vasari bemerkte 1540 über das Lächeln der Mona Lisa: »Der Schnitt des Mundes, das Rot der Lippen und das Rosa des Gesichtes, all das scheint nicht aus Farbe, sondern aus Fleisch zu sein.« Eine andere These lautet, daß der in dem Lächeln verborgene Rükken und Hintern in perfektem homothetischem Verhältnis zu dem Gemälde als Ganzem stehen: das heißt, wenn man diesen Ausschnitt vergrößerte, hätte er exakt die gleichen Maße wie die Mona Lisa, nämlich 76,96 mal 53,08 Zentimeter. Wie dem auch sei, offenbar findet man an keinem anderen gemalten Mund einen Hintern. Marcel Duchamp hatte 1919 die geniale Idee, die Mona Lisa mit einem Schnurrbart zu versehen und dieses Bild mit dem einzigartigen Titel »L. H. O. O. Q.« zu versehen, was sich auf Französisch wie »*elle a chaud au cul*« lesen läßt – »sie hat einen heißen Hintern«.

Die französische Kunst hat sich nie sonderlich für das männliche Gesäß begeistert, mit Ausnahme vielleicht der Bilder Géricaults oder etwa Rodins *Stürzendem Mann*, einem Detail aus der Bronzeplastik *Das Höllentor*, in der Edmond de Goncourt allerdings nichts weiter als ein »Korallenriff« zu erkennen vermochte. Sicher, die zerrissenen Hosen des jungen Liebhabers auf dem Gemälde *Der Riegel* von Fragonard lassen nur zu deutlich die Gesäßspalte, die wohlgerundeten Backen und Grübchen ahnen, während man von den Reizen der verzweifelten jungen Dame merkwürdigerweise nichts zu sehen bekommt – »das Gesicht mit den ängstlichen, flehentlich bittenden Augen nach oben gewandt, verzweifelt sie an sich selbst und weist mit schwacher Hand den Mund des Liebhabers zurück«. Sie kämpft, sie widersteht ihm, doch unsere Bewunderung gilt dem Gesäß ihres Liebhabers. Dessen glühende Reize wurden allerdings schon bald zugunsten des republikanischen Hinterteils aufgegeben, der Inkarnation von Unschuld und Tugend. Ein wildes, stolzes Gesäß, das nicht das Risiko einging, sich der libertinären, wollüstigen Promiskuität zu überlassen. Verwirklicht wurde es vor allem von Jacques Louis David. Welche prachtvollen Männer finden sich in seinen Bildern! Doch kaum einer hat einen Hintern. Davids nackte Krieger stehen aufrecht, und sie sind nur von vorne zu sehen. Einzige Ausnahme bildet sein *Raub der Sabinerinnen* (1799). In Anlehnung an Plutarchs *Leben des Romulus* malt David nicht das im Titel angesprochene Ereignis, sondern den Augenblick, in dem die Sabinerinnen eintreffen, um die sabinischen und römischen Streitkräfte voneinander zu trennen, drei Jahre nach dem Raub also, als Tatius, der Anführer der Sabiner, in Rom einfällt, um »die Räuber auszulöschen«.

Hersilia, die Romulus' Frau geworden war, ermahnt die Sabiner zum Frieden. Daraufhin läßt Romulus den gegen Tatius gerichteten Wurfspieß sinken, und der Befehlshaber der Reiterei steckt sein Schwert wieder in die Scheide. »Bald darauf«, schreibt Plutarch, »vereinten sich die Römer und Sabiner, um ein einziges Volk zu bilden.« Eben diesen Moment, in dem die Kontrahenten ihre Waffen sinken lassen, stellt David in seinem Gemälde dar. Als Symbol, wie er sagte, für die Verbrüderung der Franzosen nach der durch die Revolution verursachten inneren Spaltung. Was sehen wir auf diesem Bild? Hersilia, gekleidet in ein wallendes weißes Gewand, stellt sich, um das Blutbad zu verhindern, mit ausgestreckten Armen zwischen ihren Bruder (Tatius) und ihren Ehemann (Romulus), athletische Krieger, die völlig unbekleidet sind (derart viele Nackte bevölkern das Bild, daß Napoleon den Ankauf des Bildes verweigerte). Sie ist es, die die beiden zwingt, sich zu verbrüdern, anstatt sich zu bekämpfen. Körperhaltung und räumliche Position der Kontrahenten deuten darauf hin, daß sie sich nur zwei oder drei Meter aufeinander zu bewegen müssen, um sich in die Arme zu fallen. Hersilia verausgabt sich in ihrem Bemühen um Friedensstiftung, doch die Männer wenden ihr nicht einmal das Gesicht zu. Tatius blickt in Richtung des Betrachters, die Scheide des Schwertes verdeckt kaum sein Geschlechsteil (obgleich David diese Partie des Bildes 1808 retuschierte). Dagegen sind bei der Rückenansicht von Romulus hinter seinem Schild nur drei Dinge zu erkennen: der Helmbusch, die Lanze und das perfekte Gesäß. Nur schwerlich kann man sich einen männlicheren und zugleich sinnlicheren Hintern vorstellen.

Man könnte glauben, daß Malerinnen sich dem Motiv des männlichen Gesäßes mit Begeisterung widmen, bringen sie doch allem Anschein nach diesem Teil der Anatomie einiges Interesse entgegen. Doch weit gefehlt! Tamara de Lempicka (1898–1980), der man den Beinamen »Sirene des Art Déco« gab, ist viel eher bekannt für ihre schönen Huren mit perlmutterartiger Haut sowie für ihren einzigartigen kubistischen Stil als für ihre Darstellungen männlicher Hinterteile. Kaum wird man sie in ihren Arbeiten finden. Eine Ausnahme bildet *Adam und Eva* (1932), wo sich der Hintern des Mannes allerdings nicht unbedingt von seiner besten Seite zeigt: Im Zusammenhang mit diesem Bild hat man von »Kubo-Ingrismus« (*cubo-ingrisme*) gesprochen, doch in Wahrheit hat er große Ähnlichkeit mit einem Kropf. Bei Licht betrachtet, haben auch die Frauenfiguren Tamara de Lempickas etwas Kropfartiges. Offenbar hielt die Künstlerin Frauen mit einer Überfunktion der Schilddrüse für prädestiniert, ein besonders aktives Sexualleben zu führen. Heißt das, daß ein Mann mit einem kropfartigen Po über die gleichen Tugenden verfügt? Man weiß nur so viel: Da Tamara de Lempicka keinen Adam in ihrer eigenen Entourage hatte, ging sie auf die Straße hinunter, um dort ein Modell zu suchen. So stieß sie auf einen Polizisten, der ihr ins Atelier folgte, seine Uniform auszog, sie sorgfältig zusammenfaltete, den Revolver auf das Bündel legte, sich nackt auf das Podium stellte und dann herumdrehte. So entstand das Gesäß des Jahrhunderts. Man kann aber keineswegs behaupten, daß es unvergeßlich ist.

More ferarum oder die Kehrseite unserer Persönlichkeit

»Meine süße kleine Hure Nora,
 Ich habe getan, was Du mir gesagt hast, mein schmutziges Mädchen, und mir, während ich Deinen Brief las, zweimal einen runtergeholt. Ich bin entzückt darüber, daß Du es magst, von hinten gevögelt zu werden. Ja, jetzt erinnere ich mich wieder an diese Nacht, in der ich Dich so lange von hinten gefickt habe. Mein Schwanz war stundenlang in Dir und vögelte Dich immer und immer wieder unter Deinem hochgereckten Arsch hindurch. Ich spürte Deine gewaltigen, in Schweiß gebadeten Arschbacken unter meinem Bauch, und ich sah Dein fieberhaft glühendes Gesicht und die Tollheit in Deinen Augen.« (James Joyce, Brief an Nora, 8. Dezember 1909)
 Der Gesäßfetischismus läßt unwillkürlich an Manuale für Geistliche denken, in denen von »Liebe *more ferarum*« die Rede ist – »Liebe nach Art der wilden Tiere«. Der Koitus *a retro*, der den Anschein erwecken mag, als ob er die Ordnung der Natur korrumpiere, hat, wie Apollinaire in *Die Großtaten eines jungen Don Juan* erklärt, den Vorteil, daß er es dem Hintern erlaubt, »etwas Schönes zu tun«. Bei Lukrez (*De Rerum Natura*, IV) findet sich der Hinweis darauf, daß man allgemein der Ansicht war, Frauen seien in der Tierposition empfängnisbereiter, »weil die Organe den Samen besser aufnehmen können, wenn der Oberkörper nach unten geneigt und das Gesäß erhoben ist«. Die Kirche jedoch hat bekanntermaßen seit jeher nur eine einzige »natürliche Art der Begattung« anerkannt. Und zwar »dergestalt, daß die Frau auf dem Rücken liegt und der Mann auf ihrem Bauch, sorgsam darauf bedacht, in das

für diesen Gebrauch bestimmte Gefäß zu ejakulieren«, wie Pater Thomas Sanchez 1602 empfahl. Jede andere Stellung wurde als animalisches Treiben erachtet. In Wahrheit allerdings fürchtete die Kirche einen Zuwachs an Lust, die während des Geschlechtsakts zu empfinden bis ins 17. Jahrhundert hinein als verdammungswürdig galt.

Selbst wenn der Koitus *a retro* unter Gebrauch des »rechten Gefäßes« durchgeführt wurde, fürchtete man, daß der Anblick des Hinterns unbekanntes sinnliches Vergnügen bereiten und »den Mann zur Wollust verführen« könnte, so daß er, provoziert durch »schlüpfrige, Lust bereitende Zärtlichkeiten«, sich schließlich dazu hinreißen ließ, wie ein Tier »nicht das gewohnte Gefäß« zu penetrieren. Einzig bei allzu großer Fettleibigkeit des Mannes oder Schwangerschaft der Frau konnte eine Ausnahme gemacht werden, in welchem Falle Albert der Große die Kopulation von der Seite, im Sitzen oder sogar von hinten, »wie eine Stute«, erlaubte (in dieser Reihenfolge ihrer zunehmenden Sündhaftigkeit). Diese »widernatürlichen« Stellungen waren nicht nur animalisch, sie brachten auch eine gefährliche Umkehrung der Perspektive mit sich: Während die Frau dem Mann den Rücken zukehrt und er – wie Joyce – die Tollheit in ihren Augen sehen kann, sieht sie ihn nicht. In gewisser Weise werden die Augen also in den Hintern verlegt. Man leistet der blinden Beziehung mit einem Körper Vorschub, der weder Gesicht noch Geschichte hat, was man geradewegs als Infamie erachtete.

Denn was ist der Hintern schließlich anderes als ein Objekt, dem seit jeher ein Höchstmaß an Verachtung gezollt wurde? Das französische Wort *derrière* (Hinterseite, hinten), zuerst nachgewiesen für das Jahr 1080, leitet sich aus dem lateinischen *deretro* ab, das wiederum auf *retro* (hinten) zurückgeht, ein Begriff aus dem klassischen Latein. Das Wort hielt zunächst Einzug in das militärische Vokabular, wo es das im Rücken der Front liegende Heerlager bezeichnete: also eine Nachschubbasis. Seit 1230 jedoch diente es auch zur Benennung des Hinterteils von Tieren und – umgangssprachlich – auch des menschlichen Gesäßes. So gesehen bildet es zumindest das Gegenstück zum *devant*, dem Vorderteil, mit dem im Französischen auch der Busen oder die weibliche Scham bezeichnet wird. Sicher, das Wort *derrière* (Hintern) ist um einiges züchtiger als *cul* (Arsch), doch die Tatsache, daß es ein Euphemismus ist, hat es nicht davor gefeit, zum Gegenstand von Zoten zu werden. So schreibt Jules Renard in seinem *Journal* (Tagebücher 1887–1910) ohne Umschweife von »erstaunlichen Frauen mit riesigen Hintern, wie die hängenden Hintern der Hamadryaden, die sie mit den Händen stützen«. Die Hamadryaden sind Affen der Gattung *Cynocephalus*, die im alten Ägypten als heilige Tiere verehrt wurden. Nicht nur deren besonders ausgeprägte Hinterteile, auch das Gesäß im allgemeinen hat immer wieder Anlaß zu schmutzigen Witzen gegeben. In der Umgangssprache finden sich zahlreiche spöttische Anspielungen auf den Hintern, in denen auf dessen »zurückgesetzte« Position Bezug genommen wird: so spricht man vom Hintereingang, der Hintertür oder dem Künstlereingang.

Die Ablehnung des Hinterns ist eng verknüpft mit unserer Ablehnung des Schlechten oder Nachteiligen, das sich in den Begriffen »niedrig« und »link« beziehungsweise »links« zusammenfassen ließe. Wir sprechen von Hintergedanken oder Hinterhältigkeiten und meinen damit Täuschung und Betrug. Der Hintern stellt gleichsam den Gipfel des Schlechten dar, da sich in ihm »das Hintere« (im Sinne des Verborgenen) und das Niedrige vereinen. Roger Caillos weist in seinem Buch über Asymmetrie (*La Dissymétrie*) darauf hin, daß die Symmetrie von links und rechts, die sogenannte Spiegelsymmetrie, die einzige ist, die der Mensch wie selbstverständlich voraussetzt und deren Fehlen er als störend empfindet. In diesem Sinne asymmetrische Fassaden oder Strukturen erscheinen uns unnormal, schief oder unvollkommen. Häufig fügt man der Spiegelsymmetrie noch die Symmetrie von Vorder- und Rückseite hinzu. Doch ihre zwingende Notwendigkeit beschränkt sich nur auf relativ klar abgegrenzte Gebiete, wie zum Beispiel die Befestigung eines Verteidigungsturms, der durch identische Mauern und identische Schießscharten von allen Seiten gleich gut geschützt sein muß. Nicht militärisch genutzte, repräsentative Gebäude dagegen haben für gewöhnlich eine mit zahlreichen großen Fenstern ausgestattete Fassade, die in klarem Kontrast zu ihrer »blinden« Rückseite steht. Die Analogie zum menschlichen Körper liegt auf der Hand. Der Symmetrie von Vorder- und Rückseite entspricht aber auch die von Zukunft und Vergangenheit, Morgen und Abend, Fortschritt und Rückschritt. Und niemand wird die Überlegenheit der Vorderseite (der Seite des Sehens, des Fortkommens, der Initiative, des Muts) über die verschmähte und zugleich beunruhigende Rückseite bezweifeln – diese Welt des Blindseins, der Verlassenheit und des Verstoßenseins.

Was schließlich die Vorstellung einer »transversalen Symmetrie« angeht, einer Spiegelung von oben und unten, so ist sie schlichtweg undenkbar. Sie läuft der Natur zuwider, die Schwerkraft verbietet sie. De facto wird also die Überlegenheit des Hohen über das Niedrige bestätigt und damit zugleich die des Himmlischen über das Irdische, des Geistes über die Materie, der hehren Gefühle über die niederen Instinkte, der Leichtigkeit über die Schwere, des Aufsteigenden über das Fallende. »Nur bis zum Gürtel sind sie den Göttern eigen. Jenseit alles gehört den Teufeln«, sagt King Lear (IV, 6). Werden an einem Pol Verstand und Uneigennützigkeit angesiedelt, so am anderen die unwürdige sinnliche Begierde. Im Extremfall wird die Sublimierung (das Wort könnte treffender nicht sein) zum Antipoden der analen Fixierung, im Gegensatz zu Abfall und Verlust zum Ideal. Kurz gesagt, eine so einfache Sache wie die Schwerkraft, der Gegensatz zwischen Wurzeln und Zweigen, zwischen dem denkenden Kopf und den Eingeweiden, zwischen der sensiblen, eloquenten Öffnung, dem Organ der Nahrungsaufnahme, des Singens und Redens einerseits und dem mit Exkrementen behafteten, Ekel und Mißtrauen hervorrufenden Schließmuskel andererseits provoziert uns wie selbstverständlich, das Untere und damit auch den Hintern diskreditierende Assoziationen freizusetzen.

Diese pessimistische Vision des Hinterns wurzelt im mittelalterlichen Hierarchiedenken und der damit verbundenen Vorstellung einer unilateralen, vertikalen Welt – einer Welt, die Rabelais mit ebenso großer Freude wie Sprachgewalt anprangerte. Aus heutiger Sicht mag man sich fragen, ob es wirklich berechtigt ist, dem Oben und Vorne oder, mit anderen Worten, dem Gesicht den unbedingten Vorzug zu geben. Porträtaufnahmen, so stellte der Fotograf Jeanloup Sieff fest, zeigen fast immer nur das Gesicht oder die Büste eines Menschen. Das Gesicht ist der exponierteste, der sichtbarste Teil des Körpers, am häufigsten beansprucht im Umgang mit anderen: Doch es ist zu einer heuchlerischen Maske geworden, mit der sich nach Wunsch beinahe alles ausdrücken läßt. Dies ist einer der Gründe, warum Sieff begann, sich für den Hintern zu interessieren. Der Hintern ist in seinen Augen »der am ehesten geschützte und geheime Teil des Körpers, der sich jene kindliche Unschuld bewahrt hat, die Hände und Gesicht schon lange verloren haben. Er ist auch der von seiner Plastizität her anrührendste Körperteil; besteht er doch aus Rundungen und Versprechen. Er erinnert sich, wendet sich der Vergangenheit zu, während wir uns unerbittlich vorwärts bewegen. Er betrachtet den zurückgelegten Weg wie ein Kind, das durch die Heckscheibe eines Autos blickt.«

Anders als das Gesicht, auf dem sich Betrug und Täuschung mischen, verfügt der Hintern also über eine Aufrichtigkeit, die sich schlicht und einfach daraus erklärt, daß er sich nicht kontrollieren läßt. Der Hintern ist der instinktive, animalische Teil unseres Körpers, ebensowenig außerstande, uns zu täuschen, wie seine wahre Natur, seine Freuden und Qualen zu verbergen. Er ist also in mehr als einem Sinne die Kehrseite unserer Persönlichkeit. Dabei spielt es keine Rolle, ob es sich um die Hinteransicht eines Menschen, eines Hauses oder einer Stadt handelt. »In Roanne«, schreibt Michel Tournier in seinem Roman *Les Météores* (Die Meteoren), »gab es eine wilde Müllkippe, die das *Teufelsloch* genannt wurde.« Es ist eine Kloake, »in der Roanne Lastwagenladungen seines intimsten und aufschlußreichen Inneren, sein eigentliches Wesen abläd«. Alexandre, eine der Figuren des Romans, wird von einem unwiderstehlichen Gefühl, einer unbezwingbaren Neugier ergriffen, sich schließlich ganz allein in das Loch zu wagen. »Dort war das Mißverständnis, das uns trennte«, sagt er. »Für die Stadträte, allesamt im sozialen Gefüge verwurzelt, ist der Müll eine Hölle, die dem Nichts gleichkommt, und das Nichts ist gemein genug, um hier abgeladen zu werden. Für mich ist dies eine Parallelwelt, ein Zerrspiegel, der das Wesen der Gesellschaft widerspiegelt, und jedem Kothaufen haftet ein wechselnder, doch in jedem Falle positiver Wert an.«

»Leck mich am Arsch!«

Wie soll man das Gesäß benennen, wenn »es mit so viel Anmut seinen Namen verbirgt«? fragt der Sänger George Brassens. Die Antwort ist einfach. Man muß nur in einem Lexikon der erotischen Begriffe oder in Slangwörterbüchern nachschlagen und wird feststellen, daß es zahlreiche bildhafte Bezeichnungen für das Gesäß gibt, von denen sich die meisten auf seine Situierung am Körper oder seine Form beziehen.

Manche sehen im Hintern ein Gesicht, nämlich das untere oder rückwärtige Gesicht des Menschen. Allerdings ist es ein recht inkohärentes und verstörendes Gesicht, mit verzerrten, geradezu anarchischen Zügen. Denn es ist vollkommen rund, in der Mitte gespalten und verfügt über einen winzigen »Augen-Mund« sowie pralle Wangen. Sofern man sich nicht Hans Bellmers Sichtweise anschließt, der im Antlitz des Gesäßes ein »blindes Lächeln der zwei riesigen, gewölbten Augen« zu erkennen glaubt, »die sich wie zwei Halbkugeln über dem Rektum öffnen«. Angesichts eines derart fremden Wesens läuft die Phantasie Amok.

»Das ist ein guter Witz!« rief Paul de Kock aus. »Er hat Petronillas Mond mit ihrem Gesicht verwechselt!« Ein in der Tat unverzeihlicher Fehler, vergegenwärtigt man sich die im Französischen gängige Analogie zwischen Mond und Hintern. Denn schließlich ist dieses Gesicht ein »Gesicht ohne Nase« (Larchey, 1872), ausgestattet mit zwei »Backentaschen« oder, um eine Formulierung Jules Renards zu verwenden, »Arschbacken«, die unwiderstehliche Grübchen zieren. Doch ist es wirklich vernünftig, die Gesäßhälften mit den Wangen zu vergleichen? Der Hintern hat schließlich keine

Kiefer, so daß er sich in Augenblicken der Angst oder Furcht zwar verkrampfen und zusammenziehen, aber nicht mit den Zähnen klappern kann. Was den Mund dieses Gesichts angeht, so ist er zwangsläufig ein »unreiner Mund« (Delvau, 1864), dem ein unangenehmer, geradezu tödlicher Atem entströmt. Ein Mund, der einen zudem ansieht, ein Zyklopenmund, den Quevedo als »Auge des Arsches« und Jean Genet (der etwas übrig hatte für Soldaten aus den afrikanischen Strafbataillonen) als »Bronzeauge« bezeichnete.

Eine weitere Frage, die sich einem stellt, zielt auf die genaue Lokalisierung des Hinterns: Soll man ihn unten oder in der Mitte des Körpers ansiedeln? Beide Thesen wurden vertreten, und man hat im Zusammenhang mit dem Gesäß sowohl vom »Unterbau« wie vom »Mittelstück« gesprochen. Vollkommen zu Recht ist daran erinnert worden, daß der Hintern unser Gravitationszentrum ist, doch wenn man einmal davon ausgeht, daß man den Gürtel an einer strategisch wichtigen Stelle, nämlich der Teilungslinie zwischen oben und unten, Mund und Anus, edel und unedel trägt, dann wird man zugeben müssen, daß sich der Hintern nicht (wie der Nabel) in der Mitte des Körpers befindet, sondern unterhalb der Gürtellinie. Für diese Positionierung spricht auch der deutsche Ausdruck »verlängerter Rücken«.

Andererseits grenzt sich der Po entschieden von allem ab, was sich auf der Vorderseite des Körpers befindet. Als solcher ist er unmißverständlich der »Hintern« oder das »Hinterteil«. Abgesehen davon empfiehlt es sich auch nicht, statt der Nase den »Arsch vorn zu haben«, gibt man sich dann doch als dümmlicher Tölpel zu erkennen.

Das Bild, das uns, denken wir an das Gesäß, vor allem vor Augen schwebt, ist das eines runden, weichen, deutlich hervortretenden Körperteils. Seiner Rundheit verdankt der Po im Französischen Bezeichnungen wie »Mühlstein«, »Zimbel«, »Sonnenuhr« oder, wie bereits erwähnt, »Halb-« beziehungsweise »Vollmond«. Im Falle von besonders pausbäckigen Gesäßen spricht man in Frankreich auch von *Brioches* oder *Miches* (großen kugelförmigen Hefegebäkken mit einer Spalte in der Mitte). Was Vergleiche mit Backwerk betrifft, versteht man dagegen in der deutschen Sprache unter einem der Brötchenform ähnelnden Po ein eher klein geratenes Exemplar. Für größere Formate verwendet man im Französischen die Bezeichnungen »Globus«, »Hemisphäre« oder »Weltkarte« (obgleich letztere ja eigentlich flach und nicht rund ist) und in Fällen extremer Ausprägung sogar den Begriff *Montgolfière*. Im Deutschen sind für diese Po-Variante die weniger poetischen Begriffe »Kiste« oder »Fuhrwerk« gebräuchlich. Kurz gesagt, das Gesäß definiert sich zuerst und vor allem über seine Ausmaße. »Zeige mir deinen Hintern«, schrieb Apollinaire in *Die Elftausend Ruten*. »Wie groß, rund und pausbäckig er ist ... wie ein Engel mit aufgeblasenen Backen.«

Doch welche Beleidigungen mußte und muß der Hintern erdulden! Zwar kann man Glück haben und »mit dem Arsch in die Butter fallen«, doch die allermeisten Redewendungen in Verbindung mit diesem Körperteil sind entschieden unfreundlich. Zudem präferiert die deutsche Sprache für solche Ausdrücke eindeutig und nach wie vor die Bezeichnung »Arsch«, auch wenn Goethe einst meinte: »Mußt all die garstigen Wörter lindern, aus Scheißkerl Schurk, aus Arsch mach Hintern.« Vor allem Soldaten haben sich in ihrer offensichtlichen Fixierung auf das Gesäß bei der Erfindung kerniger Aussprüche hervorgetan. So entstammen dem militärischen Männerbündnis Wendungen wie »jemandem den Arsch aufreißen« oder »jemanden am Arsch haben«. Hat man jemanden am Arsch, dann ist dieser in selbigen »gekniffen«, was heißt, daß er sich in einer schlimmen Lage befindet.

Besonderer Beliebtheit erfreut sich der Ausruf »Leck mich am Arsch!«, der um 1500 entstanden ist und durch Goethes Götz von Berlichingen volkstümliche Verbreitung fand. Dieselben Worte können übrigens paradoxerweise auch erklingen, wenn jemand seiner freudigen Überraschung Ausdruck verleihen möchte.

Keinesfalls doppeldeutig sind dagegen die mannigfachen Schimpfworte wie »Arschloch«, »Arschgesicht«, »Arsch mit Ohren« oder »Arschkriecher«. Nicht ganz so hart getroffen darf sich

Kupferstich aus dem 16. Jahrhundert von Pieter Brueghel d. Ä.

ein als »fauler Arsch« titulierter Mensch fühlen, der es lediglich versäumt hat, sich »auf den Hintern (oder Hosenboden) zu setzen«. Sollten allerdings seine nicht erbrachten Leistungen Konsequenzen haben, wird er sich wohl doch »in den Hintern beißen«, wenn ihm nicht gar »der Arsch auf Grundeis geht«.

Es scheint, als sei es geradezu naturgegeben, daß das Gesäß Sarkasmus zu erdulden hat. »Am Arsch!« – so lautet der knappe Kommentar von Zazie, ganz Kind ihrer Zeit, in dem 1959 erschienenen Roman von Raymond Queneau. Von »das geht mir am Arsch vorbei« ist es nur ein kleiner Schritt zu »das kannst du dir in den Arsch stecken«, wodurch dem fäkalen Bild ein Beiklang des Analverkehrs verliehen wird, den man in dem unumwunden obszönen Schimpfwort »Arschficker« erst gar nicht mehr zu verhüllen sucht. Bereits im 17. Jahrhundert benutzte man im Französischen die Wendung »jemanden in sein Arschloch schieben«, um höchste Verachtung auszudrücken. Zu diesem Zweck begnügt man sich im deutschen Sprachraum damit, jemandem »mit dem nackten Arsch ins Gesicht zu springen«, falls man es nicht vorzieht, einfach kehrtzumachen und den anderen »nicht mal mit dem Arsch anzusehen«.

Dient der Hintern also wirklich in jedem Falle zuerst und vor allem als Sündenbock? Keineswegs. Auch wenn man sich dessen nicht immer bewußt ist, steht er zuweilen für Gewißheit, ja selbst für ein gesundes Selbstbewußtsein. Nicht umsonst verleiht man, wenn man sich einer Sache vollkommen sicher ist, seiner Überzeugung mit der Formulierung »da kannst du deinen Arsch drauf verwetten« Nachdruck. Und wenn einem dann noch nicht geglaubt wird, kann einem das getrost »arschegal« sein.

Die Karriere der liegenden Odaliske

Waren Odalisken ursprünglich lediglich die Sklavinnen in türkischen Harems, so bezeichnete man mit dem Begriff ab 1765 allgemein die in einem Harem lebenden Frauen, allen voran die Konkubinen. Dieses Datum markiert auch den Beginn ihrer Karriere in der Malerei. Miss O'Murphy hatte zwar durchaus nichts Türkisches an sich, was sie aber nicht daran hinderte, für François Boucher die Rolle der Odaliske recht anmutig zu spielen. Doch erst bei Malern wie Ingres, Delacroix, Modigliani und Matisse fand die Odaliske in einem Maße Beschäftigung, das ihren neuen Ansprüchen entsprach. Es versteht sich von selbst, das uns hier vor allem die sich in der Rückenansicht präsentierende Odaliske interessiert, jene exquisite und in den Bildern späterer Maler äußerst rare Pose.

Die Odaliske wird immer liegend, nie stehend dargestellt, ausgestreckt und völlig reglos. Es umgibt sie eine Aura triumphierender, strahlender und zufriedener Anmut, die Aura einer Frau, die sich lustvoll dem Müßiggang hingibt. Man stellt sie sich mit winzig kleinen Füßen vor, die die Theorie zu bestätigen scheinen, daß ein wenig genutzter Körperteil bald verkümmert. Auf einigen Bildern hat sie den Blick auf den Betrachter gerichtet, auf anderen mustert sie ihren eigenen Körper, aber immer ist sie vollkommen nackt. Zuweilen stützt sie sich auf einen Ellbogen und präsentiert uns ihren Hintern, manchmal liegt sie im Zustand vollkommener Entspannung flach auf dem Bauch. Sie erweckt den Eindruck, als ob sie nicht wüßte, was sie mit ihrem Körper anfangen soll. Als ob sie beständig auf der Suche nach einer Position wäre, in der ihre Gliedmaßen nicht einschlafen. Man könnte also sagen, die Odaliske ist eine träge Person, für die die Zeit nichts bedeutet und das Leben seinen Sinn darin findet, daß man es vertut. Dieses Konzept kommt nicht von ungefähr. Man wird leicht feststellen, daß in der Geschichte der Kunst nackte, auf türkischen Diwanen ruhende Männer genauso selten sind wie aufrecht stehende Jungfrauen in Rüstung (man denke an Kleists Penthesilea)oder wilde Kriegerinnen aus Kleinasien, die mit Schenkeln und Hintern gewappnet sind wie die unbezwingbaren Amazonen. Die Odaliske scheint für viele Männer den unerreichbaren Traum der passiven, schmachtenden, unbefriedigten Frau zu verkörpern, die sie sich immer gewünscht haben. Einzig die Fotografien von Helmut Newton zeigen Odalisken mit hochmütigen, eroberungslustigen und muskulösen Hintern, massigen Schenkeln und stämmigen Fesseln. Ihre schlanken und zugleich androgynen Gesäße bilden den perfekten Gegenpart zur Vorderseite, zu den halb rasierten Schamhügeln.

Velazquez kann als der eigentliche Entdecker der Odaliske für die Malerei gelten, auch wenn sie bei ihm durchaus nicht türkisch anmutet. Sein Gemälde *Venus und Cupido* (ca. 1650) ist eher eine Allegorie auf die Eitelkeit. Die Dargestellte zeigt uns ihre Rückenansicht, hübsch ausgestreckt auf einem schwarzen Laken (wie man weiß, eine der bevorzugten Phantasievorstellungen Sades), und betrachtet ihr Gesicht in einem Spiegel, den ihr Cupido vorhält. Wenn man bedenkt, wie geziert man sich am Hof Philipps IV. von Spanien gab, so verrät das Gemälde durchaus ein gewisses Temperament. Und die Tatsache, daß Velazquez mindestens fünf weitere Akte zugeschrieben werden können, ist zudem ein Beweis für seine persönlichen Vorlieben. Doch die eigentliche Pikanterie des Bildes liegt darin, daß für diese bewundernswerte Frau ein Mann Modell gestanden hat, oder doch zumindest ein halber Mann, nämlich der Hermaphrodit der Villa Borghese. Bliebe noch zu erwähnen, daß ihr Gesäß durchaus nicht voluminös ist: Im Gegenteil, ihre Schönheit rührt aus ihrer schlanken Gestalt, der Hintern wirkt jugendlich, die Haut vor dem Hintergrund des schwarzen Lakens wunderbar strahlend. Noch fehlt ihr die Weichheit des reiferen Alters. Vielmehr macht sie den Eindruck eines ungestümen jungen Mädchens. Manche Kritiker werten dieses Gemälde als »den ersten heidnischen Akt, wahrlich von philosophischer Qualität«, was ein wenig übertrieben scheinen mag. Doch immerhin, soviel ist sicher, diese Venus betrachtet sich im Spiegel oder beobachtet vielmehr uns, die wir sie betrachten. Und zwischen ihrem und unserem Blick steht ihr Hintern, was erklärt, warum uns dieses Bild mit solcher Begeisterung erfüllt. Es ist dies nicht der erste Po in der Geschichte der Malerei, aber ihm eignet etwas Originelles, noch nie Dagewesenes, das uns zu angenehmen Träumen inspiriert. Gleichwohl stach eine verzweifelte Suffragette 1914 in der Londoner National Gallery mit einem Messer siebenmal auf den gewagten Akt ein.

Das Verstörende an den Bildern Ingres', gleichermaßen an Zeichnungen wie Gemälden, ist die Tatsache, daß das Gesäß überall und nirgends ist. Ingres war ein Meister in der Kunst des bloß angedeuteten Gesäßes. Die Hintern seiner Odalisken kann man genausogut für einen Schwanenhals, einen geschwungenen Arm oder eine halb einem Tintenfisch, halb einer tropischen Blume gleichenden Hand halten. Und was vielleicht wie eine lange, sich windende Liane anmutet, entpuppt sich als knorpelige, dehnbare Frauengestalt. Kurz gesagt, der weibliche Körper wird deformiert dargestellt. Monsieur Ingres mag zwar über raphaeleske Reinheit und ein Gespür für die Sünde verfügt haben, doch er neigte entschieden zur Übertreibung. Seine Zeitgenossen scheuten nicht die Mühe, die Wirbel seiner *Großen Odaliske* zu zählen, und kamen zu dem Ergebnis, daß sie drei zuviel hat. Und auch der sehnige Arm der Thétis in der *Apotheose des Homer* ist viel zu lang. »Der Nakken einer Frau kann gar nicht lang genug sein«, erwiderte der Meister seinen Kritikern. Wie dem auch sei, keine seiner Frauengestalten sieht auch nur im entferntesten menschlich aus. Wie Paul Valéry zu Recht bemerkt hat: »Die Reißkohle des Monsieur Ingres deformiert die Anmut bis zur Monstrosität.« Seine Odalisken gleichen eher Plesiosauriern und lassen im Betrachter den Gedanken aufkeimen, daß hier durch sorgfältige, jahrelange Selektion eine auf das Vergnügen spezialisierte Frauenrasse herangezüchtet wurde, englischen Rennpferden vergleichbar.

Baudelaire mag daher einer Täuschung erlegen sein, als er 1846 seiner Überzeugung Ausdruck verlieh, Monsieur Ingres habe sich einer Afrikanerin als Modell bedient, um derart schlanke, geschmeidige Formen abbilden zu können. Baudelaires eigene Liaison mit Jeanne Duval, jener »unvergleichlichen Mulattin«, reichte bis in das Jahr 1842 zurück und versetzte ihn in die Lage, ein Urteil über gewisse Ähnlichkeiten zu fällen. Doch Ingres übertrieb; er fälschte. Er hatte keine bestimmte Frau vor Augen. Oder vielleicht alle auf einmal, denn irgendwie sehen seine Frauengestalten immer gleich aus. Relativ plump, unglaublich schlaff und in ihrer Dickleibigkeit unnatürlich durchsichtig und schwebend. Zweifellos eine monotone Angelegenheit, hätte der Maler nicht die geniale Idee gehabt, sie übereinander zu türmen. So entstand das *Türkische Bad* (1862). Angesichts dieses »sinnlichen Strudels« glaubt man ersticken zu müssen. Denn das *Türkische Bad* präsentiert sich gleichsam als erschöpfende Anthologie der Frau in allen erdenklichen Stellungen und Körperhaltungen (ausgenommen der stehenden Position und der Rückenansicht): Sie parfümiert sich, zeigt ihre Brüste, streichelt zärtlich sich selbst oder ihre Nachbarin, entrückt in der Erinnerung an die lustvolle Vereinigung mit dem Sultan oder dem betörenden Versprechen auf die nächste Nacht der Hingabe. Théophile Silvestre, ein Zeitgenosse Ingres', war es, der uns das Geheimnis der heimlichen Leidenschaft des Malers enthüllt hat: Er schätzte es außerordentlich, die Linien miteinander zu verknüpfen und zu verweben, »wie die Weidenruten eines Korbes«. Es war also nicht die Schlangenfrau, die ihn faszinierte, sondern die Korbfrau. Es verwundert daher nicht, daß der Hintern in diesem Konzept schon lange keine Rolle mehr spielte.

Die Odaliske fügte sich jeder Anforderung und jeder Verzerrung. So wurde Camille Corots *Römische Odaliske* (1843, auch bekannt als Marietta) karamelisiert, um ihr den bräunlichen Farbton von Sienarot zu verleihen. Van Goghs *Schlafender Akt* (1887) wirkt recht jung und stämmig, doch ihr Hintern scheint unproportioniert im Verhältnis zum Rest des Körpers, und der schwarze Zopf, der sich über ihren Rücken schlängelt, verleiht ihr das Aussehen eines fuchsroten Stutenfüllens. Und was den *Großen schlafenden Akt* (1917) von Modigliani angeht, vollkommen in Rot gehalten und von langweilig heiligem Aussehen, so erweckt er den Eindruck, als ob die Windhund-Frau schon immer zu den größten Träumen des Mannes gehört hätte. Doch immerhin, abgesehen von Courbets *Der Ursprung der Welt* aus dem Jahr 1866, zeigt dieses Gemälde zum ersten Mal in der Geschichte der Kunst eine schüchterne Andeutung von Schamhaar zwischen den Pobacken, mit der Folge, daß die Öffentlichkeit in wahre Entrüstungsstürme ausbrach. All diese Tierfrauen ließen das Motiv der molligen, weichen Orientalin bedauerlicherweise in Vergessenheit geraten. Matisse tat daher recht daran, dieses interessante Sujet mit seinem *Schlafenden Akt von hinten* (1924) wieder aufzugreifen. Und welch ein grandioser Hintern präsentiert sich uns hier! In den Jahren des untätigen Wartens ist er auf seine dreifache Größe angeschwollen. Da das Modell all sein Gewicht auf die rechte Seite verlagert hat, liegen die Pohälften wie die Stockwerke eines Hauses übereinander, und der Eindruck ist phänomenal. Matisse sah darin etwas Maurisches. Wie dem auch sei, diese Frau ist lebendige Schwere. Ausgestattet mit einer derartigen Fleischesfülle, kann sie kaum anders als liegend leben, denn es ist nahezu nicht vorstellbar, daß sie sonst den unumstößlichen Gesetzen der Schwerkraft zu widerstehen vermag.

 Und schließlich der unvergleichliche Hintern in Kruzifixform von Clovis Trouille (1889–1975) mit dem Titel *Oh! Calcutta! Calcutta!*. Es ist dies der vielleicht schönste Po aller Zeiten, und zwar einfach deshalb, weil es nichts anderes zu sehen gibt. Der Rest nämlich ist unter einer schlangenförmigen Tunika verborgen. Diskret sind auf jede Gesäßbacke ein paar heilige Blumen gepreßt, wie Tauben um den Ruhealtar am Fronleichnamsfest. Zwischen den Pobacken sind die Umrisse eines Kreuzes zu erkennen, in dessen Zentrum sich eine Öffnung befindet, die man für ein blutendes Herz halten könnte. Clovis Trouille hat das vollkommen runde Gesäß in eine Votivgabe verwandelt, die er als geeignet erachtete, alles Trachten des Menschen in sich zu konzentrieren.

Ein äußerst angenehmer Anblick

Aus welchem Blickwinkel, in welcher Stellung präsentiert sich der Hintern am vorteilhaftesten? Die Antwort ist einfach: Die natürlichen Positionen sind in der Regel auch die wirkungsvollsten. Ein im Stehen dargebotenes Gesäß zum Beispiel, gestützt von den Schenkeln, kann außerordentlich schön wirken. Genauso wie ein gehender Hintern, der seine beiden großen, fleischigen Backen in sanften, verwirrenden Wellenbewegungen schaukelt. Einen äußerst angenehmen Anblick bieten auch die Pobacken eines Menschen (gleich, ob Frau oder Mann), der sich bückt, um etwas aufzuheben. Ebensowenig zu verachten ist ein einsamer Hintern, der niedergeschlagen am Tresen eines Bistros wartet oder sich wie zufällig und aus Versehen vor uns entblößt. Gewagte Posen, wie sie Akrobaten oder Stuntmen oft einnehmen, oder raffinierte Inszenierungen sind nicht zwangsläufig schöner, auch wenn die Kunst der Moderne uns darauf trainiert hat, immer das Unerwartete zu erwarten.

1958 stellte Joseph Beuys sein Werk *Paar* vor, ein in Brauntönen gehaltenes Bild auf Schreibpapier. Wir sehen die Silhouetten zweier Figuren, eine über der anderen, mit gespreizten, an die Beine einer Spinne erinnernden Schenkeln, einen Querschnitt zweier Gesäße mit ihren unregelmäßigen Doppelbögen. Doch versuchte man eine derartige Position mit realen Menschen nachzustellen, so müßte die Frau liegen, und ihr Po entzöge sich dem Blick. Die Gesäße auf diesem Werk von Beuys mit ihren genau gezeichneten Gelenken, Kurven und Wölbungen sind vor allem deshalb so beeindruckend, weil sie schwerelos in der Luft zu schweben scheinen. Ähnlich, wenn auch ein wenig stilisierter, begegnen sie uns bereits in einem Bild von Max Ernst aus dem Jahr 1923 mit dem Titel *Die Männer wissen nichts darüber*. Wieder geht es um ein Paar, von dem man nur die weit geöffneten Beine sehen kann, die sich im Zentrum treffen, als ob der Bogen des Gesäßes unverhältnismäßig gestreckt worden wäre, um sich im Profil vor dem Hintergrund des Schenkels abzuzeichnen. Das Bild dieser beiden derart von einem sichelförmigen Hintern absorbierten Liebenden ist zweifellos genauso faszinierend wie unrealistisch.

Ein ungewöhnliches Motiv findet sich auf einer Tuschezeichnung (undatiert und ohne Titel) von André Masson: Weibliches und männliches Geschlechtsteil sind *in coitu* dargestellt, und zwar von unten und extrem vergrößert, so daß für den Betrachter der Eindruck entsteht, als ob er die Szene unbemerkt durch eine Glasscheibe beobachtete. Die Gesäße sind flach und konturlos, um die einem Grasbüschel gleichende Vulva, den Penis, die Hoden und den geweiteten Anus hervorzuheben. Hier wirkt der Blickwinkel sogar noch irrealer als die beiden Körper, die wiederum in der Luft zu schweben scheinen. Wesentlich realistischer dagegen – und insgesamt vorzuziehen – ist das von Correggio ausgeführte Fresko in der Kuppel des Doms zu Parma, das einen vom Himmel fallenden Mann zeigt. Der auch in dieser Darstellung von unten gezeigte Körper scheint keinen Kopf zu haben, die Gliedmaßen sind weit ausgebreitet, der Penis hängt schlaff herunter, und das Gesäß macht einen geradezu verdutzten Eindruck. Der Anblick eines derart ins Leere stürzenden Mannes, der sich sozusagen *in extremis* aller seiner Reichtümer entledigt, ist wahrhaft dazu angetan, den Betrachter zu verwirren. Doch jede Inszenierung eines in der Luft frei flottierenden Gesäßes ist an sich schon ein Erfolg. Man denke nur an Ernest Pignon-Ernests Ausstellung *Arbrorigènes* von 1984, bei der der Künstler seine Exponate in die Bäume des Pariser Jardin des Plantes gehängt hatte. Diese Objekte waren in der Tat veritable Pflanzenwesen, komponiert aus mikroskopisch kleinen Algen, eingeschlossen in Formen aus Polyurethan, die menschlichen Körpern nachgebildet worden waren. Derart gefangen, lebten die Algen zwar weiter, waren aber nicht in der Lage, die Form der Skulpturen zu verändern. Da die Algen unter dem Einfluß des durch die Plastikhülle einfallenden Lichts und in der in ihrem Innern herrschenden Feuchtigkeit ständig weiter wuchsen, wurden die Skulpturen im Laufe der Zeit auf ganz natürliche Weise begrünt. Ernest Pignon-Ernest war es gelungen, eine Art Chimäre zu erschaffen: das hybride Gesäß.

»Vor Gott«, schreibt Michel Tournier in *Vues de dos* (Rückenansichten), »beugt der Mensch den Rücken, er versinkt in Demut. So glaubt er, dem göttlichen Zorn weniger Angriffsfläche zu bieten.« Auch das betende Gesäß kann durchaus reizvoll sein. So bietet sich einem in Paris jeden Freitag der Anblick ganzer Straßenzüge voller Gesäße muslimischer Gläubiger. Es ist, als ob sie Gott anbeteten, indem sie sich den Menschen darbieten. Das katholische Gesäß allerdings hat derartige Ausblicke auf das Paradies nie zugelassen. Kaum kann man auf Clovis Trouilles Bild *Der Beichtstuhl* die beiden hübschen jungen Mädchen erkennen, die, auf ihren Stühlen kniend, ihre furzenden kleinen Ärschchen nach hinten recken. Das alles wirkt ausgesprochen schlüpfrig und gibt zu der Vermutung Anlaß, daß der Beichtstuhl von mirakulösen Dünsten erfüllt sein dürfte.

Auch Man Rays Fotografie *La Prière*, die um die ganze Welt ging, zeigt eine kniende Frau, deren Pobacken auf den Fersen ruhen. Zugegeben, die Gesäßspalte erscheint ein wenig zusammengekniffen, und der Anus wird durch die gefalteten Hände sorgfältig versteckt, doch der Anblick ist trotzdem überwältigend. Der Körper der Frau wird als Kugel dargestellt, durch die sich eine Spalte zieht, mit verkürzten Gliedmaßen und einer beträchtlichen Anzahl von Fingern. Man Rays Foto markiert den Triumph des eiförmigen Hinterns. So nimmt es denn nicht wunder, daß auch spätere Künstler dieses Motiv wieder aufgriffen. Der Fotograf James Fee zum Beispiel inszenierte es vor der Kulisse einer Steinwüste. In der mit einem extremen Weitwinkelobjektiv fotografierten Aufnahme erscheint das eiförmige Gesäß kompakt, schwarz wie Basalt und wird so zum Monument.

Es heißt, Dalí habe sich in Port Lligat mit den prächtigsten Hintern umgeben, die man sich vorstellen kann. »Ich bewege die schönsten Frauen dazu, sich auszuziehen. Ich behaupte, daß sich durch das Gesäß die größten Geheimnisse erklären lassen, und es ist mir sogar gelungen, zwischen dem Hintern einer meiner Besucherinnen in Port Lligat, die ich dazu brachte, sich auszuziehen, und dem Raum-Zeit-Kontinuum eine signifikante Ähnlichkeit festzustellen, die ich das Kontinuum der vier Gesäßhälften (d. h. das Atom) nenne.«

Die Haßliebe, die Dalí für seine Schwester Ana Maria empfand, schlug sich auch in seinen Bildern nieder. So entstand in der Zeit nach Beendigung des Gemäldes *Der Christus des hl. Johannes vom Kreuz* und vor seiner Version des Abendmahls das vielleicht erotischste seiner Bilder, *Junges Mädchen sodomiert sich selbst auf den Hörnern ihrer Keuschheit* (1954). Bereits in seiner »skatologischen« Periode hatte Dalí ein Porträt des Hinterns seiner Schwester gemalt, dem er den unmißverständlichen Titel *Bild meiner Schwester / der Anus rot / mit blutiger Scheiße* gab. Zwanzig Jahre später allerdings verlieh er dem Andenken an Ana Maria doch einigen Schmuck: Jetzt führt er uns die recht füllige junge Dame mit blonden Locken, schwarzen Seidenstrümpfen, großen Brustwarzen und einem überwältigend voluminösen Hintern vor. Dieses Gemälde ist tatsächlich, wie Gilles Néret in seiner *Erotique de l'art* (Erotik in der Kunst) schreibt, ein »lyrisches Fest«. Dalí umgibt Ana Marias wunderschönen Arsch mit eigenartigen konisch-zylindrischen Auswüchsen, deren an Eiszapfen erinnernde Härte allerdings eher an das Horn eines Rhinozeros denken läßt.

Von der Zurschaustellung der Muskeln beim Sport profitiert selbstverständlich auch das Gesäß. Beim griechisch-römischen Ringen zum Beispiel bewegt sich der Arsch gewissermaßen wie ein Akkordeon: Er zieht sich zusammen, öffnet sich, bewegt sich nach einer ihm eigenen Choreographie. Doch die Sportart, bei der der Hintern am besten zur Geltung kommt, ist natürlich Rugby. Das Gesäß des Rugbyspielers ist breit und kräftig, während des sogenannten »Gedränges« erscheint es sogar geradezu dickköpfig. Dies gilt vor allem für die Hintern der Full-Backs (Verteidiger), die man während des Spiels am besten beobachten kann. Was ist ein »Gedränge«, wenn nicht eine Kohorte dichtgedrängter Ärsche in Form einer zwei Tonnen schweren Schildkröte, eine infernalische Rosette, ein Rattenkönig aus Hintern? Ein gigantisches anales Monster, inkohärent und vor Leben strotzend, das immer in Bewegung bleibt, bis es schließlich explodiert, sich in seine Einzelteile auflöst, nur um sich sogleich wieder zusammenzusetzen, und das fünfunddreißigmal pro Spiel. Das Merkwürdigste daran ist, bemerkt Michel Tournier, daß die Männer sich derart verknoten, um ein Ei hervorzubringen, das sie sich dann weiterreichen. Und daß dieses Ei gleichsam ihren Ärschen entspringt. »Kräftige, muskulöse junge Männer«, sagt Alexandre in *Les Météores* (Die Meteoren), »gaben sich einem eigenartigen Ritual hin, dessen offensichtliche Ähnlichkeit mit gewissen Paarungsritualen mir nicht entgangen ist. Sie schlossen sich zu einer großen Traube zusammen, und sofort schob jeder mit aller Kraft seinen Kopf zwischen die Pobacken des vor ihm Stehenden und umfaßte dabei mit beiden Armen die links und rechts von ihm stehenden Nachbarn, so daß sich dieses Nest aus Männern unter dem mächtigen Ansturm der Hintern und Schenkel schaukelnd und schwankend hin und her bewegte. Bis schließlich ein großes Ei in die Mitte des Nests fiel und zwischen die Beine der Männer rollte, die daraufhin ihre Umklammerung lösten, um darum zu kämpfen. Dieser Wald aus Beinen präsentierte sich so wie ein Hain, in dem sich Liebende treffen.«

In *Le Paradis des orages* beschwört Patrick Grainville das Bild zweier Zwillingsschwestern, die sich dem Badezimmer nähern, um ihre Hintern gegen die beschlagene Glastür zu pressen und so den Abdruck zweier symmetrischer Gesäße beziehungsweise von vier plattgedrückten Pobacken zu hinterlassen. Diese Form des Halluzinierens von Gesäßen ist durchaus nicht selten und erinnert entfernt an die *Zwei Mädchen in schönen Posen* von Max Ernst aus dem Jahr 1924. Fand man zunächst Gefallen daran, Gesäße in Paaren, quasi als Gespann, zu präsentieren, so ging man später dazu über, sie wie Trauben übereinander zu häufen oder zu einer Halskette aneinanderzureihen. Die *Unmoralischen Märchen* von Walerian Borowczyck zeigen eine solche Gruppe junger Mädchen, Gefangene von Erzsebet Bathory, der »blutigen Gräfin«. Vollkommen nackt klettern sie auf die vollbeladenen Tische, um durch ein Loch in der Wand eine Orgie zu beobachten. Doch das eigentlich Sehenswerte ist natürlich diese Ansammlung von Gesäßen, die an ein Korallenriff, ein Schwammgewächs oder eine Madrepore denken läßt.

Man könnte einwenden, daß eine derartige Fülle von Hinterteilen das Auge zum Wandern verführt, manchen vielleicht sogar in den Wahnsinn treibt. Den Traum, den Ramón Gomez de la Serna von Brüsten hat, träumen mit Sicherheit nicht wenige auch im Hinblick auf Gesäße: eine Insel der Hintern, auf der Superweiber ihre Ärsche in den Himmel recken. Der Mond, eine große, lüsterne Sappho, scheint auf sie herab und gießt sein sanftes Licht auf Wiesen voller sich ihm entgegenstreckender Hintern.

Man erinnere sich an Germaine Greer, die anläßlich des Erscheinens von *Der weibliche Eunuch* Amerika damit schockierte, daß sie in aller Öffentlichkeit ihren nackten Hintern präsentierte. Die Aufregung hat sich gelegt, doch die Aktion wurde zum Präzedenzfall. Obwohl nicht vergessen werden sollte, daß bereits in den 20er Jahren George Grosz in Berlin eine ganze Serie obszöner und grotesker Karikaturen der deutschen Bourgeoisie ausstellte (weshalb er dann auch von den Nazis als »entartet« eingestuft werden sollte). Grosz' Bilder zeigen kleine, rosige, deutlich an Schweine erinnernde Figuren, die sich Orgien hingeben (möglicherweise in Bordellen), meistens kommen auf einen Mann zwei Frauen, und immer haben sie etwas Lächerliches und zugleich Künstliches an sich. Auf etlichen Karikaturen zeigen die Frauen ihre enormen Hintern und, schlimmer noch, ihre weit geöffnete Scham. Das Fleisch ist wabbelig, die Gesichter erscheinen müde, sogar enttäuscht, wie auf dem Bild, auf dem eine mit einem Nerz bekleidete Frau, die des Wartens überdrüssig scheint, sich zu einem kleinen Mann herumdreht, der sich, den Zwicker auf der Nase, mit einer anderen amüsiert, wobei sein geschwollener, geröteter Penis die gleichen Ausmaße angenommen hat wie sein Torso.

Die wesentlich jüngeren Arbeiten Jeff Koons, wie sein Bild *Ilona mit hochgerecktem Hintern* aus dem Jahr 1990, scheinen Beweis dafür zu sein, daß das Thema auch heute noch aktuell ist und sogar zu Kompositionen monumentaler Ausmaße Anlaß gibt (das betreffende Bild ist 247 x 366 cm groß). Ilona Staller, besser bekannt unter ihrem Spitznamen Cicciolina (das »Fleischklößchen«), kniet auf allen vieren, *more ferarum*, den Rücken weit durchgebogen, und bietet so dem Betrachter ihren in Genueser Spitze gehüllten Po dar. So gelingt es ihr, ihre Wähler zufriedenstellen, ohne zugleich ihren Sitz als radikales Mitglied im italienischen Parlament zu kompromittieren. »Wir haben die Konsequenzen unterschätzt, die die Aufstellung eines derartigen Phänomens als Parlamentskandidatin mit sich bringt«, erklärte der Sekretär des Partito Radicale nüchtern.

Auch Andy Warhol beschäftigte sich mit dem Motiv und vervielfältigte seine Großaufnahmen von männlichen Hintern, auf denen allerdings manche Details ein wenig verschwommen wirken, wie die Gesäßspalte, die so undeutlich hervortritt wie eine Schweißspur oder der Strich, den ein flüchtig über ein Zugfenster streichender Finger hinterläßt. Mapplethorpe war es schließlich, der die Gelegenheit ergriff, in das nackte Gesäß eine Peitsche zu stekken und so ein gefeiertes Foto zu produzieren, von dem sein Biograf schreibt, es zeige »ein greifbares Objekt masochistischer Phantasien«. Andere haben boshaft behauptet, der Schwanz des Teufels sei nichts weiter als eine Peitsche, deren Griff im Anus steckt.

Das Sterben der Gesäße

Gauguins Gemälde *Manao Tupapau* aus dem Jahr 1892, dessen Titel sowohl mit »Sie denkt an Geister« als auch »Die Geister der Toten erwachen« übersetzt wurde, zeigt Tehura, seine *vahiné*, ausgestreckt auf dem Bauch liegend, nackt und verängstigt. Ihr Körper wirkt starr, ihr Blick entrückt. Sie hat die Tupapahus gesehen, die Geister der Toten mit ihren phosphoreszierenden Augen, die nachts aus den Bergen herabsteigen. Nur selten läßt sich beobachten, welche Wirkung Angst, vor allem die Angst vor dem Tod auf das Gesäß hat. Und so zeigt uns auch Gauguin Tehura für gewöhnlich in der Pose animalischer Unschuld auf dem Bett ruhend, sanft und empfänglich (meistens liegt sie auf dem Rücken, aber ein Kind der Natur hat weder vorne noch hinten). Doch auf diesem Bild sehen wir sie nervös und angespannt wie eine Katze, elektrisiert von dem schwarzen, sie heimsuchenden Geist, der hinter ihr steht und den anzusehen sie nicht erträgt. Gauguin erzählt in *Noa Noa*, daß er eines Tages, als er spät in ihre Hütte zurückkehrte, ein Streichholz anzündete, um in der Dunkelheit sehen zu können, und Tehura in der Flamme den Geist der Toten sah. Bereits einige Jahre zuvor hatte der Schriftsteller Pierre Loti mit Erstaunen festgestellt, daß es in der Sprache der Maori etliche Worte gibt, mit denen sich die Schrecken der Nacht benennen lassen. »Dunkles, verzaubertes Land«, schreibt er in *Le Mariage de Loti*, »wo es kein Leben zu geben scheint.« Das metallische Rascheln der Blätter in den Kokosnußpflanzungen bei Nacht wird als das Lachen der Tupapahus gedeutet, tätowierter Geister, begleitet vom unheilverkündenden Knacken der Äste. »Das war«, schreibt Loti, »die aufgestörte Seele Polynesiens.«

Und dann ist da das Sterben der Gesäße. Fast ist man zu sagen versucht, daß der Tod das Gesäß intakt läßt, doch das stimmt nicht ganz. Er läßt es eher leuchten. Man betrachte die Fotos von zu Tode gequälten Schwarzen aus den Townships von Soweto. Das Fleisch ihrer Körper ist von Wunden gezeichnet. Unwillkürlich denkt man bei ihrem Anblick an Federn, Schlamm und Milch, die Spuren wilder Tiere, Fleischerhaken. Oder die auf Karren liegenden Leichen in Peter Greenaways Film *Verschwörung der Frauen* – große, ernste Gesäße, die Farbe der Haut wirkt elegisch, es umgibt sie eine Aura grandioser Passivität. Zweifellos, das Fleisch ist tot, doch die Gesäße bleiben lebendig. Sie wachsen sogar noch auf dem Misthaufen des Todes, schlafwandelnde Gesäße, violett schimmernd, erschreckend grell. Als ob ein derart entschlossener, anmaßender Umriß sich der Verwesung verweigerte.

Inspiriert von Byrons 1821 veröffentlichter Tragödie über Diodorus von Sizilien, malte Delacroix 1827 eines seiner bekanntesten Bilder, *Sardanapals Tod*. Der assyrische König Sardanapal, der für seinen ungezügelten Lebenswandel bekannt war, beging der Legende nach Selbstmord, als er 874 v. Chr. Ninive in Brand stecken ließ. Als die Rebellen nach zweijähriger Belagerung den Palast angriffen und er sich verloren glaubte, soll sich der König auf einen riesigen Scheiterhaufen gelegt haben. Bevor er verbrannte, befahl er den Eunuchen und Palastsoldaten, seinen Frauen (unter ihnen auch die Griechin Myrrha, die seine Lieblingssklavin war), den Dienern und sogar seinen Hunden und Pferden die Kehle durchzuschneiden. Nichts, was seinem Vergnügen gedient hatte, sollte ihn überleben. Dieses Massaker bildet den Hintergrund, vor dem Delacroix das Sterben Myrrhas zeigt, die in ihrer ganzen Herrlichkeit geopfert wird. Denn der Todeskampf der erdolchten Sklavin versetzt ihren jungen, runden und leuchtenden Hintern in einen Zustand der Erregung wie nie zuvor. Ist sie also für immer verloren? Durchaus nicht, behauptet der Maler Cueco, denn er hat beobachtet, daß sich ihr Geschlechtsteil raffiniert in einem ihrer Pantoffel versteckt hat, in einem winzigen, perlmutterartigen, hell rosafarbenen Punkt, den der drohende Dolch nie wird aus der

Ruhe bringen können. Und auch ihr majestätischer Hintern gibt sich in der Form eines orientalischen Pantoffels auf verwirrende Weise mit schlangenhaften Bewegungen lasziv der Folter hin.

Je lebhafter man sich gegen das wehrt, was einem zustößt, desto lebhafter wird die Flamme im Augenblick der Freude brennen, lautet ein Gedanke von Novalis. Dies erklärt, warum das Gesicht dieser Frau den Ausdruck wollüstigen Leidens widerspiegelt und sie selbst, obgleich vor Angst zitternd, die wellenförmigen Umrisse der um den Katafalk züngelnden Flammen angenommen hat. Diese Form der sadistischen Obsession trägt eindeutig romantische Züge.

Die Vorstellung eines Gesäßes, das durch grausame Folter den Höhepunkt der Freude und Schönheit erreicht, kann wohl nur der Phantasie eines Mannes entspringen. Man findet sie in der Skulptur *Frau wird von einer Schlange getötet* (1847) des Bildhauers Auguste Clésinger wieder. In dieser Darstellung bäumt sich die Frau in verzweifelter Wut auf. Modell stand Clésinger eine Dame aus der Halbwelt, Apollonie Sabatier, die den Spitznamen Présidente trug und zu ihren Liebhabern nicht nur Baudelaire, sondern wohl auch Théophile Gautier zählte. Betrachtet man die nach ihrem Vorbild entstandene Skulptur, muß man zu dem Schluß kommen, daß die ihr entgegengebrachte Verehrung nicht ganz unverdient war. Ihr Aufbäumen ist durchaus lustvoll: Der Körper biegt sich zu einem Halbmond, während sich das Gesäß dagegen sträubt. Die Pose provozierte einen Skandal, aus dem Apollonie jedoch Kapital zu schlagen wußte. Und Baudelaire fand das *mot juste* für das Sujet: »Teures Gift, von Engeln bereitet!«

Es kann nicht ausgeschlossen werden, daß es Menschen gab, die die Folter für das geeignete Mittel hielten, um ein vergleichbares Aufbäumen des Hinterns zu provozieren. Bei der Folterung fanden vor allem zwei Sorten von Werkzeugen Verwendung. Zum einen Schneidgeräte wie die Säge: Eine Zeichnung von Cranach zeigt einen Mann, den seine Folterer an den Füßen aufgehängt haben; sie stehen im Begriff, ihn mit einer langen Säge in zwei Teile zu zersägen, wobei sie bei der Gesäßspalte beginnen. Dies ist ohne Zweifel die perfekte Folter für das Gesäß, weil es aufgrund seiner zweigeteilten Form geradezu prädestiniert zu sein scheint für eine derartige Tortur. Durch das Aufhängen mit dem Kopf nach unten wird die Sauerstoffversorgung des Gehirns sichergestellt und das rasche Verbluten verhindert: Das Opfer verliert erst das Bewußtsein, wenn die Säge bereits am Nabel angekommen ist. Das Gesäß lebt also noch, während es zerteilt wird. Die zweite Gruppe von Foltergeräten umfaßt Werkzeuge, mit denen man die Haut durchbohren und das Fleisch durchlöchern kann, Geräte also, die an einem Ende angespitzt sind wie die Spindel oder der Pfahl. Nachdem der Scharfrichter zunächst die Eintrittsöffnung (für gewöhnlich den Anus) mit Fett vorbereitet hatte, erklärt Pierre Larousse in seinem Universallexikon(19. Jh.), ergriff er den Pfahl mit beiden Händen und rammte ihn mit aller Kraft tief in den Körper, um ihn dann mit Hilfe eines Hammers fünfzig bis sechzig Zentimeter tief einzutreiben. Danach wurde der Pfahl aufgerichtet und in den Boden gesetzt, während man das Opfer seinen Qualen überließ.

Da der Körper durch nichts gehalten wurde, zog sein eigenes Gewicht ihn immer weiter nach unten, so daß das Ende des Pfahls schließlich durch eine Achselhöhle, die Brust oder den Bauch wieder austrat. Wollte man diese äußerst brutale Folter noch steigern, so verzichtete man darauf, das Ende des Pfahls anzuspitzen, und rundete es statt dessen nur ein wenig ab. Anstatt die inneren Organe zu durchbohren, schob der Pfahl sie nun nur zur Seite. Auf diese Weise blieb das Opfer länger am Leben, während die durch den Pfahl zusammengequetschten Nerven ihm unerträgliche Schmerzen bereiteten. Zudem durchbohrte der abgerundete Pfahl den Körper nicht der Länge nach, sondern schob sich schräg in ihn hinein. Die Folge war, daß der Brustraum weitgehend unverletzt blieb, wodurch der Todeskampf manchmal bis zu drei Tagen andauern konnte. Es war eben diese Form der Folter, das Pfählen, mit dem auch Edward II. (1284–1327) Bekanntschaft machen mußte, da er das Pech hatte, eine äußerst energische Frau geheiratet zu haben, die nicht gewillt war, seine Vorliebe für hübsche junge Knaben zu tolerieren. Da man ihn zur Abdankung gezwungen hatte und ein entthronter König eine gewisse Gefahr für die Staatsräson darstellte, befahl die Königin, ihn zu pfählen. Man durchbohrte ihn mit einem »rotglühenden Spieß«, den man »in ein Rohr« geschoben hatte, um, wie Michelet sagt, keine Spuren zu hinterlassen.

Die grausamste Folter für das Gesäß aber war zweifelsohne die Ratte. In Octave Mirbeaus 1899 erschienenem Buch *Der Garten der Qualen* schildert ein chinesischer Scharfrichter diese Methode in allen Details. Seine Darstellung sei hier zusammengefaßt wiedergegeben: Man nehme einen Verurteilten, möglichst jung, stark und mit widerstandsfähigen Muskeln. Er wird entkleidet und muß sich vollkommen nackt auf die Erde knien, wobei man ihn an Hals, Handgelenken, Unterschenkeln und Fußgelenken derart mit Ketten fesselt, daß sein Oberkörper auf den Boden gedrückt wird. Dann setzt man eine große Ratte in einen Topf, dessen Boden ein kleines Loch hat. Um die Ratte blutrünstig und gierig zu machen, hat man sie vorher zwei Tage lang hungern lassen. Nun setzt man den Topf mit der Ratte auf das Gesäß des Verurteilten und preßt ihn mittels einiger starker Lederriemen, die an einem Gürtel befestigt werden, den der Verurteilte um die Taille trägt, wie ein Schröpfglas hermetisch dicht auf den Körper. Sodann führt man einen glühendheißen Feuerhaken in das Loch im Boden des Topfes ein. Die Ratte wird nun alles daransetzen, der Hitze des Feuerhakens und dem von ihm ausgehenden gleißenden Licht zu entkommen. Sie fängt an, wie rasend herumzulaufen, klettert die Wände des Topfes hoch, von denen sie wieder herunterfällt, springt kreuz und quer und rennt über das Gesäß des Verurteilten. Zunächst spürt dieser nur ein Kitzeln, doch schon bald beginnt die Ratte in ihrer verzweifelten Suche nach einem Ausgang das Fleisch seines Gesäßes mit ihren scharfen Zähnen und Klauen aufzureißen und zu zerfetzen. Doch sie findet keinen Ausweg. Zumindest nicht in diesen ersten Minuten der Panik. Währenddessen nähert sich der geschickt und bedächtig geführte Feuerhaken immer wieder der Ratte, um sie zu verängstigen und ihr gezielt das Fell zu versengen. Die Bewegungen des Verurteilten, der sich schreiend und tobend hin und her windet, steigern die Wut der Ratte, die nach und nach in einen wahren Blutrausch verfällt. Schließlich findet sie, durch geschickte Stöße mit dem Feuerhaken gleichermaßen angespornt wie gedrängt, einen Ausgang, den natürlichen Ausgang. Die Afteröffnung des Mannes mit ihren Klauen und Zähnen weitend, dringt sie in den Körper des Mannes ein und gräbt sich in panischer Angst immer weiter vor. Sie erstickt, wenn der Mann schließlich stirbt. Diese unvergleichlichen Folterqualen dauern etwa eine halbe Stunde. Wenn der Mann nicht verblutet, so stirbt er entweder an den übermäßigen Schmerzen oder an dem Schock, der durch seine ihn in den Wahnsinn treibende Angst ausgelöst wird.

»In jedem Falle, Madame«, schließt der chinesische Folterknecht, »und woran auch immer das Opfer letzten Endes stirbt, glauben Sie mir, es ist in jedem Fall ein Tod von außerordentlicher Schönheit!«

Das »Ausführen« des Hinterns

In seinen *Historiettes* erzählt Tallemant des Réaux (1619–1692) die Geschichte eines Baron du Moulin, der als junger Anwalt zu ungewöhnlichen Späßen neigte. Vor Gericht pflegte er mit einer Maske vor dem Gesäß zu erscheinen, und fuhr er in seiner Kutsche, ließ er den maskierten Hintern aus dem Fenster schauen, als ob er ein Gesicht wäre. Die Angewohnheit, seinen Hintern für sein Gesicht auszugeben, schien bei ihm zur Manie geworden zu sein, seitdem er auf diese Weise einmal erfolgreich eine Frau abwimmeln konnte, die ihn um Geld angegangen hatte. Denn als sie in dieser Angelegenheit zu ihm kam, streckte er den Hintern aus dem Bett, und da er den Kopf zwischen den Beinen hielt,»klang seine Stimme unter der Bettdecke wie die eines kranken Mannes; er hustete und furzte zur gleichen Zeit, und die Frau sagte: ›Ich sehe, daß Monsieur wirklich krank ist, er hat ganz schlechten Atem.‹« Und was lehrt uns das? Doch offensichtlich dies: Es existiert, wenn auch oft im Verborgenen, eine Tradition des komischen Gesäßes, das häufiger, als man zu denken geneigt ist, bereitwillig die Rolle des Hanswurst übernimmt.

Das Zeigen des blanken Hinterns ist für gewöhnlich ein Zeichen des Protests oder der Auflehnung gegen Autoritäten. Englische Hooligans beispielsweise scheuen sich nicht, ihre Hinterteile vor Tausenden von Zuschauern in den Fußballstadien zu entblößen. Und auch einige Rockmusiker sind dafür bekannt, daß sie auf diese Form der Zurschaustellung zurückgreifen, wie der Gitarrist von AC/DC, der einem staunenden jungen Publikum einen traurigen, mit roten Pickeln übersäten Po präsentierte. Und dann waren da noch die Münchner Hausfrauen, die aus Unmut über permanente Mietsteigerungen beschlossen, ihre blanken Hintern zum Fenster hinauszustrecken und damit das erfanden, was die Zeitschrift *Quick* als den »Striptease der Revolte« beschrieb. »Sie haben zwar alles gezeigt, aber nichts bewiesen«, lautete der Kommentar der Grundstücksgesellschaft, die im Begriff stand, das Mietshaus zu kaufen.

Über Jahrhunderte hinweg galt das Entblößen des Hinterns als beleidigend und obszön, doch die Zeiten haben sich geändert. Außer in der Schweiz. Dort hatte noch vor einigen Jahren das Bundesgericht in einem Prozeß darüber zu entscheiden, ob das Zeigen des nackten Gesäßes als anstößig oder unanständig zu gelten hat. Im Laufe eines Streits unter Nachbarn hatte nämlich eine Frau »ihren entblößten Hintern öffentlich gezeigt« und war daraufhin, da

Karikatur von Jean Veber, *Das schamlose England*

Kinder zugegen waren, verhaftet, der Schamverletzung angeklagt und verurteilt worden. In der Berufung allerdings wurde das Urteil wieder aufgehoben, und zwar mit der Begründung, daß diese Geste »zweifelsohne beleidigend und als solche auch strafbar ist, aber nicht als anstößig gelten kann, da kein Geschlechtsorgan an ihr beteiligt war«. Man kann also davon ausgehen, daß das Gericht, hätte die Frau sich nur ein wenig anders hingehockt, nicht zu ihren Gunsten geurteilt hätte.

Im Jahr 1993 demonstrierte eine Gruppe von etwa vierzig splitternackten Australiern in Narrungar, im Süden des Landes, gegen die Errichtung eines amerikanischen Militärstützpunktes. Die Fotografie von Associated Press zeigte nur die Rückenansicht der Protestierenden, doch die Anzahl der hier aufgereihten Hintern spricht für das Ausmaß ihrer Verärgerung. Unter dem Vorwurf, ihre Überzeugungen auf allzu intime Weise vertreten zu haben, fanden sich die Demonstranten schließlich auf einer Polizeistation wieder.

1661 wurde ein gewisser Jacques Chausson, der »als Schreiber und Kopist für verschiedene Auftraggeber« sein Geld verdiente, dazu verurteilt, bei lebendigem Leibe verbrannt zu werden. Man hielt ihm vor, homosexuelle Kontakte zu pflegen. Schwerer aber noch wog zweifelsohne der Vorwurf, er habe Mitgliedern des Hofes Knaben zugeführt, die »entführt und vergewaltigt« wurden. Es versteht sich von selbst, daß diese Herrschaften unbelästigt blieben und an ihrer Stelle Chausson und sein Komplize Jacques Paulmier, auf den Scheiterhaufen geführt wurden. Der Dichter Claude Le Petit, Atheist, Libertin und homosexuell, hielt den grausamen Akt der Folterung, dessen Zeuge er wurde, in Versen fest:

Mit dem Kruzifix in der Hand
Mahnte ihn der Beichtvater vergeblich
An seine Seele zu denken,
Als die Flammen zu lodern begannen.
Auf den Scheiterhaufen gebettet,
Schon ein Opfer der Flammen,
Reckte der Infame

Seinen unsittlichen Hintern gen Himmel.
Um schließlich zu sterben, wie er gelebt,
Zeigte der Schurke der ganzen Welt seinen Arsch.

Die Art und Weise, wie Chausson seinen Hintern gen Himmel streckte, hatte den Dichter offenbar sehr beeindruckt. Von obskurer Herkunft und vollkommen mittellos, endete Le Petit im darauffolgenden Jahr selbst auf dem Scheiterhaufen, weil er in seinem Buch *Le Bordel des Muses ou les neuf pucelles putains* (Das Bordell der Musen oder die neun jungfräulichen Dirnen) die gleiche Unabhängigkeit des Geistes demonstriert hatte. Das Epitaph auf Chausson hätte also auch sein eigenes sein können. Wie Joseph Delteil wesentlich später formulierte: »Ich bin ein Christ, seht meine Flügel; ich bin ein Heide, seht meinen Arsch.«

Man erinnere sich an das Foto, das im Oktober 1982 heimlich von einem Dach im Herzen Santiago de Chiles aufgenommen wurde. Es zeigt Dutzende von politischen Gefangenen. Bewacht von Polizisten, stehen sie nackt an einer Wand, die Hände hinter dem Rücken gefesselt, ihre Kleider auf dem Boden verstreut. »Die erniedrigende Bestrafung der Feinde Pinochets« lautete die Bildunterschrift im *Paris-Match*. Erniedrigend war vor allem diese weiße Wand, die die braunen, schwarzbehaarten Körper mit ihren jungfräulichen, dem hellen Licht der Sonne ausgesetzten Gesäßen aufzusaugen schien, präsentiert wie auf einem türkischen Sklavenmarkt, während die Soldaten Pinochets sie systematisch ignorierten, offenbar unempfänglich für die männliche Nacktheit.

Abgesehen von dieser Szene der Demütigung haben es Männer, wenn sie unter sich sind, schon immer genossen, sich nackt zu zeigen, sich gegenseitig kritisch zu betrachten, zu messen und zu bewerten. Dies gilt gleichermaßen für die *garimpeiros* im Herzen des Amazonasgebietes, wenn sie einer nach dem anderen die steilen Hänge ihrer Goldgruben hinaufklettern und dabei unter zerrissenen Shorts ihre staubigen Hintern zur Schau stellen, wie für die britischen Soldaten, die sich während des Golfkrieges in der Wüste mittels einer Dusche aus Wassereimern unter freiem Himmel wuschen, oder für Fußballspieler im Umkleideraum. Eine ähnliche Konzentration weiblicher Gesäße wird man dagegen kaum finden. Was ist es also, das Männer an dieser Zurschaustellung so besonders schätzen? Es scheint für sie so etwas wie die Eintrittskarte in die Brüderschaft der Männer zu sein. Dies ist zweifellos der Grund, warum früher Rekruten bei der Musterung nackt anzutreten hatten. Apollinaire formuliert es in *Die Großtaten eines jungen Don Juan* treffend: »Sie sahen sich an wie Brautleute in ihrer Hochzeitsnacht, bekamen aber keinen Ständer, weil sie Angst hatten.«

Intimität zwischen Männern konzentriert sich also auf den Hintern. Im Sich-Zeigen, Sich-Exponieren genießt man die Freiheit der bloßen Andeutung. Es ist eine Art versteckter Exhibitionismus. Ein zweideutiger Appell, einzig an das betrachtende Gegenüber gerichtet, doch nie offen ausgesprochen. Das ist der Grund, warum die Versuchung in diesen Situationen derart präsent und das Gefühl des Angezogenseins unvermeidlich ist. Viele Männer, gleich, ob sie anderen Geschlechtsgenossen nackt gegenüberstehen oder nicht, legen größten Wert darauf, ihren Hintern möglichst vorteilhaft zu präsentieren. Entgegen der landläufigen Meinung ist die Zurschaustellung, das »Ausführen« des Hinterns nämlich eine durchaus männliche Angelegenheit. Man demonstriert damit Stolz. Als ob die Männer sich instinktiv die Verführungskünste der Frauen angeeignet und Spuren davon in ihren Gesäßen bewahrt hätten. Etwas Beunruhigendes eignet dem Kriegstanz, diesem Umherstolzieren nach Art eines radschlagenden Pfaus. Der Pfau, der Vogel der Venus, ist das Totemtier, das jener stummen, mit Erotik aufgeladenen Atmosphäre am ehesten entspricht. Wenn der Pfau sein Rad schlägt, bemerkt Michel Tournier, hat man in der Tat den Eindruck, als ob er sich auszöge, um seinen Hintern zu zeigen. Und um jeden Zweifel darüber zu beseitigen, »dreht er sich, wenn er sein Federkleid zurückgeworfen hat, mit kleinen Schritten im Kreis, damit keiner seinen in einer Blumenkrone aus mauvefarbenen Daunen verborgenen Anus übersieht«.

Hinreißende Witwen in hinten offenen Spitzenhöschen

Sammelte man alle Daguerreotypien, die in den fünfziger Jahren des letzten Jahrhunderts in großer Zahl für eine anonym bleiben wollende Kundschaft angefertigt wurden, so erhielte man ein recht zotiges Album der ersten Pin-ups. Man fände dort zum Beispiel das Bild einer Frau mit einem Papagei, die, einen Fuß leicht auf den anderen gesetzt, dem Betrachter einen phantastischen Hintern darbietet. Dank sorgfältiger Retuschierung tritt die Pospalte klar und deutlich hervor. Es waren zwar zumeist Prostituierte (genau wie die Modelle von Ingres, Courbet oder Degas), die sich hier bereitwillig fotografieren ließen, doch durch die Inszenierung verwandeln sie sich in unnahbare Wesen, ein wenig flatterhaft vielleicht, aber von überirdischer Anmut und mit glatter, auch im Schambereich unbehaarter Haut. Was letzteres betrifft, gab es allerdings auch Ausnahmen, wie die *Mona Lisa im Harem*, die zum Preis von 120 Francs verkauft wurde und freimütig ihr gekräuseltes Schamhaar zur Schau stellte. Unter bestimmten Umständen ließ die Kulisse – in diesem Fall das Innere eines Beduinenzeltes – derartig bodenständige Details dann doch zu. Aber für gewöhnlich beschränkten sich die animalischen Aspekte auf dichte Behaarung unter den Achseln oder sich reptilienhaft über den Rücken schlängelndes Haupthaar, glänzend wie schwarzer Marmor und dabei lustvoll den Po streifend. So entfalteten sich diese Wesen in einer Aura der Geilheit, ein kleines Lächeln auf den Lippen, das nicht minder entrückt wirkte wie ihre ganze Erscheinung, der Hintern aufgespreizt wie ein Fächer, eine Hand gegen den Busen gedrückt, während die andere sich in der Natur verliert.

Und dennoch bestanden sie aus Fleisch und Blut, waren nicht nur mit dem Pinsel auf eine Leinwand gebannt. Zu linkisch und zugleich zu unterwürfig wirken sie, um nicht real zu sein. Sie halten den Blick gesenkt, während ihre Brüste ungehindert nach vorne fallen, wie man es auf Gemälden bis dahin noch nie gesehen hatte. Viel eher noch als das Gesäß verrieten die Brüste die spezifische Darstellungsweise der Daguerreotypie. Typisch sind schwer herabhängende Brüste, die sich nicht retuschieren ließen, so weich erscheinen sie, mit großen, nach unten weisenden Brustwarzen – in den Augen der Charakterologen ein sicheres Zeichen für eine gewisse Abgestumpftheit und Gleichgültigkeit.

Ein Jahrhundert später, in der Zeit der 50er bis in die 70er Jahre hinein, kamen die sogenannten Herrenmagazine in Mode, Zeitschriften wie *Paris Frou-Frou*, *Paris Tabou* und vor allem *Paris-Hollywood*. 1947 gegründet, gab sich letzteres Magazin nach außen hin zwar einen recht diskreten Anstrich. Dies änderte jedoch nichts daran, daß viele Herren es aus nur allzu offensichtlichen Gründen für geraten hielten, das Magazin beim Kauf zwischen den Seiten einer weniger verfänglichen Zeitschrift verschwinden zu lassen. Die sepiabraunen Fotografien im Innern erweckten den eigenartigen Eindruck, als ob die Druckerschwärze auf die Finger abfärben müßte. Im Zentrum des Interesses dieser Zeitschrift standen die Brüste, und zwar extrem große, füllige Brüste, sowie selbstverständlich der Hintern. Ursache für die Konzentration auf diese beiden Körperregionen war das Verbot, Schamhaar abzubilden. Wenn sich also ein Nymphchen all ihrer Kleider entledigt hatte, konnte man nichts anderes zeigen als eine Statue aus weißem Marmor. Dem Auge so manchen Betrachters müssen diese Körper wie Fossilien vorgekommen sein. Denn die Retuscheure beseitigten mittels Airbrush systematisch jede Spur der Behaarung und legten einen Nebelschleier über das geöffnete Gesäß. Der Stoff, aus dem die Träume hätten sein können, wurde also in *Paris-Hollywood* in undurchdringlichen Dunst gehüllt. Als 1974 dann in Frankreich die Zensur für Aktfotos aufgehoben wurde, war die Überraschung über die neuen Möglichkeiten der Darstellung so groß, daß man die bis dahin geltenden Zensurmaßnahmen nachgerade in ihr Gegenteil umkehrte: Die Frau in ihrer Ganzheit wurde neu erfunden, das Schamhaar wurde zu einem derart unverzichtbaren Bestandteil der Darstellung, daß man es sogar künstlich wachsen ließ. Doch es war zu spät.

Man entdeckte nun in den Zeitschriften alle nur denkbaren Formen von Hintern und Brüsten. Aber auch die verschiedensten Gesichter – kesse Hausfrauen, die vor ihrem Kühlschrank hocken, Pariserinnen auf Urlaubsreise, die rittlings auf Baumstämmen sitzen, oder hinreißende Witwen in hinten offenen Spitzenhöschen, was eine Menge über das Ausmaß ihrer Trauer aussagte. Professionelle Aktmodelle gab es nicht. Diese schönen Verführerinnen waren Sekretärinnen, Tänzerinnen aus dem Crazy Horse oder Mannequins bei Mayol. Sie posierten in ihrer eigenen Wäsche (Korsetts, schwarze Netz- oder Spitzenstrümpfe, hochhackige Sandalen, Höschen mit Schlitzen am Po), doch die Rolle des sexy Dummchens oder des verführerischen Vamps spielten sie außerordentlich überzeugend. Eine warf sich in die Arme eines Bären (»Mir dreht sich der Kopf«, sagte sie, »ich weiß nicht, was mit mir geschieht«); die bewunderungswürdige Sylvie kniete, an ihrer Halskette knabbernd, auf einem Stuhl und schien sich dabei besorgt zu fragen, ob der Auslöser der Kamera wohl auch funktionierte; ein «furchtloses Mädchen» lutschte an ihrem Daumen, während ein anderes mit geschlossenen Augen »Chéri, sieh mich an« murmelte. In *Tous fous de moi* (Teil zwei) klemmte sich ein kesses Mädchen die Handbrause der Dusche zwischen die Pobacken, so daß das Wasser sie von allen Seiten umspülte wie ein nicht versiegender Urinstrahl. Die Rückkehr Sylvies wurde zum großen Erfolg: Mit der Begründung, daß sie »die Rückkehr ihres Mannes nicht mehr erwarten« könne, bot sie dem Betrachter mit leicht geöffneten Lippen und einem keß aufgesetzten Hütchen ihren großen Hintern dar.

Die schlüpfrige Darstellung von Hintern ist inzwischen aus der Mode gekommen. Heute dreht sich für den, der auf der Höhe der Zeit ist, alles um den »virtuellen Po«, synthetisierte Bilder von Gesäßen. Der Hintern des Cybersex. Dieser läßt sich zwar nicht berühren, aber dafür sehen und bewegen, auch wenn er zuweilen recht ruppig darauf reagiert. Da dieser Hintern so flach ist wie der Bildschirm, auf dem er erscheint, stellt er die Negation seiner selbst und damit zugleich die Abwesenheit von Lust dar. Verfügt man über einen Computer mit einem CD-ROM-Laufwerk, so bietet einem eine Laserdiskette den Ton und die Bilder, um mit *Virtual Valerie* in Kontakt zu treten. Die junge Dame hat wenig übrig für Männer, die nicht in der Lage sind, kühles Blut zu bewahren. Gibt man auf ihre Fragen die falschen Antworten, weist sie jeden weiteren Annäherungsversuch brutal ab, indem sie einfach das Programm abstürzen läßt. Wenn sie, entspannt auf ihrem Bett liegend, sagt: »Zieh mir bitte den BH aus, er sitzt ein bißchen eng«, muß man unter Beweis stellen, daß man gute Reflexe hat. Denn dann wird sie bereitwillig ihre cybernetischen Reize enthüllen und einen sogar mit ihrem Körper spielen lassen, vorausgesetzt, man verfügt über die dafür erforderlichen Hilfsmittel. Ebenfalls auf CD-ROM kann man die Abenteuer von Seymour Butts miterleben, eines Jungen, den man zwar nie zu Gesicht bekommt, der den Spieler aber dafür freundlicherweise an seine eigene Stelle treten läßt. Es hängt von einem selbst ab, ob man die sich bietenden Gelegenheiten zu seinem Vorteil zu nutzen versteht. Zum Beispiel, wenn man einer schönen Kalifornierin begegnet, die gerade eine Autopanne hat. Nach dem gleichen System wie bei dem ersten Spiel entscheidet auch hier die richtige Beantwortung der auf dem Bildschirm erscheinenden Fragen, ob man bei der jungen Dame weiterkommt oder von ihr zurückgewiesen wird. Allerdings sind hier die Bilder digitalisiert, das heißt, es handelt sich um animierte Videosequenzen, die wesentlich interessanter sind. Die ihren hübschen, sonnengebräunten Po zur Schau stellende junge Dame hat also alles, was es braucht, um einen Cybersex-Spieler zu befriedigen. Mit ihrem schlafwandlerisch abwesenden Blick und ihrer programmierten taktilen Euphorie hat sie die Wirkung eines leichten Narkotikums. Doch zu glauben, es handelte sich hier um Voyeurismus, wäre zweifellos ein Fehler. Denn Voyeurismus setzt keine Programmierung voraus, sondern verlangt vielmehr nach dem Gegenteil.

Cybersexspiele sind nicht mehr als die amüsante Animation der guten alten Playmates aus den Herrenmagazinen, dazu geeignet, die Ungeduld derer zu zügeln, denen die Gärten Allahs verschlossen bleiben.

Das Laster wider die Natur

Es waren die Libertins des 18. Jahrhunderts, allen voran Sade, die sich nach Jahrhunderten der Klandestinität erstmals in Frankreich offen zum Analverkehr bekannten und ihn zum Gegenstand philosophischer Debatten machten. Der Hintern wurde zum Objekt der Verehrung, Sade ging sogar so weit, ihn zum Fetisch zu machen. »Fallt auf die Knie vor ihm«, sagt Saint-Fond zu Juliette, »betet ihn an, beglückwünscht Euch zu der Ehre, die ich Euch gewähre, indem ich Euch erlaube, meinem Arsch die Huldigung entgegenzubringen, die die ganze Welt ihm darbieten möchte ...«

Bei Sade gibt es keinen Striptease, bei ihm kennt man nur ein brutales »Röcke hoch!«, mit dem der Libertin dem Arsch befiehlt, sich in eine Pose zu begeben, in der er bewundert werden kann. Eine Ausnahme wird nur bei der jungen Rose gemacht, die man in das Haus Saint-Fonds gebracht hat. »Entkleide sie für mich, Juliette, zieh ihr das Hemd bis zur Taille hoch und das Höschen auf die Schenkel hinunter: Ich liebe es, einen Arsch so präsentiert zu bekommen.« Unverzüglich wird ihm der Hintern dargeboten: »Voilà, mein Arsch: nehmt ihn Euch, und zwar alle!« schreit die Hure. Die wunderbare (und zuweilen auch bombastische) Erscheinung des Hinterns führte dazu, daß er aufs genaueste betrachtet wurde. In Sades Werken beggnen wir daher auch immer wieder Schilderungen von eingehenden Untersuchungen, Inspektionen und Prüfungen verschiedener Gesäße. Denn die erste Erniedrigung liegt im Blick, das Auge gibt den Hinweis auf das Verbrechen. »Oh, welch schöner Arsch, Juliette!« schreit Noirceuil beim Anblick des Hinterns ekstatisch. »Wie köstlich wird es sein, all das zu ficken und

Zeitgenössische Illustration zu J. B. Boyers *Die philosophische Therese*

zu quälen!« In Rom kannte man sogenannte »Hinternbesichtiger«, Beamte, deren Aufgabe es war, die öffentliche Moral zu überwachen. Der Libertin nimmt für sich eine genau entgegengesetzte Funktion in Anspruch. Er inspiziert Hintern, um sie zu verführen. Zum Beispiel bei der Aufnahme in die Gesellschaft der Libertins von Silling (*Die 120 Tage von Sodom*), bei der er prüft, ob die Hintern der Kandidaten dem von ihm geforderten Zustand entsprechen. Oder er organisiert – den christlichen Poeten von Byzanz vergleichbar – Wettbewerbe zwischen Jungen und Mädchen, um den schönsten und wohlgeformtesten Hintern zu küren, der zu wiederholten Besuchen einlädt. Im übrigen umgibt sich der Libertin gerne mit einer erlesenen Sammlung hervorragender Gesäße. Und häufig greift er auf Spiegel zurück, um den Genuß zu vervielfältigen.

Kurz, der Anblick eines Arsches entflammt die Leidenschaften. Bei Sade gerät der Betrachter angesichts dieses superben Stück Fleisches regelmäßig in Ekstase, und jedesmal wird das Entblößen des Hinterns mit einem Kompliment belohnt.»Ich werde ihn also sehen, diesen göttlichen und erlesenen Arsch, den ich mit soviel Leidenschaft begehre …!« ruft Domancé aus.»Gott verdammt! Diese Rundung und Frische, diese Pracht und Eleganz!« Manchmal fällt die Eloge allerdings auch etwas knapper aus, wenn es etwa nur heißt: »Ah! Sakrament! Was für ein schöner Hintern!« Doch letzten Endes verstand der Libertin es doch immer, das Objekt seiner Begierde angemessen zu würdigen.

Die Prüfung des Hinterns beschränkte sich nicht nur auf das bloße Betrachten, sondern beinhaltete auch, daß das Fleisch befühlt, betastet, geknetet und gedrückt wurde. Wahre Kenner erkundeten es zuweilen auch mit dem Mund, obwohl das nicht die Regel war. Dazu wurde das Gesäß mittels einiger unter den Bauch geschobener Kissen angehoben, »auf daß sich das kleine Loch zur Gänze zeigt« – eine Entdeckung, die den Libertin auch schon einmal dazu verführen konnte, einen Finger in den After einzuführen, um ihn leicht zu kitzeln, oder mit der Nase in den Anus einzudringen. Nach diesen Vorbereitungen war es dann an der Zunge, ihre Aufgabe zu erfüllen.

Doch das daraufhin folgende »Bezüngeln des Arschs«, das, mit Kunstfertigkeit ausgeführt, die Wollust in die Höhe treiben kann, gehörte für die eingefleischten Libertins Sades nur zum Vorspiel. Denn hier, am Anus, beginnt auch der erotische Kannibalismus. Das ganze Gesicht wird in den Hintern gegraben: Nase, Mund, Zunge beginnen zu saugen, zu schmecken, zu penetrieren, bis der Libertin jede Kontrolle verliert. Er berauscht sich an dem, was der Anus ausscheidet, bis schließlich die endgültige Verwüstung, die Zerstückelung des Opfers folgt. Nichts anderes soll von ihm übrigbleiben als der Arsch – das Objekt des Kults und der Begierde. Ein unumstößlicher Grundsatz des Libertin Saint-Fond in der *Geschichte der Juliette* lautet: Es wäre Verschwendung, den Hintern zu zerstören, bevor man dem Opfer den Todesstoß versetzt.

»Der Analverkehr, wie Sade ihn beschreibt«, bemerkt Pierre Klossowski, »ist der Inbegriff der Perversion.« Er ist die höchste Form der Nichtachtung und der Überschreitung von Normen. In den Augen Sades das adäquateste Mittel, um gegen Gott, die Gesellschaft, die Moral und die Gesetze des Menschen zu sündigen. Den Akt der Begattung nachahmend, verspottet er ihn doch auch zugleich. »Welche Überlegenheit wir über die Menschen gewinnen«, sagt Clairwil, »indem wir alle ihre Regeln durchbrechen, ihre Gesetze übersteigen, ihre Religion entweihen, ihren erbärmlichen Gott verleugnen, beleidigen und in den Schmutz ziehen, uns allem entgegenstellen, eingeschlossen ihrer schändlichen Regel, die zu behaupten wagt, die Natur sei der Maßstab unserer ersten moralischen Pflichten!« Der Libertin begreift sich selbst als verderbt, kriminell oder ruchlos, jedoch mit Sicherheit nicht als *pervers*. Das Wort existiert nicht bei Sade, dessen Terminologie dem Vokabular der Moralpsychologie verhaftet bleibt. Es sind die Philosophen und libertinären Romanciers des 18. Jahrhunderts, die am heftigsten den alten Gedanken des heiligen Thomas von Aquin vom »Verbrechen gegen die Natur« attackieren. Dieses Verbrechen, das nicht nur die sündhafte Lust mit sich selbst, also das Onanieren, sondern auch den Verkehr unter Gleichgeschlechtlichen und mit Tieren umfaßt, verliert für Schriftsteller wie J. B. Boyer, Marquis

d'Argens (*Die philosophische Therese*, 1748) oder Sade (*Die Philosophie im Boudoir*, 1795) zunehmend an Bedeutung. »Zunächst müssen Sie davon ausgehen, Eugénie«, sagt Dolmancé, »daß in der Libertinage nichts abscheulich ist, denn alles, was die Libertinage uns eingibt, ist auch von der Natur eingegeben.«
»Die absolute Monstrosität, die bei Sade zutage tritt«, fügt Klossowski hinzu, »bewirkt eine Veränderung der spezifischen Qualitäten der Geschlechter.« Für Sade ist das Objekt des Analverkehrs qua Natur geschlechtslos. »Seien wir also versichert, daß es genauso natürlich ist, sich an einer Frau auf diese wie auf jene Art zu ergötzen, daß es völlig gleichgültig ist, ob man sich mit einem Mädchen oder einem Knaben ergötzt.« (*Die Philosophie im Boudoir*) Das ist das Credo des Libertin. Eben weil der Hintern das Objekt seiner Verehrung ist, kann er so leicht zwischen den Geschlechtern wechseln, um seine Begierden zu befriedigen. Wie Panckoucke es treffend in seinem *Grand Vocabulaire français* (1700–1753) formuliert: Der Analverkehr ist »ein Verbrechen gegen die Natur, das darin besteht, einen Mann so zu gebrauchen, als sei er eine Frau, und eine Frau so zu gebrauchen, als sei sie ein Mann«. Wiegt dieses Verbrechen schwerer, wenn es mit einem Jungen oder mit einem Mädchen begangen wird? Die Frage scheint ohne Bedeutung. Sicher, man könnte sagen, daß die Übertretung der Naturgesetze beim Analverkehr mit einer Frau deutlicher wird, da nur sie zwei Möglichkeiten der Penetration bietet und daher die Wahl einer von beiden einer freien Entscheidung entspringt. Wodurch es im übrigen auch möglich wird, eine Jungfrau zu entehren, sie dabei aber zugleich »intakt« zu lassen und so die Natur zu überlisten. Doch, erklärt Dolmancé, auch mit einem Knaben kann der Libertin sich auf zweierlei Weise vergnügen, indem er zugleich dessen Liebhaber und Mätresse ist, während ein Mädchen nur eine einzige dieser Freuden bietet. Das Kirchenrecht unterscheidet zwischen zwei verschiedenen Arten des Analverkehrs: dem *unvollständigen* Analverkehr (ausgeübt mit einem Mädchen unter Ausnutzung des »unrechtmäßigen Gefäßes«) und dem *vollständigen* Analverkehr (mit einem Knaben). Genaugenommen, sagt Sade,

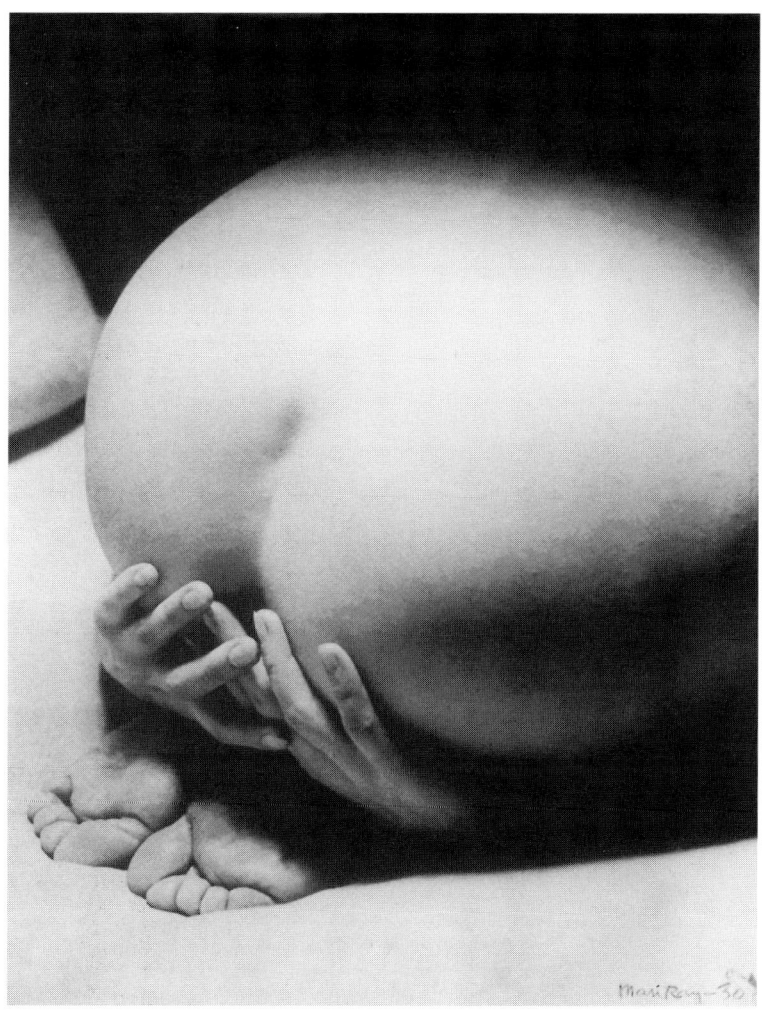
19 »Man Rays Foto markiert den Triumph des eiförmigen Hinterns.«

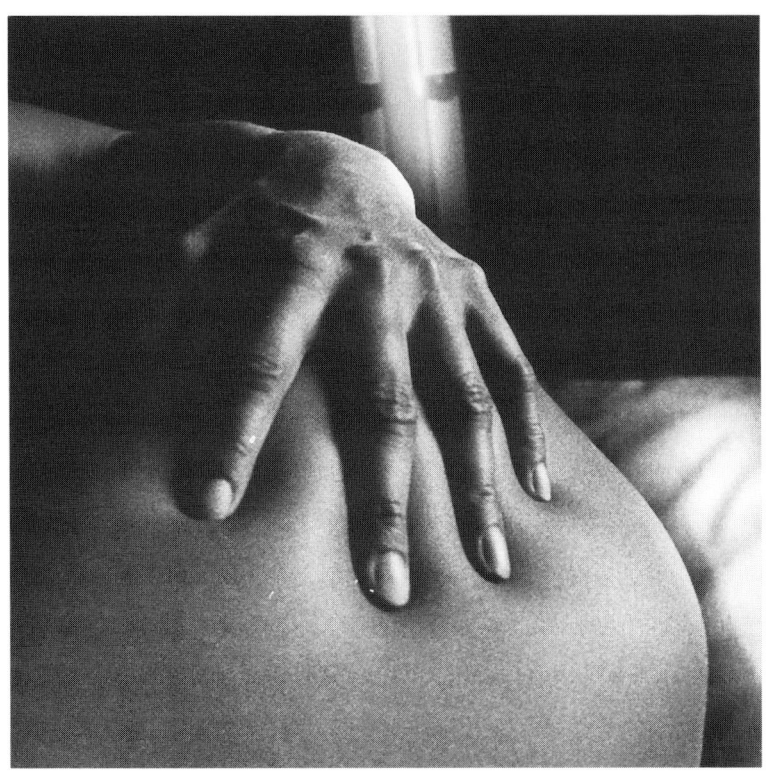

20 »Alles ist lediglich eine Frage des richtigen Anfassens.«

21 »Zweifelsohne liegt der Vorteil eines schönen Gesäßes darin, daß man seine Rundungen nicht nur bewundern, sondern auch festhalten kann.«

22 »Das Gesäß ist nie androgyn.«

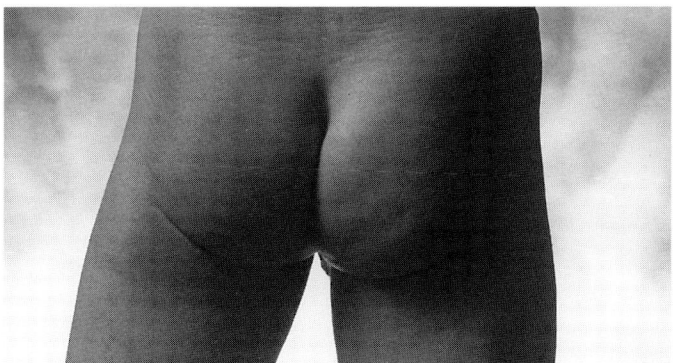

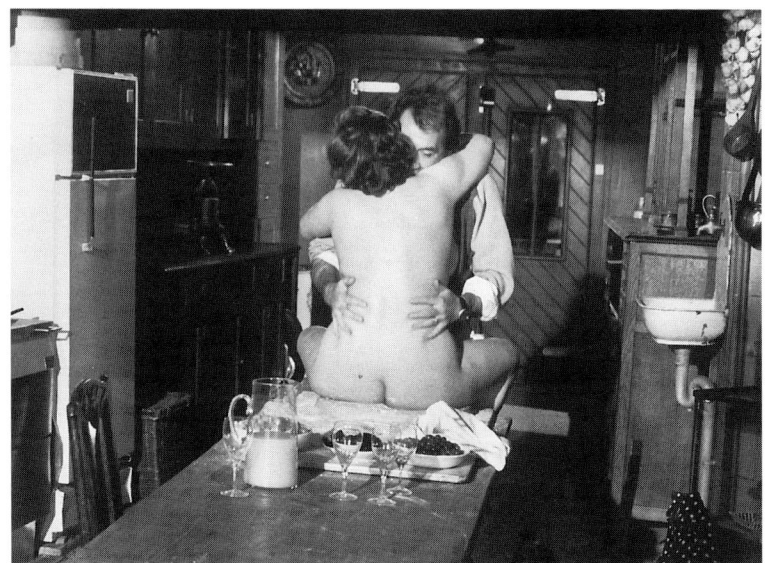

23 »Plattgedrückt wie ein Kissen, präsentiert sich der sitzende Hintern weich und teigig, bar des schalkhaften Charmes, der ihm sonst zu eigen ist.« Szene aus dem Film *Das große Fressen* von Marco Ferreris

24 Rugby – »Was ist ein ›Gedränge‹, wenn nicht eine Kohorte dichtgedrängter Ärsche in Form einer zwei Tonnen schweren Schildkröte?«

hat, wer sich dieser Form der erotischen Kasuistik hingibt, weniger das Objekt als die Macht über das Objekt im Blick: Entscheidend ist, daß man das Opfer in seiner Gewalt hat.»Einzig um des Bösen willen fickt man«, resümiert der Herzog entschieden in *Die 120 Tage von Sodom.*

Ob der Libertin sich im Akt des Geschlechtsverkehrs als Mann oder Frau oder als beides zugleich begreift, ist eine einfache Frage der Stellung beziehungsweise der Rollenverteilung. Das Geschlecht der Beteiligten wird zur variablen, transitorischen Gegebenheit. »Der Herzog überläßt sich wie im Rausch den Armen Zéphires und saugt eine Stunde lang an dem Mund dieses schönen Kindes, während Hercule sich diese Situation zunutze macht, indem er sein riesiges Glied in den Anus des Herzogs rammt. Willenlos läßt er es geschehen, und ohne weiteres Zutun, nur durch die Bewegung des Küssens, *ändert er unbemerkt sein Geschlecht.*« Sade geht es einzig um die Beleidigung der Natur, ungeachtet dessen, in welchem Geschlecht sie sich ihm präsentiert. Die Trennung zwischen Oben und Unten, Seele und Körper, Außen und Innen, Rein und Unrein ist aufgehoben: Der Körper wird zu einem Gefäß, das sich nach allen Seiten öffnet. Jede Form der erotischen Vereinigung ist erlaubt, die Verfügbarkeit des Körpers ist uneingeschränkt. »Nichts bereitet mir mehr Vergnügen«, sagt Dolmancé, »als mit einem Arsch zu beginnen, was ich in einem anderen vollenden werde.« Diese Form des erotischen Anakoluths führt zuweilen zu ganz neuen Stellungen, wie zum Beispiel der, bei der abwechselnd die Gesäße von vier verschiedenen Mädchen penetriert werden und die »Windmühle« genannt wird. Der Analverkehr hat bei Sade auch etwas Häretisches, Gotteslästerliches. Einmal wird einem Mädchen zum Beispiel eine geweihte Hostie mit der Zunge in den Anus geschoben, und Juliette läßt sich sogar auf dem Altar des Petersdoms in Rom von Papst Pius VI. *a tergo* nehmen.

Ein derart häretisches Konzept des Analverkehrs konnte nicht überleben. Seit Begründung der forensischen Medizin zu Beginn des 17. Jahrhunderts war in zahlreichen Schriften auf dieses »Laster wider die Natur« aufmerksam gemacht worden. Durch die Reform des Strafgesetzes im Jahr 1791 wurde der Analverkehr in Frankreich entkriminalisiert, so daß das »infame Verbrechen« allmählich in Vergessenheit geriet. Nicht allerdings bei den Gerichtsmedizinern, die wie Casper und Tardieu eine Reihe authentischer Fallstudien veröffentlichten, um diese in ihren Augen »monströse Verirrung« zu dokumentieren. Da das einzige Ziel des Libertins darin bestand, die Natur zu beleidigen, sah man in dem infamen Sodomiten, dem das Laster geradezu ins Fleisch gegraben war, nur noch ein gemeines Tier. In den Augen der Gerichtsmediziner hatte diese wahnsinnige Leidenschaft, diese Gier nach Lust, verheerende Folgen für die Anatomie des Menschen. Und tatsächlich räumte schon Sade ein, daß gewisse anatomische Ähnlichkeiten zwischen Männern bestanden, die ausschließlich dem Analverkehr frönten, unter anderem das ausgesprochen weiße, runde Gesäß. »Kein einziges Härchen«, sagt Dolmancé, »wird den Tabernakel der Lust beschatten, dessen Inneres, ausgekleidet mit einem zarteren, erregbareren, empfindlicheren Gewebe, von entschieden gleicher Art ist wie das Innere der Vagina einer Frau.« Für Sade allerdings sind derartige Ähnlichkeiten nicht das Ergebnis monströsen Verhaltens, sondern einfach natürliche Dispositionen, man könnte auch sagen, eine leichte Abweichung, ein kleiner Fehler der Natur. Ambroise Tardieu dagegen vertritt in seiner *Forensischen Studie über Verstösse gegen Sitte und Anstand* (1857) die Überzeugung, daß sich das Laster auch in der äußeren Erscheinung zeige, namentlich in den ausgeprägten, weichen Rundungen sowie dem femininen Betragen dieser Männer. Für Tardieu verrät das Gesäß den schändlichen Charakter eines Menschen. Und so wie die Inquisition auf der Haut einer Hexe nach eindeutigen Zeichen ihrer Schuld suchte, diagnostiziert nun der unfehlbare Arzt anhand anatomischer Eigenheiten Verirrungen der sexuellen Begierden.

»Immer wieder stelle ich fest«, schreibt er, »daß viele der Männer, die sich der gleichgeschlechtlichen Prostitution zugewandt haben, ein übermäßig entwickeltes Gesäß aufweisen, das voluminös, stark hervortretend, zuweilen geradezu riesig erscheint und seiner Form nach äußerst weiblich wirkt.« Ihm sei sogar ein Fall begegnet, in dem »ein Päderast eine ganz einzigartige und mit Sicherheit außergewöhnliche Disposition zeigte, dessen beide Gesäßbacken vollständig miteinander verbunden waren zu einer einzigen runden Masse«. Neben der Beschreibung derart monströser Hinterteile mit ihren übertriebenen Rundungen widmet sich Tardieu ausgiebig der Typisierung des Penis, der »wie der Finger eines Handschuhs lang und spitz zuläuft« und dessen Eichel »ihrer Form nach einer spitzen Hundeschnauze gleicht«, sowie des »trichterförmigen Anus« (des *infudibulum*), der, wie er schreibt, »ein untrügliches Zeichen für Päderastie darstellt«. So entdeckt Tardieu bei einem Schuhmacher, der auf der Place de La Bastille aufgegriffen worden war, nicht nur ein »an einen Hund erinnerndes Glied«, sondern, nachdem er die muskulösen Gesäßbacken des Mannes auseinander spreizt, auch »eine lange, tiefe Höhlung, auf deren Grund sich die anale Öffnung auftut, dabei ein weit klaffendes, kraterförmiges *infudibulum* aufweisend«. Der Vollständigkeit halber erwähnt Tardieu überdies, daß er unter Päderasten des öfteren schiefe Münder mit kurzen Zähnen und dicken, aufgeworfenen Lippen beobachtet habe, die im Einklang mit dem verwerflichen Gebrauch stünden, den man von ihnen mache. Der Päderast, so formulieren Jean-Paul Aron und Roger Kempf zusammenfassend, war also nichts weiter »als eine Reinkarnation des Bestialischen«.

Seinen skrupulösen Untersuchungen zum Trotz gerieten die Ergebnisse der Arbeit Dr. Tardieus schon sehr bald in Vergessenheit. Das Interesse der forensischen Medizin an den physischen Folgen sexueller Aktivität richtete sich in den 80er Jahren des letzten Jahrhunderts auf die Psychologie der Perversion. Der Ungar Benkert »erfand« den »Homosexuellen«, der zu einer eigenen Spezies der Schöpfung stilisiert wurde. Homosexualität wurde als Symptom einer psychischen Krankheit und eines gesellschaftlichen Übels begriffen. Krafft-Ebings *Psychopathia sexualis* (1886) geriet zum Standardwerk dieser neuen Wissenschaft. Und das Gesäß des Päderasten, das im Zeitalter der Libertinage seine schönsten Triumphe gefeiert hatte, mußte sich nun mit der Rolle eines Randphänomens bescheiden, für das sich kein Mensch mehr interessierte. Die Belle Époque favorisierte den mondänen Hintern.

»Das lebendigste aller Löcher«

Was läßt sich über ein Loch sagen? Offen gestanden, scheint man sich um dieses Thema gerne zu drücken. Das Wort Anus stammt aus dem Lateinischen. Während es bei Plautus und Varro noch im Sinne von »Ring« gebraucht wird, bezeichnet bereits Cicero damit nur noch die ringförmige Öffnung des menschlichen Afters, die beim Namen zu nennen man sich nicht scheuen solle. Die Umgangssprache war und ist da glücklicherweise etwas phantasievoller. Da dieses Loch als klein, sogar niedlich erachtet wurde, nannte man es im Französischen auch *troufignon* (hübsches Loch). »Mit den beiden Zeigefingern«, riet der Mönch Béroalde de Verbille 1612, »öffnet man das kleine Loch, indem man die Gesäßbacken auseinander schiebt.« Die Kirchenmänner dieser Epoche genossen ihre Freiheit im Umgang mit der Sprache. Die *Précieuses* dagegen, so teilt uns Molière mit, empörten sich über »schmutzige Silben / die, sich in den schönsten Wörtern verbergend, Anstoß erregen«, und verboten den Gebrauch des Wortes *cul* (Arsch), das sie durch elegante Umschreibungen wie »das Gesicht des großen Türken« oder »der untere Schelm« ersetzt wissen wollten. Und wer könnte es ihnen verübeln? Schließlich sprach auch Sade von den »Eingeweiden seiner Iris« (das heißt, dem Regenbogen des Hinterns) und Verlaine von dem »angebeteten Thron der Schamlosigkeit« (in dem Gedicht *Femmes*). Doch dieses Loch ist rund und unterscheidet sich damit signifikant von der ovalen Öffnung der Vulva. »Ah! Sacredieu!« ruft Dolmancé in *Die Philosophie im Boudoir* aus. »Wenn es nicht in ihrer [der Natur] Absicht läge, daß wir die Hintern vögeln, hätte sie dann ihre Öffnungen genau unserem Glied entsprechend gestaltet? Ist diese Öffnung nicht genauso rund? Wer könnte so hirnverbrannt sein, sich einzubilden, daß ein ovales Loch von der Natur zur Aufnahme eines rundes Gliedes geschaffen worden wäre! Ihre Absichten sind aus diesem Mißverhältnis abzulesen.«

Die Priester des 17. Jahrhunderts nannten den Anus das »unrechtmäßige Gefäß« im Gegensatz zur Vulva, dem »natürlichen Gefäß«. Und in der Tat handelt es sich ja um Gefäße, denn gleich, ob sie nun die Form eines Kraters oder einer Bonbonniere haben, es sind in jedem Falle Behältnisse. Wenn man also von einem schlechten Gefäß sprach, dann nur, wie wir gesehen haben, weil es

Gotischer Wasserspeier am Hôtel de Cluny in Paris

die schrecklichsten Sünden provozierte – derart infame Vergehen, daß man sie nicht einmal benennen konnte, und so furchtbar, daß selbst der Teufel, hatte er einen Menschen zu ihnen verführt, ihren Anblick nicht ertrug und die Flucht ergriff. Gegen Ende des letzten Jahrhunderts, als die Moralvorstellungen nicht mehr so rigide waren, nannte man diese Form des Verkehrs auch *se faire défoncer la pastèque*, also »sich die Melone einschlagen lassen« oder, wie Albertine in *Die Gefangene* von Proust, *se faire casser le pot*, »sich den Topf zerschlagen lassen«. Ein Vierzeiler aus dem *Parnasse satyrique* (17. Jahrhundert) bringt den Unterschied zwischen beiden Öffnungen treffend auf den Punkt:

Für den Christen
Erschuf Gott den perfekten Spitzbogen der Fotze,
Für den Heiden aber
Den deformierten Rundbogen des Arsches.

Der Anus wartet aber noch mit anderen Eigentümlichkeiten auf. Er läßt sich aufblättern wie eine Schalotte oder Zwiebel, kräuseln wie ein Knopfloch oder die Blüte einer Seeanemone (Grainville spricht von den »bronzenen Falten« des Anus) oder sogar plissieren, weshalb man ihn im Französischen auch scherzhaft *gongonneur* genannt hat (Littré zufolge bezeichnet man mit *gongonner* Falten werfende, schlecht sitzende Kleidungsstücke). Genet führt diesen Gedanken in *Das Totenfest* noch näher aus, wenn er behauptet, der Anus verfüge über genau zweiunddreißig Falten, die zweifellos den zweiunddreißig Punkten der Windrose entsprächen. Um so rührender erscheint die Furcht Eriks vor dem Gedanken, sein Anus könne seine ursprüngliche Form verlieren, wenn er einmal unglücklich geweitet und ausgedehnt würde.

Wenn man davon ausgeht, daß das weibliche Geschlecht im Gegensatz zu dem des Sprechens mächtigen Mundes stumm ist, läßt sich der Arsch als das klingende, sonore Organ bezeichnen, zweifellos in Anspielung auf seine akustischen Qualitäten – den Furz, Pups oder Donnerschlag. Manche sprechen in diesem Zusammenhang auch von der »Flöte eines Fauns« oder einem »kleinen Horn«. William Burroughs erzählt in *Naked Lunch*, daß er einmal in Timbuktu einen kleinen arabischen Strichjungen kennengelernt habe, der mit seinem Hintern Flöte spielen konnte, und zwar auf eine besonders geniale Art und Weise: »Er konnte auf dem Schwanz des Kunden eine Melodie spielen und dabei die besten erogenen Zonen treffen, die natürlich bei jedem anders plaziert sind. Jeder Liebhaber hatte seine ganz spezielle Melodie, mit der er zu seinem optimalen Höhepunkt kam.«

Angesichts der Vorstellung vom After als unkontrolliert furzender Öffnung sollte aber nicht vergessen werden, daß man den Anus früher mit dem Höllenschlund zu vergleichen pflegte. So erzählt zum Beispiel Henri Estienne in seiner *Apologie pour Hérodote*

(1566) die Geschichte eines Dorfpriesters aus Lothringen, der seine Gemeinde warnte, sie werde in die Hölle kommen, wenn sie sich nicht bessere.»Was glaubt Ihr, wie die Hölle aussieht?« fragt er sie.»Seht Ihr dieses Loch? Es stinkt abscheulich, doch das Loch der Hölle ist noch viel schlimmer!« Das Loch, das er ihnen zeigte, gehörte zum Hintern des Glöckners des Dorfes, der sich zuvor mit dem Priester auf diese Farce geeinigt hatte. In den Augen der Zeitgenossen allerdings war es alles andere als eine Farce. Und da das Höllenloch die Form eines Afters haben sollte, machte man sich daran, Grotten, Höhlen, natürliche Abgründe und sogar Vulkankrater zu erkunden, um den Anus der Erde zu finden. Man entdeckte gleich mehrere, was für einige Verwirrung sorgte. So zum Beispiel die Grotte von Gourgue in der Haute-Garonne, die man nur über einen Maultierpfad erreichen konnte und in der Gegend unter dem Namen »Goueil di Her« (Auge der Hölle) bekannt war, oder das »Höllenloch«, einen vom Meer ausgehöhlten Felsen bei Saint-Guénolé (Finistère), der auch »Höhle der Madame-la-Nuit« genannt wurde. Peucer versichert, daß man in der Gegend um Hekla, dem fast immer von dichten Nebelschwaden umwaberten Vulkan auf Island, von Zeit zu Zeit das Stöhnen der Verdammten hören könne.

Den Gedanken des höllischen Anus verkehrt Lautréamont in sein Gegenteil, wenn er sich in seinen *Gesängen des Maldoror* (V) einen gigantischen Anus des Universums vorstellt, der den genauen Kontrapunkt zur Sphäre des Parmenides darstellt. Und was wäre, so fragt er sich, wenn das Universum nichts weiter ist als ein riesiger gähnender Abgrund, eine Kloake der Unsicherheit? Ein Gedanke, der zwangsläufig dazu führt, daß man sich in Spekulationen verliert.»Was, wenn das Universum nicht eine Hölle wäre, sondern nur ein großer himmlischer Anus, seht die Geste, die ich nahe meines Bauches mache: Ja, ich hätte meine Rute in ihn gestoßen, durch seinen blutenden Schließmuskel hindurch, und hätte mit meinen stürmischen Bewegungen seine Wände zum Zittern gebracht! Unglück hätte dann nicht ganze Wanderdünen Sand in meine geblendeten Augen gestreut; ich hätte den unterirdischen

Ort entdeckt, an dem die Wahrheit schläft, und die Flüsse meines klebrigen Spermas hätten so ein Meer gefunden, um sich darein zu ergießen!«

Sartre führt uns – glücklicherweise – zu ausgewogeneren Proportionen zurück. Das Loch hatte auf ihn seit jeher eine besondere Faszination ausgeübt, und er kommt in seinem Werk verschiedentlich darauf zurück – so in *Das Sein und das Nichts* (1943), aber auch schon früher, in seinen *Kriegstagebüchern* (1939–40). Sartre zufolge vertrete Freud die Ansicht, daß Kinder in jedem Loch ein Symbol des Anus sehen und es diese Assoziation sei, die sie fasziniere. Er jedoch warf die Frage auf, ob nicht umgekehrt der Anus für Kinder eben gerade deshalb ein Objekt der Lust darstelle, *weil er ein Loch ist*. Und was war das Loch im Gesäß, wenn nicht »das lebendigste aller Löcher, ein lyrisches Loch, das sich runzelt wie eine Stirn, das sich zusammenzieht wie ein verwundetes Tier, das endlich offensteht, besiegt und bereit, seine Geheimnisse preiszugeben«? Es schließen sich längere Ausführungen an, in denen Sartre zu beweisen versucht, daß die Begeisterung für das Loch der Faszination für den Anus vorausgeht, daß sie sich auf die verschiedensten Objekte erstreckt und einen Menschen sein ganzes Leben lang verfolgen kann. Denn »die Welt ist ein Reich von Löchern«. Und der Schwindel, der einen überfällt, wenn man in ein tiefes Loch oder einen Abgrund schaut, rührt von dem Gefühl der Vernichtung her, das von ihm ausgeht. Es ist wahr, fügt Sartre hinzu, daß das Nichts des Lochs eine Farbe hat. Es ist ein »schwarzes Nichts«, ein Nichts der Nacht, das auch »seinen zweifelhaften, geheimnisvollen und heiligen Charakter« erklärt.

Doch der Mensch hat sich – wahrscheinlich seit jeher – dem Nichts verweigert. Und wenn das gewaltsame Eindringen in ein Loch eine Form der Vergewaltigung ist, so bietet es doch auch eine Möglichkeit, es zu verschließen, zu verstopfen. Daher ist für Sartre jedes Loch eine obskure Herausforderung, die es zu meistern gilt. In diesem Zusammenhang erwähnt er die furchtbare Angst, die Castor (Simone de Beauvoir) bei der Lektüre eines Buches mit dem Titel *Le Coureur de la jungle* durchlitt: Zwei Gefangene entdecken den engen Eingang zu einem unterirdischen, dunklen Gang und fliehen, indem sie sich auf allen vieren durch diese Öffnung zwängen. Je weiter sie vordringen, desto schmaler wird der Tunnel, bis sich schließlich der Vorankriechende, ein sympathischer, fröhlicher und nicht gerade schlanker junger Mann, eingeklemmt findet, er kann weder vor noch zurück. In diesem Moment tritt eine Boa constrictor auf den Plan und verschlingt den verzweifelt schreienden Mann. Es ist sein Begleiter, der die Geschichte erzählt und hilflos Zeuge wird, wie sein Freund bei lebendigem Leib aufgefressen wird. Daß ihr diese Geschichte eine derartige Angst bereitete und während etlicher Nächte den Schlaf raubte, schreibt Sartre, resultierte ganz offensichtlich aus Castors eigener Erfahrung mit einem Loch. Letzten Endes, sagt er, »weiß (ich) nicht, ob es tief unten in Castors Schrecken nicht eine dunkle Lust gab, weil dieses Verschlingen, dieser von den Mächten der Finsternis mit Haut und Haar gefressene Mann, für Geist und Herz etwas Befriedigendes hat«.

Wie dem auch sei, die beste Methode, den Anus zu verschließen, bestünde vielleicht darin, ihn zuzunähen. Es ist dies eine Operation, die verschiedentlich bei Sade beschrieben wird. So erzählt zum Beispiel Madame Duclos in *Die 120 Tage von Sodom* die Geschichte eines Libertins, der sie mehr als fünf Jahre lang verfolgte, »nur um die einzigartige Lust zu genießen, sich von mir das Loch in seinem Arsch zunähen zu lassen. Er legte sich mit dem Bauch nach unten flach auf ein Bett, ich setzte mich zwischen seine Beine, und dort, bewaffnet mit einer Nadel und einer Spule dicken, gewachsten Baumwollgarns, nähte ich ihm fein säuberlich seinen Anus zu.« Diese delikate Handarbeit hat offensichtlich nichts gemein mit dem groben Mauerwerk Sartres. Im übrigen erfuhr auch bei Sade dieses Vergnügen nicht immer ein solches Maß an Raffinesse. Die *Philosophie im Boudoir* läßt durchaus Zweifel zu, ob Madame de Mistival besonders glücklich darüber ist, daß ihre Tochter ihr sorgfältig Arsch und Möse zunäht. So kann das gefährliche syphilitische Sekret, das ein Diener zuvor in sie gespritzt hat, sich nicht verflüchtigen und ihr buchstäblich die Knochen verbrennen.

Man könnte glauben, daß derartige Versuche, den Anus zu verschließen, eine Art der Weihe für die Gesäßbacken darstellen, nach der man diese nicht mehr nur einfach wie die Türhüterinnen eines Klosters oder ein Grab bewachende Sphinxe ansehen wird, deren einzige Aufgabe es ist, den Anus zu verbergen, so wie das Schamhaar das weibliche Geschlecht verhüllt. Kurz, sie wären ihrer opulenten Keuschheit, ihrer marmornen Reinheit, ihrem stummen Glanz zurückgegeben. Doch gewisse Geister können sich mit der Idee des Zunähens des Afters nicht anfreunden, erscheint sie ihnen doch nur dumm. Denn ein Hintern ohne ein Loch ist kein Hintern, sondern eine Wand. Patrick Grainville findet recht harte Worte in dieser Angelegenheit: »Es ist der Anus, der selbst dem reinsten Hintern einen klandestinen Fixpunkt verleiht, obskure Vitalität, den Hauch des Mysteriösen, ein kleines Symbol der Intelligenz, den indiskreten Moschusgeruch und diabolische Intimität. Möge Gott uns vor Hintern ohne Loch bewahren!«

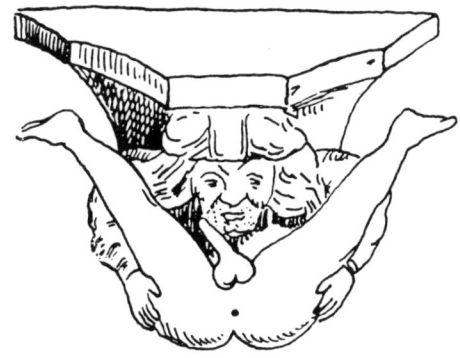

Gotisches Säulenkapitell

Der unruhige, frivole Blick des Voyeurs

Stellt man hinter sich einen Spiegel auf, gelingt es einem ohne große Schwierigkeiten, den eigenen Rücken, den Hintern und die Schenkel zu betrachten. Man muß nur den Kopf wenden und dabei ein wenig den Nacken verdrehen. Den Nacken selbst aber wird man auf diese Weise nicht zu sehen bekommen, dazu bedarf es eines zweiten Spiegels. Der Nacken ist der Teil unseres Körpers, der sich dem eigenen Blick am ehesten entzieht, dafür aber den Blicken der anderen fast ständig ausgesetzt ist. Ein Körperteil, der uns höchst vertraut ist und den wir dennoch am wenigsten unser eigen nennen können. In François Truffauts Film *Jules und Jim* (1962) setzt sich Jim, nachdem er das kleine Zimmer im Schloß bezogen hat, zu Catherine aufs Bett und sagt: »Von Anfang an war ich in deinen Nacken verliebt.« Daraufhin hebt Catherine ihr Haar, Jim küßt sie auf den Hals und fügt hinzu: »Das einzige Stückchen an dir, das ich ansehen kann, ohne daß du es merkst.« Beinahe das gleiche könnte man vom Gesäß behaupten, denn obgleich man es wie den Nacken zwar mit den Händen berühren kann, sieht man es doch selbst nie, sondern immer nur ein Bild von ihm (ich spreche hier von der Gesamtansicht, dem architektonischen Ganzen). Das Auge ist blind für den Hintern, und zwar nicht nur für den eigenen, sondern auch für den des Menschen, den man umarmt: Während man nach dem Po tastet und ihn wiedererkennend drückt, leitet einzig der Instinkt die Hände, man tastet sozusagen im Dunkeln. Gesäß und Auge spielen also immer Versteck miteinander. Das Auge heftet sich meist nur dann auf den Hintern, wenn es sich selbst unbeobachtet fühlt.

Vielleicht ist dies eine der wichtigsten Funktionen des Gesäßes: den Blick des Voyeurs auf sich zu ziehen, der immer bemüht ist, dem Hintern aufzulauern, ihn gleichsam im Vorbeigehen festzuhalten, sich ihn durch eine Indiskretion anzueignen. Diese unbekannte Facette des eigenen Körpers wird so zur bevorzugten Zielscheibe. »Bevor ich zu Bett ging«, schreibt Stendhal in einem Brief vom 2. September 1811 an Champagnole, »beobachtete ich noch lange das Zimmer einer Frau, der ich beim Abendessen gegenübergesessen hatte und die recht zugänglich schien. Ihre Tür stand halb offen, und ich hoffte, einen Blick auf ihren Busen oder ihre Schenkel erhaschen zu können. Eine solche Frau, die, läge sie in voller Schönheit in meinem Bett, mich vollkommen ungerührt ließe, erregt in mir die charmantesten Gefühle, wenn ich sie heimlich beobachten kann. Sie bewegt sich ungezwungen und natürlich, ich muß nicht in irgendeine Rolle schlüpfen, und alles ist ausschließlich erregendes Gefühl.« Auf Edward Hoppers Bild *Window at Night* (1928) beugt sich eine Frau in einem roten Unterrock (vielleicht ist es aber auch ein Handtuch, das sie um ihren Körper geschlungen hat) aus dem Fenster und gibt dabei dem Betrachter unbeabsichtigt ein Stück ihres nackten Hinterns preis. Alles deutet darauf hin, daß sie dabei beobachtet wird (auch wenn der Voyeur selbst auf dem Bild nicht zu sehen ist). Auf Picassos *Minotaurus betrachtet ein schlafendes Mädchen* (1933), vor allem aber auf Poussins *Das Paar und der Voyeur* dagegen steht er im Vordergrund: Im Profil dargestellt, kauert er mit seiner blonden Mähne und den muskulösen Schenkeln auf einem Felsen, der Gesichtsausdruck ist finster und gewalttätig. Es ist seine Schönheit, die das Bild dominiert, es erleuchtet. Der Voyeur ist es, der diese im Grunde genommen banale Geschichte eines sich umarmenden Paares zum Leben erweckt und damit dessen Schönheit Bedeutung verleiht. Und dabei wird auch er beobachtet, ohne es zu wissen.

Das Vergnügen des Voyeurs besteht also darin, daß er den anderen ohne dessen Wissen beobachten kann, daß er selbst ungesehen bleibt. Zugegeben, zuweilen wird seine Lust auch dadurch gesteigert, daß man um seine Gegenwart weiß, wie bei bestimmten, äußerst komplizierten Formen des Spiels mit Spiegeln. »Ich bog ihren Kopf ein wenig nach vorne«, schreibt Patrick Grainville in *Le Paradis des orages*, »denn in dem Spiegel, der an der gegenüberliegenden Wand lehnte, sah ich das Bild eines Paares. Die Körper mit ihren herrlichen Rundungen und den wie miteinander ringenden Schenkeln glichen schneeweißen Kämpfern. Sie wußte, daß ihr Arsch gleich im Spiegel auftauchen würde. Ich sagte es ihr. Und sie dachte an ihren Hintern, ohne ihn zu sehen, sie sah ihn in meinem abwesenden Blick, sie konzentrierte sich auf mein entrücktes Schielen. Und atemlos stieß sie hervor: ›Ich liebe es, wenn du so verdorben aussiehst …‹«

Doch wer weiß, vielleicht mögen es die Frauen ja gar nicht mehr, daß man ihnen die Röcke hochzieht, um ihren Hintern zu bewundern. Die frühen Filme Godards lassen erkennen, daß es offensichtlich keine Beleidigung darstellte, das Gesäß einer Schauspielerin zu zeigen; ein weitaus schwerwiegenderer Angriff auf ihre Privatsphäre wäre das Ablichten ihrer nackten Brüste gewesen. Doch seitdem hat sich vieles geändert. Und die Frau von heute zeigt am Strand bereitwillig sowohl den einen wie auch den anderen Körperteil. So ungeniert zeigt sie sich, daß sich der Voyeur fast genötigt fühlen könnte, den Blick abzuwenden. Es bleibt ihm lediglich, sich einem seiner letzten Vergnügen zu widmen, nämlich ihr auf den Hintern und zugleich in die Augen zu sehen, oder, genauer gesagt: ihr auf den Arsch zu starren, damit er ihr in die Augen sehen kann. Die Körperhaltung, die die Frau dabei einnehmen muß, mag zwar verzerrt erscheinen, ist aber aufregend. Es ist, als ob der Hintern, plötzlich unberechenbar geworden, aufspringen und einen bedrohen könnte, als ob er zu einem Maul mutierte, das den Betrachter zu verschlingen droht: Es ist dieser zornige Ausdruck des Gesäßes, wenn sich der Blick der Frau dem Voyeur zuwendet, der ihn bezaubert. Denn die Pobacken, die normalerweise leeren, blicklosen Augen gleichen, beginnen nun plötzlich zu lächeln oder zornig zu erröten und offenbaren damit endlich ihre Seele.

Es gibt Menschen, die Vulven sammeln, wie der italienische Künstler Henri Maccheroni, der mehr als zweitausend Fotos vom weiblichen Geschlecht machte, und zwar von »ein und demselben Geschlecht in allen nur denkbaren Gemütszuständen«. Auch Busensammler haben sich hervorgetan wie Michel de Landesen, der eintausendzweihundert Makrofotografien von Brüsten aufnahm. Doch kaum jemand hat meiner Kenntnis nach ein Fotoalbum mit Aufnahmen von Hintern (oder Aftern) zusammengestellt. Lediglich Yoko Ono wäre hier zu nennen mit ihrem 1966 entstandenen, sieben Minuten langen Film *Four*, der sich als eine Art Familienalbum mit über 360 mehr oder weniger bekannten Hintern entpuppt. Wie läßt sich dieses Desinteresse erklären? Vielleicht liegt es daran, daß diese fleischige Fläche, die nur durch die vertikal verlaufende Gesäßspalte unterbrochen wird, in ihrer Gleichförmigkeit deprimierend wirkt und – von Hintern zu Hintern – kaum Variationen aufweist. Genaugenommen erwacht der Po im allgemeinen erst in der Bewegung zu Leben. Daraus erklärt sich auch, warum er viel eher das Interesse des Voyeurs als das des Sammlers weckt, denn worauf ersterer lauert, ist nicht das Objekt an sich, sondern vielmehr sein Kommen und Gehen, seine Entwicklungen und Metamorphosen. Und schließlich ist der Hintern, anders als der Busen, die Vagina oder der Penis, wesentlich leichter zugänglich, er bietet sich in aller Naivität den Blicken dar, bedingungslos und ohne Ansprüche zu stellen, häufig um andere, intimere Dinge zu verbergen. Ein Gesäß ist nichts Besonderes mehr. Heutzutage wird der Voyeur beinahe überall Hintern entdecken, er kann seinen unruhigen, frivolen Blick von einem zum anderen schweifen lassen, ein wenig dem Libertin sadescher Prägung gleichend, der es genoß, sich an dem einen Arsch zu erregen, um mit dem anderen zum Höhepunkt zu gelangen. Der Voyeur plündert die Hintern der Welt ungestraft und mit perfekter Leichtigkeit. Auf diese Weise versieht er sie mit Legenden, Untertiteln und einem leisen Murmeln.

Louis Calaferte führt in *Septentrion* aus, daß der Voyeur immer einen Hintern im Blick hat. Sei es der hübsche Po der Telefonistin, den er jeden Morgen durch das große Fenster der Pförtnerloge am Eingang der Fabrik sieht. Oder der Hintern der unter Wassersucht leidenden Mademoiselle Nora van Hoeck, der sich nach allen Seiten, links und rechts, oben und unten ausgedehnt hat. Die süßen kleinen Ärschchen der Kellnerinnen in ihren schwarzen Miniröcken (»Ein Ensemble, das einem die Eier bewegt und Appetit aufs Vögeln macht«), der wunderbar runde Hintern eines »Mädchens wie Dynamit« auf einem Bahnsteig der Métro: zwei Kugeln unter Stoff, Pferdekruppe, konkav. »Sie steht lässig da, ein Bein leicht gebeugt, so daß ihre Kurven vorteilhaft zur Geltung kommen. Mit diesem Körper spielen. Welche Freuden dieser Körper einem bereiten könnte. Und die Art und Weise, wie sie sich gibt, als ob ihr alles scheißegal wäre. Vollkommen ernst, als ob es die normalste Sache der Welt wäre, einen solchen Arsch vor den Augen der Passanten spazierenzuführen. Es ist zum Verrücktwerden!« Wie viele derartige Blicke mögen es an einem Tag sein? Unzählbar viele. Blicke für alle Mädchen auf der Straße. Ausnahmslos alle. »Prächtige, aufregende, stirnrunzelnde Ärsche, die sich langsam, ganz langsam drehen, als ob ein Sturm in ihrem Innern sie wiegen würde. Signalmasthintern, die leben, sich bewegen, sich abhängig von der Tageszeit lasziv oder stark geben und sich von allen anderen unterscheiden. Frei und unabhängig wie Kometen, vom Thalamus ihre Botschaften im Morsealphabet aussendend. Hexerei. Die brodelnde Straße lädt heimlich zur Entführung ein. Zur Gewalt. Samtige Majestät wilder Tiere.«

Ein Blick in die Geschichte zeigt, daß es – sehr zur Freude des Voyeurs – Bedingungen gibt, unter denen sich das Gesäß besonders vorteilhaft zur Schau stellt. Zu nennen wären zum Beispiel der Purzelbaum, der Sturz von einem Pferd oder der Luftsprung. Diese Situationen gehören wohl zu den glücklichsten in der Geschichte des Hinterns. Das französische Verb für »Purzelbaum schlagen« – *culbuter* – das aus dem 16. Jahrhundert datiert, ist eine tautologische Zusammensetzung der Verben *culer* (jemanden gegen den Hintern stoßen) und *buter* (stoßen). Der Purzelbaum ist geradezu ein Klassiker der Literatur, von Rabelais' papstföttischem altem Weib, das dem Teufel ihren *Wieheißichdoch* zeigt, bis hin zur kleinen Martine aus Romain Rollands *Meister Breugnon* (1914), die, um ihre Schafe zu retten, die Böschung hinunterpurzelt und dabei »stolz den Belagerern ihren Orient, Okzident, alle vier Punkte des Firmaments und den Stern am strahlenden Himmel zeigt«.

Die Geschichte des Purzelbaums ist unauflösbar mit der des Schlüpfers verbunden, den Katharina von Medici und die Damen am Hof in der Renaissance unter dem Namen *bride à fesses* (Zügel für das Gesäß) einführen wollten. Diese Schlüpfer waren eng anliegende Hosen, die von der Taille bis zu den Knien reichten. Man versuchte diese Neuerung durch den damals in Mode gekommenen Reitstil zu rechtfertigen, bei dem die Frau nicht mehr rittlings, sondern seitlich, im sogenannten »Damensitz« auf dem Pferd saß, so daß ein Bein unter ihren Röcken hervorschaute. Der Schlüpfer sollte vor anzüglichen Blicken schützen. Doch diese Mode konnte sich nicht durchsetzen, und die Damen des 17. Jahrhunderts bestiegen wie die Amazonen weiterhin ohne Unterhose ihre Pferde.

Zweifellos, die Unterhose konnte vor Staub und Kälte schützen. Überdies verhinderte sie, bemerkte Henri Estienne (1578), daß die Frauen ihre Schenkel zeigten, wenn sie vom Pferd fielen. Und sie schützte die Frauen auch vor den Übergriffen allzu neugieriger junger Männer, die nicht zögerten, ihre Hand unter einen Rock wandern zu lassen. Aber Zweifel an ihrem Nutzen kamen auch Estienne, der sich fragte, ob sie nicht viel eher »liederliche Männer ermutigte, als gegen deren Unschicklichkeiten zu schützen«. Kurz, die Unterhose verschwand wieder von der Bildfläche, und Luftsprünge erfreuten sich größerer Beliebtheit denn je zuvor. Röcke flogen bis über die Köpfe hoch, und die hübschesten Hintern der Epoche überantworteten sich Situationen, die ihrer zahlreichen Verehrerschaft die Gelegenheit verschafften, sich ihrer Betrachtung hinzugeben. Niemand dachte mehr an die abscheuliche Modetorheit der Unterhose. Selbst Marie-Antoinette trug auf dem Weg zur Guillotine nichts als blanke Haut unter ihrem Kleid.

Der Comte de Caylus vertrat die Ansicht, daß jeder das Recht habe, Vorteile aus einem glücklichen Sturz zu ziehen, und so erfahren wir in den *Mémoirs du comte de Gramont* (1715), wie es Mademoiselle Churchill gelang, dank eines gut plazierten Purzelbaums den Herzog von York zu verführen, der sie daraufhin heiratete, obwohl sie furchtbar häßlich war: »Der Herzog eilte herbei, um ihr zu helfen. Sie war so durcheinander, daß sie vergaß, was sich bei einer derartigen Gelegenheit schickte, und die, die sich um sie drängten, fanden ihre Kleider in einiger Unordnung. Sie konnten nicht glauben, daß ein Körper von solcher Schönheit zu einem Gesicht wie dem der Mademoiselle Churchill gehören könne. Seit jenem Unfall sah man wohl, daß die Sorge und Zärtlichkeit des Herzogs wuchs; und gegen Ende des Winters konnte nicht mehr unbemerkt bleiben, daß sie sein Verlangen weder unterdrückt noch seine Ungeduld auf die Probe gestellt hatte.«

Zotige Drucke profitierten von der Tatsache, daß die Frau unter ihrem Reifrock vollkommen nackt war, und machten aus ihr ein Wesen, das jeden Moment der Willkür einer vorwitzigen Hand oder eines Windstoßes ausgeliefert war. In keiner anderen Epoche sah man so viele Frauen, die auf Schaukeln sitzen und anmutig unter ihren Röcken ein Knie, ein Strumpfband oder ein Stück Schenkel ahnen lassen. In einer Passage aus dem *Tagebuch* (1767) des Schauspielers Charles Collé heißt es, daß der Hauptsteuereinnehmer für die kirchlichen Ländereien, der Baron de Saint-Julien, sich vor kurzem an den Maler Doyen gewandt habe, um bei ihm ein Porträt seiner Mätresse in Auftrag zu geben, das so schmeichelhaft wie möglich sein solle. Im gleichen Jahr hatte Doyen bereits einen großen Erfolg mit seinem Gemälde *Miracle des Ardents* gefeiert, das er für die Kirche von Saint-Roch angefertigt hatte. Und obgleich Thema und Komposition dieses Bildes äußerst fromm und erhebend waren, hatte er kurz darauf im Zentrum eines hübschen Skandals gestanden, der durch seine Liaison mit Mademoiselle Hus, einer Schauspielerin am Théâtre-Français, ausgelöst worden war. Zweifellos glaubte der Hauptsteuereinnehmer, daß der derart für seine losen Sitten bekannte Maler das von ihm vorgeschlagene Sujet würde goutieren können. Neugierig geworden, begab sich Doyen zu der »petite maison«, wo Saint-Julien seine Mätresse unterhielt. Der Baron überhäufte ihn mit Schmeicheleien und teilte ihm mit, was er erwartete: Doyen sollte seine Mätresse auf einer

Schaukel malen, die ein Bischof anstieß, während er, Saint-Julien, sich in den Büschen verstecken wollte, um die Röcke des hübschen Kindes zu beobachten, »und es wäre um so besser, wenn der Maler sein Gemälde recht lebendig gestalten könnte ...«

Doyen zeigte sich über diese Bitte entsetzt, da er der Ansicht war, daß die Anwesenheit eines Bischofs nicht ausreichte, um aus diesem Sujet ein anständiges Bild zu machen. Indigniert lehnte er das Angebot ab und empfahl Saint-Julien, mit diesem »einzigartigen Werk« einen Maler wie Fragonard zu beauftragen, der bereits 1760 auf seinem Bild *La Bascule* ein Pärchen dargestellt hatte, das sich in jenem Alter befand, in dem »sich die Liebe mit dem Spiel vermischt« (um den Titel eines Stichs von Fragonard aufzugreifen). Tatsächlich entsprach Fragonard mit seinem Gemälde *Hasard heureux de l'escarpalotte* bis ins letzte Detail den Wünschen Monsieur de Saint-Juliens, und die Pariser Gesellschaft, die über die Leidenschaft des Hauptsteuereinnehmers für die Schöne mit den hübschen Beinen und dem berückenden Hintern im Bilde war, amüsierte sich. Der Enthusiasmus des Malers übertrug sich auf sein Modell, dessen angedeutetes Lächeln etwas über den Reiz verrät, den eine Schaukel haben kann, sitzt man auf ihr mit gespreizten Beinen und hat einen hübschen Jungen zu seinen Füßen. Manche Frauen übernahmen derart bereitwillig ihren Part in solch gewagten Inszenierungen, daß in der 1763 veröffentlichten Zote *Le Caleçon des coquettes de ce jour* (Die Unterhose der koketten Frauen unserer Zeit) behauptet wurde, sie bedeckten ihre Hintern genauso wie ihre Gesichter mit Schönheitspflästerchen, Puder und Rouge, um, wenn man so sagen darf, vor ihren Liebhabern eine gute Figur zu machen.

Heute haben die Schaukeln – zumindest in diesem Kontext – ihre Bedeutung eingebüßt, und auch ein Sturz vom Pferd wird nicht mehr als öffentliches Vergnügen gefeiert. Zwar bleibt uns noch die Hoffnung auf rauhes Wetter, auf den Regen, der die Kleider an der Haut kleben läßt, oder den Wind, der raffiniert unter die Röcke fährt (der Einsatz von Luftzügen ist in der Musical Comedy geradezu klassisch geworden), doch selbst schlechtes Wetter hat viel von seinem ursprünglichen Reiz verloren, weil der Po der modernen Frau entweder zu enthüllt ist oder aber sich zu sehr verhüllt: Etwas dazwischen gibt es nicht mehr. Eine Radlerhose aus Latex bringt zwar auch ohne Regen einen wohlgeformten Hintern zur Geltung, durch ihren fluoreszierenden Glanz jedoch wirkt er immer künstlich. Der verhüllte Po dagegen droht sich in weich fließenden Stoffmassen zu verlieren, so daß man glauben könnte, in einem Kloster zu sein. Derart verpackte Gesäße sind eine Tragödie. Eine Mode, die alle Formen auslöscht, versetzt dem Hintern den Todesstoß. Man schaue sich nur einmal einen Po an, der aus dem engen Gefängnis dieser Kleidung befreit wird: Welch ein Protest, welcher Enthusiasmus, welche Rache schlägt einem da entgegen!

Zu erwähnen bleibt noch der – zugegebenermaßen seltene – Fall des gähnenden Hinterns. Dieses Gähnen kann schüchtern oder mit einer gewissen trotzigen Deutlichkeit vorgetragen werden, so daß jener lange, beunruhigende, scheinbar endlose Spalt sichtbar wird wie ein Abgrund, der sich in der Folge eines Erdbebens auftut. Dieser Vorgang spannt die Nerven bis zum Zerreißen. Wie weit wird sich der Spalt öffnen? Da aber die Katastrophe nie stattfindet, bleibt der Voyeur enttäuscht und nachdenklich zurück.

In Ägypten, so berichtet Herodot (*Inquesti* II, 35), pflegten die Frauen im Stehen zu urinieren. Doch man wird zugeben müssen, daß die Ägypter auch in anderem dazu neigten, sich anders zu verhalten als der Rest der Welt. Wie dem auch sei, seit der Zeit der alten Griechen hocken sich Frauen hin, um zu urinieren, während Männer sich dazu hinstellen und dem Betrachter den Rücken zuwenden: Die Perspektive ist jedesmal eine andere, doch in jedem Falle präsentiert sich der Hintern vorteilhaft. Ein typisches Beispiel dafür ist eine aus dem Jahr 1631 stammende Zeichnung von Rembrandt, *Die verborgene Frau*. Die bäuerliche Szene zeigt eine wohlproportionierte, hockende Frau, die Beine ein wenig auseinandergestellt, den Rock gerafft, so daß wir ihre hübschen Schenkel und den großen Hintern bewundern können. Am überraschendsten ist, bemerkt Gilbert Lascault, daß der Urinstrahl in ein Licht gehüllt ist, das an den Lichtstrahl erinnert, mit dem manche Maler religiöser Bilder den Strahl der göttlichen Gnade symbolisieren, der zum Beispiel von den Wunden Christi ausgeht. Hier beschreibt der Strahl einen Weg vom weiblichen Po zum Boden. Der Urinstrahl sieht aus wie ein feuriger Blitz. Jeder Liebhaber von Gesäßen wird sich glücklich preisen, Zeuge eines derartigen Feuerwerks geworden zu sein, bei dem die Frau nur für dieses Spektakel das herrliche Belvedere ihres Hinterns ins Zentrum gerückt zu haben scheint.

REGISTER

Adam und Eva (Lempicka) 159
Akt vor dem Spiegel (Bonnard) 23
Analverkehr 116, 162, 171, 200–208
Der andalusische Hund (Buñuel) 89
Andokides 114
Antinoos (Statue) 116
Aphrodite Anadyomene 118
Aphrodite von Knidos (Praxiteles) 118 ff., Abb. 11
Aphrodite, Kallipygische 118
Aphrodite, Kniende (Doidalses) 118
Apollinaire, Guillaume 93, 161, 169
Apologie pour Hérodote (Estienne) 211 f.
Die Apotheose des Homer (Ingres) 174
D'Argenson 138 f.
Aristophanes 115
Australopithecus afarensis 9 f.
Aymé, Marcel 53, 60 f.
Bachtin, Michail 31
Die Badenden (Courbet) 24
In der Badewanne (Botero) Abb. 15
Bardot, Brigitte 50, 55 f., 151, Abb. 12
Bataille, Georges 13 f., 26, 154
Bazille, Frédéric 21
Beaulieu, Eustorg de 37
Beauvoir, Simone de 213 f.
Der Beichtstuhl (Trouille) 179
Die beiden Freunde (Courbet) 53
Die Bekehrung des Paulus (Michelangelo) 64
Bellmer, Hans 149, 167
Bérenger au long Cul (Garin) 31 ff.
Bernini, Gianlorenzo 137
Béroalde de Verbille 209
Der bethlemitische Kindermord (van Haarlem) 154
Beuys, Joseph 177
Bildnis meiner Schwester (Dalí) 180
Binet, Alfred 63
Binoche, Juliette 50
»Blason« 35–38, 42
Blauer Akt (Matisse) 85
Bonnard, Pierre 23
Borowcyck, Walerian 182
Bosch, Hieronymus 27
Botero, Fernando 122, Abb. 15
Boticelli, Sandro 110
Boucher, François 137–140, 172, Abb. 5
Boucles & Noeuds (Gilbert Lascault) 49
Bouts, Dirk 26
Boyer, J. B. 201, 203 f.

Brantôme, Pierre 98 f., 137
Brassens, George 167
Bronzino 134 f.
Brooks, Louise 50
Burroughs, William 211
Caillos, Roger 163
Calaferte, Louis 219
Caldwell, Erskine 107
Casanova, Giacomo 138 ff.
Cau, Jean 73
Caylus, Comte de 221
Cézanne, Paul 25
La Chemise enlevée (Fragonard) 140
Chirurgie 46 ff.
Christus des hl. Johannes vom Kreuz (Dalí) 180
Clark, Kenneth 24 f., 110 f., 137
Clésinger, Auguste 186
Clouet, Jean 22
Un cœur sous une soutane (Verlaine) 53
Colette 60
Coppens, Yves 9
Cornelis van Haarlem 154 f.
Corregio 110 f., 178
Courbet, Gustave 23 ff., 53, 91, 176
Cranach, Lucas 111, 186
Cybersex 197
Dalí, Salvador 56, 180
Dalle, Béatrice 50
Darwin, Charles 17
David, Jacques Louis 158 f.
Degas, Edgar 22, Abb. 16
Delacroix, Eugène 185
Desbonnet, Edmond 130 f.
Diana im Bade (Clouet) 22
Diderot, Denis 139
Die Lieben (Lukian) 118 ff.
Dikaios 115
Dix, Otto Abb. 18
Dossier de l'œil pinéal (Bataille) 13
Die drei Grazien (Corregio) 110 f.
Die drei Grazien (Raffael) 111
Die drei Grazien (Rubens) 112, Abb. 3
Duvert, Tony 103 f.
Eakins, Thomas 21
Eloge de la fessée (J. Serguine) 104–107
Der Erlkönig (Tournier) 64, 134
Ernst, Max 95 f., 178, 181

Estienne, Henri 211, 221
l'Estoile, Pierre de 98
Euphronios 114
Euthymides 14

Fabrique au pré (Ponge) 33 f.
Faun, der eine Nymphe aufdeckt (Picasso) 52 f.
Faurisson, Robert 51
Faux cul 18 f., 147
Fee, James 179
Fellini, Federico 125
Fisting 149
Flagellation 98–107
Fleischer, Alain 55
Floris, Frans 154
Fragonard, Jean-Honoré 137–140, 158, 223
Frau ohne Kopf von Sireuil 15
Frau wird von einer Schlange getötet (Clésinger) 186
Freud, Sigmund 101, 213
Die fröhlichen Gäste (Euthymides) 14
Frühling (Boticelli) 110

Gargantua und Pantagruel (Rabelais) 31, 145
Garin 31 ff.
Garten der Lüste (Bosch) 27
Garten der Qualen (Mirbeau) 188
Gauguin, Paul 88, 184
Genet, Jean 34, 168, 211
Géricault, Théodore 64–67, 157
Gesänge des Maldoror (Apollinaire) 212
Giroux, Suzanne 156 f.
Godard, Jean-Luc 218
Goethe, J. W. von 169
Die Götter des Olymp (Floris) 154
Gottes kleiner Acker (E. Caldwell) 107
Götz von Berlichingen (Goethe) 169
Goude, Jean Paul 128 f.
Grainville, Patrick 42, 136, 181, 211, 215, 218
Greenaway, Peter 185
Greer, Germaine 182
Große Odaliske (Ingres) 174
Großer schlafender Akt (Modigliani) 176
Grosz, George 182
Die grüne Stute (Marcel Aymé) 61, 82
Guérin, Raymond 146

Das Hafenbordell (Dix) Abb. 18
Haring, Keith 78

Hasard heureux de l'escarpalotte (Fragonard) 223
Heisterbach, Cäsarius von 26
Herakles (Statue) 117
Heraklit 50
Hermaphrodit 137, 173
Hermaphrodit, Schlafender 120, Abb. 2
Hexameron (Torquemadas) 29
Histoire de Dom Bougre (La Touche) 148
Historiettes (T. des Réaux) 190
Hockney, David 21
Der Höllensturz der Verdammten (Dirk Bouts) 26
Das Höllentor (Rodin) 157
Hopper, Edward 217
La Hueterie, Charles de 37
Die 120 Tage von Sodom (de Sade) 202, 205, 214

Ilona mit hochgerecktem Hintern (Koons) 183
Ingres, Jean Auguste 128, 174
Joyce, James 161
Joyce, Nora 161
Juliette (de Sade) 102, 200, 203
Junges Mädchen sodomiert sich selbst ... (Dalí) 180
Die Jungfrau schlägt das Jesuskind ... (Ernst) 95 f.
Das Jüngste Gericht (van der Weyden) 26
Juvenal 69
Kamasutra 148 f.
Kirche 161 f., 163 f., 209
Kisling, F. J. 138
Klossowski, Pierre 203 f.
Koons, Jeff 183
Krieger aus Riace 116, Abb. 10

Lacan, Jacques 143
Lancre, Pierre de 29 f.
Lascault, Gilbert 22, 49
Laurent, Jacques 19
Lautréamont, Comte de 212
Leiris, Michel 91 f.
Lempicka, Tamara de 159 f.
Leonardo da Vinci 156
Liegender weiblicher Akt (Picasso) Abb. 17
Loo, Jacob Van 21
Lucie-Smith, Edward 155 f.
»Lucy« 10
Ludwig XV. 139 f.

Lukian 118 ff.
Luther, Martin 27

La Maison de Claudine (Colette) 60
Makron 114
Manet, Edouard 43
Die Männer wissen nichts darüber (Ernst) 178
Mansfield, Jane 50
Mapplethorpe, Robert 183
Marot, Clément 35 ff.
Matisse, Henri 49, 51 f., 68, 70, 85, 176
Medici, Katharina von 98
Meister Breugnon (R. Rolland) 220
Mémoirs du comte de Gramont (Caylus) 221
Mérimée, Prosper 24
Les Météores (Tournier) 181
Michelangelo 64, 91, 134, 151 ff.
Milton, John 62
Minotaurus betrachtet ein schlafendes Mädchen (Picasso) 217
Mirbeau, Octave 188 f.
Modigliani, Amedeo 176
Moinier, Pierre 89 f.
Mona Lisa (da Vinci) 156
Monroe, Marilyn 50, 54 f., Abb. 13
Moravia, Alberto 93
Moreau, Jeanne 50
Morin, Edgar 144
Morris, Desmond 11–13, 16 f., 27, 52, 63
O'Murphy, Miss 137–140, 172, Abb. 4

Nach dem Bad (Degas) Abb. 16
Naked Lunch (Burroughs) 211
Nana (Manet) 43
Nanas (de Saint Phalle) 125
Néret, Gilles 180
Die neue Justine (de Sade) 102
Nevillon, Sylvain 29
Newton, Helmut 173

Odaliske 137–140, 172–176
Odalisque blonde (Boucher) 138
Oh! Calcutta! Calcutta! (Trouille) 176
Olympia (Manet) 43
Ono, Yoko 219

Paar (Beuys) 177
Das Paar und der Voyer (Poussin) 217
Le Paradis des orages (Grainville) 42, 143, 181, 218
Parnasse satyrique (17. Jh.) 210

Le Petit, Claude 192 f.
Phädra (Racine) 62
Die Philosophie im Boudoir (de Sade) 204, 209, 214
Die philosophische Therese (J. B. Boyer) 201, 204
Picasso, Pablo 52 f., 92, 217, Abb. 17
Pignon-Ernest, Ernest 178
Pin-Ups 195–199
Platon (*Symposion*) 22, 121
Polnareff, Michel 132
Ponge, Francis 33 f.
Pontormo 151
Praxiteles 118 ff., Abb. 11
La Prière (Man Ray) 179, Abb. 19
Proust, Marcel 41, 61, 210

Die Quelle (Courbet) 24
Queneau, Raymond 146, 171
Quignard, Pascal 37

Rabelais, François 31, 145, 220
Racine, Jean 62
Raffael 111
Ray, Man 179, Abb. 19
Réaux, Tallemant des 190
Regnard 97
Renard, Jules 163, 167
Renoir, Auguste 22, 25
Riace s. Krieger
Rimbaud, Arthur 51, 53
Die Ringer (Andokides) 114
Rodin, Auguste 157
Rolland, Romain 220
Rouault, Georges 44
Rousseau, Jean-Jacques 100
Rubens, Peter Paul 25, 112, 140, Abb. 3
Ruhendes Mädchen (Boucher) Abb. 4

de Sade, D. A. F. 39 f., 101 f., 200–206, 209, 214
Saint Phalle, Niki de 56, 125
Sally Maras gesammelte Werke (Queneau) 146
Sardanapals Tod (Delacroix) 185
Sardus 114
Sarto, Andrea del 151
Sartre, Jean Paul 61, 213 f.
Schlafender Akt von hinten (Matisse) 176
Schlafender Akt (van Gogh) 175
Schönheitsoperationen 46 ff.
Ségur, Comtesse de 96
Septentrion (Calaferte) 219

Serguine, Jacques (*Eloge de la fessée*) 104–107
Sieff, Jeanloup 165
Signorelli, Luca 151
Silvestre, Théophile 175
Sinousité (Matisse) 51 f.
Die Sintflut (van Haarlem) 154
Staller, Ilona 183
Stendhal 217
Strato 114
Sumo-Ringen 122 ff.
Symposion (Platon) 22, 121

Tableau de l'Inconstance (de Lancre) 29 f.
Tanz 53, 68–72, 135 f.
Der Tanz (Matisse) 68
Tätowierungen 75–78, Abb. 9
Die Taufe Christi (van Haarlem) 155
Tepidarium (Schule von Fontainebleau) 22
Teufel 27–30, 183
Die Torheit und die Zeit (Bronzino) 134 f.
de Torquemadas, Antonio 29
Das Totenfest (Genet) 34, 211
Toulouse-Lautrec, Henri de 43 ff.
Tour-Landry, Chevalier de la 27
Tournier, Michel 63 f., 67, 81, 134 ff., 165, 179, 181, 194
Die Tränen des Eros (Bataille) 26, 154
Travelingue (Aymé) 60
Tress, Arthur 149
Trouille, Clovis 176, 179
Das türkische Bad (Ingres) 128, 175
Turnüre 18 f.

Umgangssprache 167–171
Unmoralische Märchen (Borowcyck) 182
Der Ursprung der Welt (Courbet) 91, 176
Das Urteil des Paris (Cranach) 111
Das Urteil des Paris (Watteau) 138

Valmont (Forman) 148
Van Gogh 175
Veber, Jean 191
Velazquez, Diego 173, Abb. 4
Venus (prähistorische) 15 f.
Venus mit Spiegel (Velazquez) Abb. 4
Venus und Cupido (Velazquez) 173
Venus und Cupido (Michelangelo) 134
Venus von Kostienki 15
Venus von Lespugue 15
Venus von Willendorf 15, Abb. 14
Verlaine, Paul 41, 53, 209

Das verlorene Paradies (Milton) 62
Verschwörung der Frauen (Peter Greenaway) 185
Die Verwirrungen der Liebe (Dikaios) 115
Vues de dos (Tournier) 179

Warhol, Andy 183
Watteau, Jean-Antoine 138
West, Mae 50, 54
Weston, Edward Abb. 1
Weyden, Rogier van der 26
Window at Night (Hopper) 217
Die Wolken (Aristophanes) 115

Xenakis, Françoise 150 f.

Zazie in der Metro (Queneau) 171
Der Zuschauer (Moravia) 93
Zwei Mädchen in schönen Posen (Ernst) 181

BILDNACHWEIS

Der Verlag dankt allen nachstehend Genannten für die Bereitstellung von Bildmaterial oder die Erlaubnis, rechtsgeschütztes Material abzudrucken. Wir haben uns größte Mühe gegeben, die Inhaber aller Copyright-Rechte ausfindig zu machen; sollten uns dennoch Fehler oder Versäumnisse unterlaufen sein, bitten wir dies zu entschuldigen; berechtigte Ansprüche weden selbstverständlich abgegolten.

© AKG Berlin Abb. 3, 4, 5, 16, 18; S. 109
© AKG Berlin/Erich Lessing Abb. 2, 10, 11, 14
© Fernando Botero Abb. 15
© Christie's – ARTOTHEK Abb. 15
© Bernard of Hollywood Publishing Abb. 12
© Camera Press/L. Schiller Abb. 13
© 1981 Center for Creative Photography, Arizona Board of Regents Abb. 1
© dpa, Düsseldorf Abb. 7
© Jovan Evermann, Köln Abb. 8
© Filmbild Fundus Robert Fischer, München Abb. 23
© Hansmann Kulturgeschichtliches Bildarchiv, München S. 170
© Man Ray Trust, Paris/VG-Bild-Kunst, Bonn 1998 Abb. 19
© Succession H. Matisse/VG-Bild-Kunst, Bonn 1998 S. 70, 85
© Succession Picasso/VG-Bild-Kunst, Bonn 1998 Abb. 17, S. 52
© Burkhardt Reinartz Abb. 20
© Chris Rout Abb. 21, 22
© Bilderdienst Süddeutscher Verlag Abb. 6
© Transglobe Agency, Hamburg, London Abb. 9, 24